U0744255

侯会 著

诸子百家

ZHU ZI
BAI JIA

讲给孩子的国学经典

（三）

生活·讀書·新知 三联书店

图书在版编目（CIP）数据

讲给孩子的国学经典．第三册，诸子百家／侯会著．—北京：
生活·读书·新知三联书店，2020.8
ISBN 978 - 7 - 108 - 06832 - 3

Ⅰ．①讲…　Ⅱ．①侯…　Ⅲ．①国学－青少年读物②先秦哲学－通俗读物
Ⅳ．① Z126-49 ② B22-49

中国版本图书馆 CIP 数据核字（2020）第 060923 号

责任编辑　王海燕
装帧设计　蔡立国
责任校对　常高峰
责任印制　宋　家
出版发行　**生活·讀書·新知** 三联书店
　　　　　（北京市东城区美术馆东街 22 号　100010）
网　　址　www.sdxjpc.com
经　　销　新华书店
印　　刷　河北鹏润印刷有限公司
版　　次　2020 年 8 月北京第 1 版
　　　　　2020 年 8 月北京第 1 次印刷
开　　本　635 毫米 × 965 毫米　1/16　印张 19.75
字　　数　210 千字　图 36 幅
印　　数　00,001－10,000 册
定　　价　48.00 元
（印装查询：01064002715；邮购查询：01084010542）

目　录

辑三　《墨子》：兼爱非攻，节用尚俭

总序　该不该学点国学

一

孩子们要不要学一点国学？常有朋友提出这个问题。就让我们看看什么是"国学"吧。

"国学"一词有二义。最早是指设在京城的太学（又叫"国子监"），等同于帝制时期的"中央大学"。到了近代，"国学"又成为中国传统学术文化的统称。这后一义的产生和使用，是与清末"西学东渐"的大趋势分不开的。

那时国门半开，许多人对外来文化不无抵触情绪，于是便有了"临潼斗宝"式的反应：你有西医，我就祭起"国医"（中医）；你展示西画，我就挑出"国画"；你唱西洋歌剧，我就敲起"国剧"（京剧）的锣鼓；你有拳击，我就报以"国术"（中华武术）……西来学术统称"西学"，中国传统学术就称作"国学"。然而"不打不成交"，两种文化经过比拼较量，在众多领域形成中西合璧、互生互补的良性文化生态，这又是人们始料未及的。

时至今日，"国学"已定格为传统学术的同义语。宽泛地讲，这个"大筐"里无所不装："四书五经"、诸子百家、"二十四史"、医方兵书、诗文小说……几乎所有的传统典籍，都成为国学研究的对象。

二

也常听到不同的意见：都什么时代了，还搬出这些"陈谷子烂芝麻"来"难为"孩子？持此论者，不妨听听钱穆先生的一席话。

钱穆是当代著名的历史学家，他在《国史大纲》一书开篇说："任何一国之国民，尤其是自称知识在水平线以上之国民，对其本国已往历史，应该略有所知。"在"略有所知"的同时，尤其要"附随一种对其本国已往历史之温情与敬意"。

这种"温情与敬意"，表现为"至少不会对其本国已往历史抱一种偏激的虚无主义（即视本国已往历史为无一点有价值，亦无一处足以使彼满意），亦至少不会感到现在我们是站在已往历史最高之顶点（此乃一种浅薄狂妄的进化观）；而将我们当身种种罪恶与弱点，一切诿卸于古人（此乃一种似是而非之文化自谴）"。钱穆认为，只有明白这一点的人越来越多，这个国家才有向前发展之希望。

类似的话，大学者陈寅恪先生也说过。他认为，我们对祖先及本民族的历史，应秉持一种"了解之同情"。

三

朱自清先生是现代散文大家，他也主张学国学吗？——不但积极提倡，还身体力行，写过一本《经典常谈》，为年轻读者引路。谈到写书的缘起，他说：传统教育专注于"读经"，固然失之偏颇；不过终止"读经教育"，并不等于取消"经典训练"——那应是"中等以上的教育"中"一个必要的项目"。而"做一个有相当教育的国民"，至少应对本国经典"有接触的义务"。

《经典常谈》以作品为纲，依次介绍了《说文解字》、《周易》、《尚书》、《诗经》、"三礼"、《春秋》三传"、"四书"、《战国策》、《史记》、《汉书》等；另有"诸子""辞赋""诗""文"等篇，因涉及作品太多，只能笼统言之。——朱先生在书中没提"国学"这个字眼儿，但这本小册子所划定的，正是国学经典的范畴。

书以"常谈"为名，我理解，便是以聊天的口吻、通俗的语言，把艰深的学术内容传达给读者；是"切实而浅明的白话文导言"，"能启发他们（指读者）的兴趣，引他们到经典的大路上去"（朱自清《经典常谈·自序》）。

大教育家叶圣陶先生称赞朱先生这种"嚼饭哺人的孜孜不倦的精神"，并打比方说，读者如同参观岩洞的游客，朱先生便是向导，"自己在里边摸熟了，知道岩洞的成因和演变"，在洞外先向游客讲说一番，使游客心中有数，"不至于进了洞去感到迷糊"（《重印〈经典常谈〉序》，三联书店 1980 年）。

四

我年轻时每读《经典常谈》，常生感慨：一是省悟大师的白话散文如此优美，应与他蓄积深厚的国学功底密切关联；二来又感到遗憾——书的篇幅不长，正读到繁花似锦处，却已经结束了。

我日后动手撰写《中华文学五千年》（后更名为《讲给孩子的中国文学经典》），便是受朱先生《经典常谈》的感召与启发。书稿中除了对历代文学家做概括介绍，也挑选一些诗文辞赋、小说戏曲的代表作，予以讲解。——明眼的朋友还能从行文中看出对《经典常谈》的学习与模仿。

我的这套小书（包括不久后续撰的《世界文学五千年》，即《讲给孩子的世界文学经典》）问世二十七年，先后在大陆和台湾多家出版社再版，总数达二十多万套（四十余万册），可见即便不是大师之作，青少年学子对此类书仍是有需求的。

只是这套书的内容局限于文学，对经史、诸子着墨不多。几年前，有位出版界的朋友笑着问我：有没有新设想，把"文学经典"扩展到经学、史学、哲学、伦理等方面，写一套《讲给孩子的国学经典》？——我听了不禁心动：那正是《经典常谈》所"谈"的范畴。

然而国学典籍浩如烟海，又该从何谈起呢？我想到了《四库全书》。那是清代乾隆年间按"经、史、子、集"四部分类法编纂的一套大型丛书，尽管存在着这样那样的问题，但该丛书收入了有较高文化价值的传统典籍三千五百余种（连同存目部分，超过万种），在保护、传承传统文化典籍方面，功不可没。

受此启发，我把《讲给孩子的国学经典》分为"儒家经典"（经）、"史书典籍"（史）、"诸子百家"（子）和"文集诗薮"（集）四个分册；从《四库全书》的四部中分别选取十几部乃至几十部经典之作，对各书的作者、内容、主题、艺术做概括介绍，并精选其中有代表性的篇目或片段，做出详注简析；另又采用"文摘"形式，力图把尽量多的精彩内容呈献给孩子们。

有大师开创的"常谈"模式，加上此前编写"文学经典"的点滴体验，本书秉承的仍是一如既往的形式和风格：不端"架子"，不"转（zhuǎi）文"，力求让严肃的经典露出亲切的笑容，使佶屈聱牙的文字变得通俗入耳，在古老经典与年轻读者之间搭起一座畅行无碍的桥梁……

撇开"训练""教育"这些略显沉重的字眼儿，年轻的朋友（还包括各年龄段的读者）完全可以抱着轻松好奇的态度来翻阅——好在不是侦探小说，不必一行不漏地从头读起；对哪册感兴趣，有需求，便可读哪册。也不妨翻到哪里，就从哪里读起。我深信，经典是有"磁性"的，以其自身的丰富、优美、睿智、理性、深邃，总能吸引到你。你也很容易发现，当个"有相当教育的国民"，承担对本国经典"接触的义务"，其实一点也不难，眼下的阅读，便是"现在进行时"。

顺带说到，本书所引古代诗文，以目前通行的版本为依据。注释及译文凡有歧义处，也尽量采用较权威的说法，恕不一一列出，特此说明。

前言　诸子先秦竞自由

"礼崩乐坏"，诸子登场

这是《讲给孩子的国学经典》的第三册，介绍与"经""史"并立的"子部"经典，以先秦诸子为主。

"诸子"既指人，也指他们的著作。如提到老子，是指老聃这位先贤，也可指他的著作《老子》。其他墨子、庄子、荀子、列子也莫不如是。——与"经""史"相似，诸子同是中华文化的瑰宝，是每个中国人一生中不可不读的经典。

周朝本来是大一统江山，分封诸侯、制礼作乐，制度完备、文化统一。然而进入春秋时代，周天子的天下共主地位已名存实亡，诸侯各自为政，强者称霸，没人再理会礼制王法。所谓"王纲解纽，礼崩乐坏"，说的就是当时的情景。

政治控制的松弛，引来思想文化的"井喷"。在这场来势汹涌的思想大潮中，"士"阶层迅速崛起——士本来属于贵族的最低一级，又有文士、武士之分。不过后人提到士，多半指文士，有点类似今天的知识分子。

士往往具有某一方面的知识和专长，受君王贵族的供养，食人之禄，忠人之事。然而时移势易，主子坍台，本来依附于贵族的士，倒也因祸得福，获得驰骋的空间，得以八仙过海，各显神通。或游说求官，或授徒教学，当然也有混得不济，沦为引车卖浆之流的。

一方面，身份的变更，催生了独立的人格和自由的思想；竞争的激化，又需要他们不断砥砺学问、磨炼本领。士人各逞才智、标新立异，纷纷提出自己的学说主张：有提倡仁政的，也有主张法治的；有倡言守旧的，也有力主革新的；有积极入世的，也有明哲保身的；有身体力行的，也有夸夸其谈的……战国时齐国稷下学宫百家争鸣的盛况，就是这场文化解放的象征！

另一方面，诸侯在弱肉强食的兼并混战中，也悟出"不为刀俎，即为鱼肉"的生存铁律，急需有才智之士替自己出谋划策，以求逃厄运、得生机。也只有此刻，君主们才真正意识到"选贤举能"不只是一句漂亮话！——面对"学得文武艺，货与帝王家"的士，两者可谓一拍即合。

作为士中的佼佼者，诸子就是在这样的背景下，走上了历史舞台。

"九流十家"是怎么回事

"诸子"这个概念可大可小。因著书立说而留名后世的先秦学者何止百人，说"百家"，并非夸大其词。不过真正形成流派产生影响的，却只有几十家。学者又从中遴选出十家作为代表，即所谓"九流十家"。

替诸子做总结的是汉代人。西汉史官司马谈（？—前110）是《史记》作者司马迁的父亲，他首次提出"诸子六家"的说法，乃是阴阳家、儒家、墨家、名家、法家和道家（《论六家要旨》）。

至西汉末年，刘向、刘歆父子编写《别录》《七略》，将图书分为六类："六艺略""诸子略""诗赋略""兵书略""术数略""方技略"。其中"诸子略"便是对诸子著作的大检阅。内中又涵括十家，依次为儒家、道家、阴阳家、法家、名家、墨家、纵横家、杂家、农家和小说家。——东汉班固著《汉书》，依《七略》撰为《艺文志》（下称"汉志"），保留了"十家"的格局，不过班固认为小说家不入流，因而有了"九流十家"的说法。

最早改用经、史、子、集四部分类法的，是《隋书·经籍志》（下称"隋志"）。其中"子部"全盘接收了六分法中的"诸子略"，又有所增益。其"子部"下分为十四类：儒、道、法、名、墨、纵横、杂、农、小说、兵、天文、历数、五行、医方。

那么到了《四库全书总目提要》（以下简称《四库总目》）中，"子部"又有何变化？仍分十四类，内容却有不小变化，依次是儒、兵、法、农、医、天文算法、术数、艺术、谱录、杂、类书、小说以及释、道。

我们注意到，"汉志""隋志"中独立的"名""墨""纵横""阴阳"四家不见了，分别并入《四库总目·子部》下面的"杂家""术数"等类中。至于《四库总目·子部》中的"艺术""谱录""类书"三类，则是新添门类。此外，"释类"也是新添的——在"隋志"中，"佛经"与"道经"是作为附录，附于四部典籍之后的。

本书的讲解，拟以先秦诸子为主，依各家兴盛的时间先后排列，同时兼顾《四库总目·子部》所列门类，各做扼要介绍。

轻轻松松听故事

本书在写作上，仍然遵循几条自拟的原则。

一是有话则长，无话则短。如《老子》《庄子》《墨子》《荀子》《韩非子》等，都是重要的诸子经典，在本书中各用一辑的篇幅介绍。余下各家，则总为一辑，一并介绍。

二是内容取舍，兼顾理、趣。诸子之作属哲学范畴，理论阐释多，一些玄而又玄的论述、似是而非的术语，充斥其间。本书在介绍这类内容时，尽量取精择要、删繁就简，以能申明诸子观点为度，避免连篇累牍的枯燥引述。凡有征引，必有注释解说，务求平实明了。当然，诸子说理又有具体生动的一面，多以历史故事、寓言传说相佐证。本书对此每有引述，以增阅读之趣。

三是在叙述语言上，仍保持前书的特点，追求平易，多用口语，力避"学术腔"，努力营造围炉夜话的亲切氛围。

旧时北京天桥撂地摊耍把式的有句开场白："光说不练假把式！"——多说无益，就请各位打开书本，国学课开讲啦！

辑一 《老子》：言尽五千，上善若水

老子姓什么

道家学派的创始人是老子——可不是"老子天下第一"的那个"老子"，而是姓"老"名"聃"的这位先生。

也有人认为，老子姓李名耳，"聃（dān）"是他的谥（shì）号——"谥号"是古代名人显贵死后被授予的名号。"聃"字本义是耳朵又长又大，替老子造像的画师可别忘了这一点。至于那个"老"字，应是尊称。

老子是春秋时期楚国苦县（今河南鹿邑）人，大约生于公元前 571 年，比孔子年长二十来岁。相传他在周王室的图书馆做典守官（"周守藏室之史也"），有条

老子

件读尽天下典籍，他的学识修养也就无人能比，要不怎么孔子也去向他请教呢！

后来周室衰颓、内乱不断，图书典籍也散失了不少。老子深感失职，索性辞官不做，骑了青牛出函谷关，准备西游。——把守函谷关的令尹名叫喜，早就闻知老子的大名，拦住他说：您干吗不写点东西留下来呢？

老子也早想把自己对世事和人生的思考记录下来，"乃著书上下篇，言道德之意五千余言"。这五千字的大作，就是我们见到的这部《老子》，又叫《道德经》。

若在今天，五千字的文章都不好意思拿出手。可老子写下的这五千字，被后世学者研究了两千多年，也还是没有钻研透！这下你该明白人们为什么尊崇老子，连孔子也对他佩服得五体投地了！

据司马迁在《史记》中记载，孔子到洛邑"问礼于老子"，老子回答：您问的这些东西有点过时啊，那些讲求"礼"的圣人，连骨头都烂没了，只留下些言词罢了。君子赶上好时机呢，就乘高车、做大官；赶不上机会呢，就像蓬草一样，被风吹到哪儿就落到哪儿算了。我听说，高明的商人把宝货藏起来，总像一无所有的样子；高尚的君子修养深厚，表面上却大智若愚。您啊，要去掉傲气和欲念，收起踌躇满志和想入非非，这些都无益于人的身心。这就是我要告诉您的。

老子送孔子出门时，又找补说：我听说富人送人钱财，仁人送人善言。我不富有，但还算个仁人，就送您两句善言吧：喜欢议论别人的，无疑是耳聪目明、明察秋毫，可离死就不远了；爱揭别人短的，能言善辩、无所不知，但就要陷入危险了。您的生命不是自己的，是爹妈给的；您的生死也不由自己决定，因为还有君王呢。您好自为之吧！

老子说话坦率，显然没把孔子当"外人"。那么孔子对老子又怎么看呢？离开老子后，孔子对弟子说：我知道鸟是能飞的，鱼是能游的，野兽是能跑的。能跑的可以拿网兜住，能游的可以用线钓起，能飞的可以使箭射下。至于龙这种神物，我却搞不清它是怎么乘着风云飞上天的。今天见到老子才明白：他就是龙啊！

司马迁生活在汉武帝时期，儒家的独尊地位刚刚确立。在此之前，西汉统治者更重视"黄老（黄帝和老子）之术"——我们看司马迁的记述，还带着明显的"扬道抑儒"的倾向，这在一定程度上，还是受社会思潮影响的结果吧。

"道可道，非常道"

《老子》一书最早不分章。在长沙马王堆汉墓中出土的帛书《老子》，就是连片抄写，一气呵成的。

不知从何时起，五千言被分成八十一章。各章长短不一：长的一两百字，短的只有二十几字。全书又以三十七、三十八章为界，分为上、下两篇。上篇称"道经"，下篇称"德经"。——不过汉墓帛书《老子》却是"德经"在前，"道经"在后的。

上篇称"道经"，自然从"道"谈起。——"道"的本义是道路，也常用来借指某种思想主张或事物的发展规律。主张和规律也是道路，只是眼看不见、脚踩不到罢了。

不过在老子这里，"道"有着更丰富的含义：它既是宇宙万物的本原，又是万物发展的动力和规律，其中也包括人类的行为准则。总之，天地万物都由"道"创造并支配着，它潜力无边、动力无限，无所不在又玄妙无比，难以捉摸！

且看第一章的前半段：

道可道，非常道；名可名，非常名。无名天地之始，有名万物之母。（一）

◎道：这里有名词（道理）和动词（讲说）的不同用法。

◎名：这里有名词（名称，名号）和动词（命名，描述）的不同用法。

这开头六个字里，出现了三个"道"字。第一个和第三个，是名词的"道"；中间一个则是动词，有"言说"之意。这两句翻成白话便是：可以用言词来讲说的"道"，都不是"常道"。——"常道"是指永恒不灭的"道"，也就是老子所说的难以捉摸的"道"。

以下"名可名，非常名"，句式与前句相同，意思是：事物的名称若可用语言来描述，

元代书法家赵孟𫖯书写的《道德经》

便不是永恒的名称（"常名"）。——这个"常名"的内涵，也仍是指玄妙的"道"，区别在于"名"是表，"道"是里。

"道"无法解说、无以名状，然而它却孕育了天地万物。天地万物都是可以名状（即描述）的，而孕育了它们的"道"却无以名状。因而老子又说："无名天地之始，有名万物之母。"无以名状的"道"是天地万物的本原，它孕育了可以名状的万物，因而成为万物之母——有形源于无形，这就是我们常说的"无中生有"吧？

这第一章的下半段是：

故常无，欲以观其妙；常有，欲以观其徼。此两者同出而异名，同谓之玄。玄之又玄，众妙之门。（一）
◎徼（jiào）：边际。◎玄：玄妙深奥。

这里仍是围绕"无"和"有"来谈，说要常常把握"无"，用以观照"道"的幽深玄妙；又要常常把握"有"，以观照"道"的范围和边际。"无"和"有"是同一个源头（都源于"道"），只是名称不同罢了。两者同样可以用"玄"来描述，玄而又玄，天下一切变化之妙，都从"道"这扇门中诞生出来！——这话可真够"玄"的！

百姓是草编狗吗

孔子不大迷信鬼神，曾说过"敬鬼神而远之"的话；虽然偶然也提"天命"，实际上更重视人事。老子同样不迷信天地鬼神，例如他说：

> 天地不仁，以万物为刍狗；圣人不仁，以百姓为刍狗。天地之间，其犹橐籥乎？虚而不屈，动而愈出。多言数穷，不如守中。（五）

◎刍狗：用草扎成的狗，供祭祀时摆放。◎橐籥（tuóyuè）：风箱，冶炼时用以鼓风助燃。橐，以牛皮制成的气囊。籥，与橐连接的吹风竹管。◎不屈：不竭。动：鼓动。愈出：指鼓动空气不断吹向火焰。◎多言：指政令烦苛。数穷：加快失败。数，通"速"。守中：守冲，持守虚静状态。也有人说，"中"即"道"。

前两句说：天地没有仁心、无所偏爱，看待万物如同祭祀用的草编狗，用毕就扔掉了，哪里有什么生死牵挂？圣人也没有仁心，把百姓看作祭祀用的草编狗，任其自生自灭，同样无所挂怀。

在儒家经典里，"不仁"是十分严重的指责。孟子转述孔子的话说，统治的道路只有两条，"仁与不仁而已"。"不仁"就是残暴地对待百姓，程度严重的，将导致"身弑国亡"；不严重的也会"身危国削"。（《孟子·离娄上》）——那么老子所说的"不仁"，也是这样讲吗？当然不是。

老子所说的"天地不仁"，只是说"天地"乃客观的自然存在，并没有人类的情感，也不存在神的意志。万物只是在天地间循着自然法则（"道"）产生并发展罢了。而"圣人"秉承"道"，当然也不必对百姓及万物格外施爱——有了"仁爱"，必然会有干预，一干预，也便破坏了自由发展的规律，违背了"道"的"无为"原则。

老子又说：天地之间就像冶炼时用的鼓风皮囊（"橐籥"），中间是空虚的。这个空可不是荡然无物，而是孕育着永不穷竭的生命力；一旦鼓动起来，便生生不息，绵绵不绝！

也正因如此，统治者应当像"橐籥"那样持守着虚静无为的状态（"守中"），尽量别干预百姓的生活和生产，哪怕你自以为是在施"仁政"也罢。政令烦苛，反会加速败亡（"多言数穷"）！

"天地不仁"的思想，有时又表述为"天道无亲"，看看这一章：

和大怨，必有余怨，（报怨以德，）安可以为善？是以圣人执左契，而不责于人。有德司契，无德司彻。天道无亲，常与善人。（七九）

◎和：调和。报怨以德：以德来回报怨恨。按："报怨以德"一句原在第六十三章，有学者认为应移至此处。◎左契：契即合同。古人订立合同，刻木为契，分剖左右，双方各执一半。左契由债权人收执，作为收债的凭证，如同今天的借据。责：索债。◎司契：持有借据。司彻：掌管税收。彻，周代的税法。◎无亲：无所偏爱。与：同，和；另有支持、相助之意。

这是说，调和大仇大怨，总还会留有未解的余怨。拿恩德回报仇怨，又怎么算是妥善处理呢？换了圣人怎么做？他就像债主一样，手里捏着借据，却不向欠债人催讨。——区别就在这儿：有德之人如同拿着借据而不去催讨的圣人，无德之人则像收税的小吏，不讨到手就不肯罢休！

这段话是对统治者讲的。老子告诫他们：仇怨宜解不宜结，一旦结了怨，你怎么调解也没用，哪怕"报怨以德"，也不能从根本上解决问题。你要学习有德的圣人，千万别学无德的税收官，那是要招怨的！

老子的结论是："天道无亲，常与善人。"——天道无所偏爱，但它有一个根本的法则，便是常助善人。

这不是矛盾吗？既然"天地不仁""天道无亲"，怎么又"常与善人"呢？其实，善人得助，乃是"善有善报"的结果，是自己帮助了自己，这后面起作用的，也依然是"天道"！

"反"是道的灵魂

《老子》中还有这样几句话：

大曰逝，逝曰远，远曰反。（二五）
◎曰：相当于"而""则"。逝：流动，消逝。反：同"返"。

前面说过，老子不知如何描述"道"，乃"强为之名曰'大'"。这里接着说："道"广大无边而周流不止（"大曰逝"）；周流便会远离（"逝曰远"）；不过别担心，远离之后，还会自已返回的（"远曰反"）。这里特别值得注意的，就是这个"反"字。——古文中的"反"有两种词义：一是"正反"之"反"，一是"往反（返）"之"反"。

在老子哲学中，"反"是个大命题。不是说"道"代表着事物运动发展的规律吗？其中的总规律，便是一个"反"字：一方面，事物全都朝着相反的方向运动；另一方面，事物的运动又总要返回到原始状态。——学者把这称为"相反对立"和"返本复初"。而"远曰反"，便是指"返本复初"。

《老子》第二章已接触到一个"反"字：

> 天下皆知美之为美，斯恶已。皆知善之为善，斯不善已。故有无相生，难易相成，长短相形，高下相倾，音声相和，前后相随，恒也。（二）
> ◎斯：这个。恶：丑。◎相生：相互依存。成：成就。形：比较。倾：依靠。音声：音乐和人声。和：和谐。恒：恒常，永远。

普天下都知道美是怎么一回事，于是也便有了丑的概念；都知道善是怎么一回事，于是便有了恶的概念。正因如此，"有"和"无"是相互依存的，"难"和"易"是相互成就的，"长"和"短"也是相互比较而显现的，"高"和"低"也是相互依赖的，乐器和人声也因差异的调和才显出美，"前"和"后"也相异相随。因此，众多概念需要依靠其反面而存在，也就成了永恒的真理！

关于"反",老子还有两条著名的论断。一条是：

反者道之动，弱者道之用。天下万物生于有，有生于无。（四〇）

◎动：运动，运动规律。弱：弱小，柔弱。用：应用，效用。

事物总是朝向反面发展，这是"道"的运动定律。难道不是吗？每个生命从诞生那一刻开始，便一步步走向它的反面——死亡；而月盈则亏、花开易谢，也无不昭示着"反"的定律。

"弱者道之用"则是说以柔弱自居是"道"应对世界的根本立场。一般人认为，为人做事要表现出强势，治理国家要运用"铁腕"。然而"道"的表现正相反，这涉及老子的"无为"主张，我们后面还要说到。

至于"天下万物生于有，有生于无"，前头已经讲过，"无中生有"嘛！而"有"和"无"也恰是一对相反的概念，彰显着"反"的自然规律。

老子关于"反"的另一名言是：

祸兮福之所倚，福兮祸之所伏，孰知其极？（五八）

◎倚：倚靠。伏：隐藏，隐伏。孰：谁。极：终极，究竟。

这是说：灾祸跟幸福是邻居，幸福之中又潜伏着灾祸，有谁能探知它的究竟呢？

有个"塞翁失马"的故事，恰好可以给这句名言做注脚。"塞翁"是家住塞上的老翁，他饱经世故、通达哲理。他儿子的一匹马跑丢了，人们都替他家惋惜，老人却说：怎见得不是好事呢？果然，过了几个月，那马自己跑回来，还带回一匹胡地骏马。

人们都来庆贺，老人又说：怎见得不是祸事呢？结果他儿子因骑马而摔断了腿。人们纷纷来慰问，老人仍是那句话：怎见得就不是好事呢？一年以后，胡人大举入侵，塞上的年轻人都应征入伍，十去九不归；唯独老人的儿子因残疾而免于征召，始终陪伴在老父身边。

故事讲述者最后总结说："故福之为祸，祸之为福，化不可极，深不可测也。"（《淮南子·人间训》）这里说的，正是老子"祸兮福之所倚，福兮祸之所伏"的道理！

总之一句话，若问"道"的灵魂是什么，恐怕非"反"莫属了！

"大器晚成，大音希声"

孔子喜欢把人群分出不同层次，譬如把学习的人分为"生而知之者""学而知之者""困而学之者""困而不学者"。老子也喜欢把人分出层次来。例如《老子》四十一章，便把学道者分成"上士""中士""下士"：

上士闻道，勤而行之；中士闻道，若存若亡；下士闻

道，大笑之。不笑，不足以为道。（四一）

◎上士：见识高明的人。以下"中士""下士"依此类推。

◎若存若亡：若有若无，这里有将信将疑之意。

见识高明的人（"上士"）闻听"道"，就去努力遵行；见识一般的人（"中士"）闻听"道"，抱着将信将疑的态度；智力低下的人（"下士"）闻听"道"，则会哈哈大笑——笑就对了，不被愚蠢的人嘲笑，就不足以成为"道"啊！

老子接着说：

故建言有之：明道若昧，进道若退，夷道若纇，上德若谷，广德若不足，建德若偷，质真若渝，大白若辱，大方无隅，大器晚成，大音希声，大象无形，道隐无名。夫唯道，善贷且成。（四一）

◎建言：立言，名言。昧：暗昧。夷道：平坦的道。纇（lèi）：不平，崎岖。谷：川谷。建德：刚健之德，建通"健"。偷：这里意为怠惰。质真：质朴纯真。渝：污浊。辱：黑。按："大白若辱"原在"上德若谷"之后，有学者以为当移至此。大方：最方正的。隅：角落，棱角。大器：宏大贵重的器物。希声：无声。◎贷：施与。

老子在这里列举了一长串警句：光明的道却似暗昧，前进的道却似后退，平坦的道却似崎岖，崇高的德低洼如谷，广大的德恰似不足，刚健的德却似懈怠，质朴纯真如同污浊，

河南鹿邑是老子故里

洁白无瑕却似染垢，最方正的反而没有棱角，宏大贵重的总是最后完成，最大的声音反而听不到，最大的形象反而不见其形，真正的道反而无可名状。——也只有"道"，不吝施与，成就万物！

老子所举的种种现象，在铺排夸饰中，多少带着点玄虚的色彩。不过有些又确有道理，如那"晚成"的"大器"，无论是鼎彝重器，还是硕士才人，"晚成"恰恰是久经淬砺研磨的结果。再如"大音希声"，如果从声音的尖锐度来理解，频率过高的超声波，人耳反而听不到，因此也是有科学根据的。此外"大象无形"也如是，人的视觉可以辨识一定范围中的物体，小到蚂蚁，大到山川；但却很难辨识宇宙，因为它太大了，大到不可思议！

总之，老子列举种种现象，无非是在提醒人们：观察任何事物，都要同时看到它的反面，不要被表象所迷惑；而物极必反则是事物发展的普遍规律。面对万事万物，不要轻易地否定；小心成为圣人眼中的"下士"，在讥笑别人时，恰恰暴露了自己的愚昧无知！

车毂、瓦罐：空有空的用处

类似的正反思考，在《老子》中随处可见。如这一章：

> 大成若缺，其用不弊。大盈若冲，其用不穷。大直若屈，大巧若拙，大辩若讷。（四五）
> ◎大成：最完善、最完美的事物。不弊：不坏，不朽。◎盈：满。冲：这里有空虚之意。◎屈：曲。辩：雄辩能言。讷（nè）：不善言辞，话语迟钝。

这里是说，最完善的倒像有缺欠，但它的效用是不朽的。最充盈的反似空虚，但它的用途是无穷的。最正直的反似弯曲，最灵巧的反似笨拙，最善辩的倒像是言慢语迟。

就说"大盈若冲"这个判断吧，这是老子的一贯思想。他还说过这样的话：道看上空虚的，它的作用却是永无穷尽的（"道冲而用之或不盈"，《老子》四），那是从反面论证。

说到底，老子在这里讲的是"有"和"无"的辩证关系。这一点，《老子》第十一章讲得最清楚：

> 三十辐，共一毂，当其无，有车之用。埏埴以为器，当其无，有器之用。凿户牖以为室，当其无，有室之用。

故有之以为利，无之以为用。（一一）

◎辐：车轮上的辐条。毂（gǔ）：车轮中心的鼓形圆木，与车辐条连接，中间有孔，用以穿车轴。无：这里指车毂中空的地方。下文中的"无"分别指陶器及房屋中的空间。◎埏埴（shānzhí）：和泥。埏，和。埴，土。◎户牖（yǒu）：门窗。

老子用车毂、陶罐和屋子打比方。他说：你看那车轮，三十根辐条都集中到车毂上，而车毂的中心是个窟窿，是用来贯穿车轴（车轴就是连接两个轮子的杠子）的，这样车子才能跑起来。糅和黏土制成陶罐，那陶罐的膛是中空的，也正是有了中空的膛，陶罐才成了有用之物。开窗凿门建造屋室，正是有了门窗四壁围起的这块空间，才能住人储物。

所以说，"有"给人带来好处，但"无"的作用谁也离不开：没有车毂、陶罐、房屋的"无"，人们就只好徒步行走、掬水而饮、树栖野处，跟野兽无异了。

凡事都从正反两方面考察，成为老子的思维习惯。再看这一章：

五色令人目盲，五音令人耳聋，五味令人口爽，驰骋畋猎令人心发狂，难得之货令人行妨。是以圣人为腹不为目，故去彼取此。（一二）

◎五色：指青、赤、黄、白、黑。五音：指宫、商、角、徵（zhǐ）、羽。五味：指酸、甜、苦、辣、咸。口爽：口病，爽有味觉败坏意。驰骋畋（tián）猎：奔走射猎。行妨：伤害操行。◎为腹不为目：为，谋求。腹，这里指吃饱肚子的简朴生活。目，这里指追求耳目之欲的奢靡生活。去：摒弃。彼：指"为目"的生活。此：指"为腹"的生活。

这是说，五彩缤纷容易让人眼花缭乱，五音齐奏容易让人听觉失常，五味杂陈容易让人舌尖迟钝，驰骋射猎容易让人心志放荡，珍稀宝货容易让人品行堕落……面对外界的纷繁诱惑，圣人又是怎样做的呢？他们只求吃饱肚子，不求眼花缭乱，因而总是抛弃声色犬马，选择简朴的生活。

这种相反相成的思想，贯穿《老子》全书，直至最后一章：

信言不美，美言不信。善者不辩，辩者不善。知者不博，博者不知。圣人不积，既以为人，己愈有；既以与人，己愈多。天之道，利而不害；人之道，为而不争。（八一）

◎信：信实之言，真话。美言：华美的言词，好听的话。◎辩：巧辩。◎知者：有专一知识的人。◎积：积藏。为人：帮助别人。◎人之道：人间的法则。此句或作"圣人之道"。

老子警示人们：表象跟本质有着巨大差异，大实话往往不好听，好听的却不一定是实话；心地善良的言语迟慢，巧舌如簧的多半不是良善之辈（这与儒家的"巧言令色鲜矣仁"倒是一致的）；有真才实学的不一定事事皆通，无所不懂的却往往没一样"拿得起"。圣人了解其中道理，从不贪婪积蓄，一心助人，自己反而更充实；一心奉献，自己反而更丰富。天之道总是有利万物而非加害万物；人之道应当效仿天之道，只管干就是了，不要与人争竞！

"绝圣弃智""见素抱朴"

老子犹如一位杂技大师，常常头朝下、脚朝天，倒立着观察天下与人生。你认为有些东西是天经地义的真理，像仁啊，义啊，礼啊，智啊，可老子偏偏告诉你：那都是世风日下的产物，是诱导人们背离"大道"的坏东西。他说：

> 大道废，有仁义；智慧出，有大伪；六亲不和，有孝慈；国家昏乱，有忠臣。（一八）
>
> ◎智慧：智巧、智谋。伪：诈伪。◎六亲：指父、子、兄、弟、夫、妇。◎昏乱：政治混沌。

人人赞赏仁义，可是老子说，这正是大道弛废的结果；言外之意，假如大道通行，仁义乃是人人皆备的品质，又有什么好颂扬的呢？此外，正因人们推崇智谋机巧，这才产生大奸大伪。而只有家庭不和、六亲纷争，也才显出父慈子孝的可贵；国家政治混沌，也才出现所谓忠臣。——"疾风知劲草，板荡识诚臣"，应当便是对老子思想的演绎。

老子说得对。人在空气中生活，不觉得空气的存在；鱼在水中悠游，也不知水的重要。只有当空气稀薄、池水干涸时，人和鱼才感到空气和水的可贵。

那么怎样才能让百姓回归"道"的境界呢？他说：

> 绝圣弃智，民利百倍；绝仁弃义，民复孝慈；绝巧弃
> 利，盗贼无有。此三者以为文不足，故令有所属：见素
> 抱朴，少私寡欲，绝学无忧。（一九）
>
> ◎绝：弃绝，抛弃。圣：这里有自作聪明之意。智：智
> 巧。◎复：恢复。◎巧：巧诈。利：货利。◎文：文饰。属：
> 归属。素：本色的丝。朴：未经雕琢的木头。绝学：弃绝"仁
> 义圣智"之学。

"圣"本指崇高的人格、超常的智慧，不过在《老子》中，"圣"常常要加上引号，含有自作聪明的意思。至于"仁义"，那是儒家言必称颂的美德善性，老子对此也并不"感冒"。至于"巧利"，在老子的词典中多用来指无用的机巧、可鄙的货利。——也就是说，"圣智""仁义""巧利"这些一般人眼中的"正能量"，都是老子所极力否定的。

老子说：抛弃你们的聪明智巧，百姓反能获利百倍；抛弃你们挂在嘴边的仁义，百姓反能恢复慈孝天性；抛弃种种机巧求利的引诱，盗贼自会消失得无影无踪。用这三者来装点我们的人生，是远远不够的。人还是要有所归属，回归人性的起点：像是未经染色的生丝和不事雕琢的原木，清心寡欲，弃绝圣智仁义之学，才能达到无忧无虑的"道"的境界。

"上善若水" "柔之胜刚"

先秦哲人讲道理，总喜欢以水为喻。如孔子有"逝者如斯"的感叹，那是夫子借流水喻光阴的。孔子还说过"仁者乐山，智者乐水"的话。作为智者的老子，当然也对水很感兴趣，不仅有"为天下溪"的隐喻，还有更直接的说法：

> 上善若水。水善利万物而不争，处众人之所恶，故几于道。居善地，心善渊，与善仁，言善信，政善治，事善能，动善时。夫唯不争，故无尤。（八）
>
> ◎上善：上善之人。◎"处众"二句：是说水总是处在众人所厌恶的低处，所以接近道。恶，厌恶。几，接近。◎居善地：居处善于择地。渊：形容沉静的心态。与：跟人交往。政善治：为政善于治理。能：发挥能力。时：把握时机。◎尤：过失，怨尤。

这是说，上善之人有水一般的品质。水能滋润万物，却不与物相争，总是处于众人所讨厌的低洼处，因而水的品质最接近"道"。

得"道"之人有七"善"：善于择地而居，善于保持内心沉静，善于以爱心待人，善于信守承诺，善于为政治国，善于发挥能力，善于把握时机。——只因他总是做好自己，与世无争，因而也就没有过失，难招怨尤。

除了"善利万物""不争""处下"，老子还特别称赏水的

"柔弱"：

天下莫柔弱于水，而攻坚强者莫之能胜，以其无以易之。弱之胜强，柔之胜刚，天下莫不知，莫能行。是以圣人云："受国之垢，是谓社稷主；受国不祥，是为天下王。"正言若反。（七八）

◎易：替代。◎垢：污垢，屈辱。社稷主：诸侯。◎不祥：灾祸。◎正言若反：正面的话（真理）听上去像是反话。

天下没有比水更柔弱的东西了，但任何坚硬的物质在与水对抗时全都败下阵来，水的力量真是无可替代！——此话不假，"水滴石穿"的道理无人不晓，屋檐下的石阶，总被檐溜冲出一排坑坑儿；河滩上浑圆的石子，原本是有棱有角的石块，经过千年流水的冲刷，竟变成现在的模样。

不过老子又说：弱能胜强，柔能克刚，这个道理天下无人不晓，却没人去实行。圣人因此提醒在位者：不要表现得那么强势吧，能负载起一国的屈辱，才配当诸侯国的君主；能承担起全国的

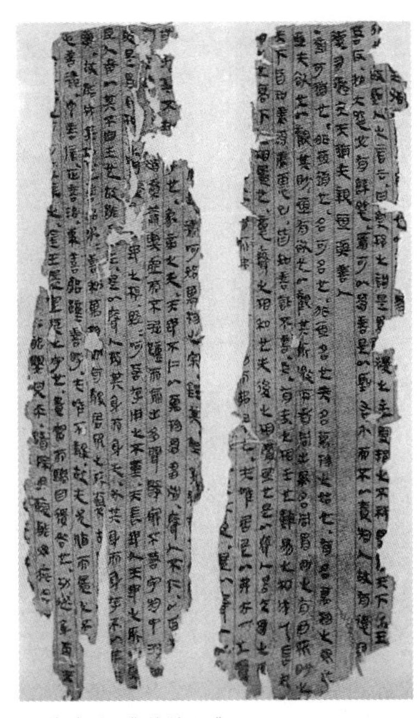

汉代帛书《道德经》

灾难，才配做天下的王！

"软弱""处下""不争"，反而能取胜。统治者只有忍辱负重、谦和包容，才能保住位子。——可惜这个道理大多数统治者都听不进，因而老子感叹说"正言若反"，意思是：在这些蠢材耳朵里，真理听上去总像是反话。

老子是阴谋家吗

老子关于"弱之胜强，柔之胜刚"的论述还有不少，如这一章：

人之生也柔弱，其死也坚强。草木之生也柔脆，其死也枯槁。故坚强者死之徒，柔弱者生之徒。是以兵强则灭，木强则折。强大处下，柔弱处上。（七六）

◎坚强：这里是指人死后尸体的僵硬状态。◎死之徒：属于死亡的一类。下文中的"生之徒"用法同。◎木强则折：树木高大就会遭到砍伐。此句也可理解为树木缺乏柔韧度则容易被风吹折。

这依然是打比方：人活着时身体柔软，死后就变得僵硬；草木活着时枝柔叶嫩，死后便干枯了。所以说，坚硬的东西属于死亡的阵营，柔软的事物属于有生机的群体。由此推知，用兵逞强就难免灭顶之灾，树木高大多半会被风摧折。总之，强大的反容易处劣势，软弱的却总能占上风。

在另一则语录中，关于弱与强的辩证关系，讨论得更深入：

> 将欲歙之，必固张之；将欲弱之，必固强之；将欲废之，必固兴之；将欲取之，必固与之。是谓微明。柔弱胜刚强。鱼不可脱于渊，国之利器不可以示人。（三六）

◎歙（xī）：收敛，聚拢。张：张大，扩张。◎微明：不易察觉的先兆。◎利器：国家的权柄，也指治国的权力及刑罚手段。示人：向人炫耀。

有人说，老子擅长玩弄权谋，是个"阴谋家"。看看他的"经验之谈"：打算让它聚合，定先让它扩张；打算削弱它，定先让它强大；打算废黜它，定先让它兴盛；打算剥夺它，定要先给予。——这难道不是耍阴谋吗？

然而，老子是反对权诈的，他的思想核心是虚静无为，怎么会搞这一套？有的学者解释说，老子其实是在阐述事物的发展规律：一种事物将要收敛时，必先扩张；将要变弱时，必先变强；将要弛废时，必先兴盛；将要被剥夺时，必先得到。谁是背后的推手？不是阴谋家，是自然规律。

你没见到，黎明前的夜色是最黑暗的；花朵枯败之前，正是它开得最灿烂的时刻；久病者忽然有起色，医生便摇头说：那是"回光返照"。西谚曰："上帝要他灭亡，必先教他疯狂！"也是这个意思。

老子不是阴谋家，不过他从强者易败的自然规律受到启发，说是弱者不必畏惧强者，事物一旦刚强过头，离灭亡也就不远了。不过弱者故意示弱，让刚强者信心"爆棚"，是否也是促使其灭亡的小伎俩呢？

以下"鱼不可脱于渊"，是说鱼离开水就失去了凭借；同样道理，"国之利器不可以示人"。——"国之利器"是指国家权柄，也指镇压之权，那是一个政权赖以存在的武器和工具。不过这东西只宜深藏，不宜拿来向人炫耀。别忘了，强大的身后紧随着衰败的幽灵，对统治者来说，频频示强可不是什么好兆头！

"无为"不是当甩手掌柜

既然"国之利器不可以示人"，统治者又该怎么做呢？老子的答案很简单——无为。

《老子》第二章讲到"天下皆知美之为美，斯恶已"，又说：

> 是以圣人处无为之事，行不言之教；万物作焉而弗始，生而弗有，为而弗恃，功成而弗居。夫唯弗居，是以不去。（二）
> ◎无为：顺其自然，不作为。◎作：兴起。弗始：不带头，不倡导。有：占有。恃：依仗，凭借。◎去：丢掉。

这是说：得道的圣人总是啥也不做、啥也不说，以无所作为的态度处理世事，以无言的形式推行教化。万物兴起而不加倡导，生养万物而不据为己有，出了力而不自恃己能，功业成就也不居功自傲。正因如此，他的功业也便不会被夺走。——谁能夺走不曾拥有的东西呢？

关于"无为"，这里还要多讲几句。因为在老子看来，"无为"是"道"的本质。他说：

为学日益，为道日损。损之又损，以至于无为。无为而无不为。取天下常以无事，及其有事，不足以取天下。（四八）

◎益：增益。损：减损。◎取：这里是治理的意思。

"为学日益"是说一个人只要努力学习，他的知识学问便会一天天增益。"为道日损"则是说修道的过程跟"为学"相反，是一天天减损——减损什么？是指人的欲望吧？一个人的私欲杂念越少，内心也离道越近，损之又损，至于"无为"，也便达到了道的最高境界。

"无为"并非当"甩手掌柜"，是指不妄思妄为，是顺应"道"的规律去做该做的事。在这个范围里，便可以无所不为，没啥干不成的了。

老子因此说：治理天下的关键是"常以无事"；也就是不要没事找事，打搅百姓。统治者出于私欲私利，总爱指挥百姓干这干那：今天修花园，明天盖宫殿，后天又征粮征丁、开疆拓土。这样的统治者就不配领导天下。

那么统治者无为，百姓会不会走邪路呢？老子说：

道常无为而无不为。侯王若能守之，万物将自化。化而欲作，吾将镇之以无名之朴。镇之以无名之朴，夫亦将无欲。不欲以静，天下将自正。（三七）

◎自化：自我教化，自生自长。◎欲作：贪欲萌生。镇：镇压，镇住。无名之朴：道之真朴。◎自正：自然走上正轨。"正"一作"定"。

诸侯若能把握"无为而无不为"的大道，万物（主要指百姓）便会自生自养、自然化育。不过自然化育也会萌生出贪欲（"化而欲作"），此刻便要用"无名之朴"来镇住这贪欲。——所谓"镇"，其实是引导，引导百姓去除贪欲、心静神安，天下自会和谐安定，走上正轨。

为啥说"治大国若烹小鲜"

关于"无为"，老子的论述还有不少，像这一章：

以正治国，以奇用兵，以无事取天下。吾何以知其然哉？以此：天下多忌讳，而民弥贫；人多利器，国家滋昏；人多伎巧，奇物滋起；法令滋彰，盗贼多有。故圣人云："我无为而民自化，我好静而民自正，我无事而民自富，我无欲而民自朴。"（五七）

◎正：清静无欲之道。奇：奇巧，诡诈。取天下：治理天下。◎知其然：知道是这样的。◎以此：因为这个（指下面所举之例）。忌讳：禁忌，禁令。弥：更加。◎利器：一说兵器，一说权谋。当指百姓个人的特出本领。滋：更加，越发。◎伎巧：工艺智巧。奇物：邪事，不合制度的器物。◎彰：彰明，森严。

老子说：治国、用兵、统治天下，所用方法不同。治国要用正道，用兵须出奇制胜，统治天下则不要生事扰民。怎么知道该这样做呢？是因为这个——下面老子罗列了一串因果加以证明。

他说，统治者的禁忌越多，百姓便越贫困；人人都有"撒手锏"，国家就越混乱；人的技艺越奇巧，"邪门"的东西就造得越多；国家法令越森严，盗贼反而越猖狂。

那么圣人又该如何？老子开出的仍是一张"老药方"：我"无为"，百姓会自我化育；我好静，百姓自会走正道；我不生事，百姓自然富足；我没有贪欲，百姓会自动归于淳朴。

老子还有个生动的比喻：

治大国，若烹小鲜。以道莅天下，其鬼不神；非其鬼不神，其神不伤人；非其神不伤人，圣人亦不伤人。夫两不相伤，故德交归焉。（六〇）

◎烹小鲜：煎小鱼。◎莅：莅临。其鬼不神：鬼不起作用。神，通"伸"，灵验。◎非：非但。其神不伤人：神不会侵犯人。◎两不相伤：指鬼神与圣人都不侵犯人。德交归焉：指所有福祉都归于民，则天下相安无事。德，德惠，福祉。

古人常拿烹调来比喻治国。相传商汤的宰相伊尹就是厨师出身，做官后运用烹饪之道来治理国家，大获成功。想来老子也是烹调高手，常常亲自下厨做个小菜什么的，因而有着独到的经验。

怎么叫"治大国，若烹小鲜"呢？这里包含两层意思：一是视大如小，在位者只要掌握了"无为"之道，治理大国可以做得很轻松，如同煎小鱼一般。

另一层意思是：煎小鱼不宜多翻动，鱼小肉薄，多翻就烂了！治理大国也应把握这个原则，少发号施令，胡乱翻动；国家虽大，也像煎锅中的小鱼一样不禁折腾！

接下来的一段话，是对"烹小鲜"理论的进一步阐释。老子生活的时代，在位者普遍迷信鬼神，为了风调雨顺，保住社稷，他们一会儿拜鬼，一会儿祭神，杀牛宰羊，少不了折腾百姓。

老子对在位者说：你不必瞎折腾，只要把握好"道"就足够了。这样一来，鬼也奈何不得人；不但鬼奈何不得，神和圣人也都不会侵害百姓，所有的福祉都归于人，你就等着"小鲜"起锅，享受美味吧！

泉州清源山老子雕像

"损有余而补不足"的天道

老子的话，多少有点理想化，说着轻巧，做起来却有难度。——说什么"治大国若烹小鲜"，一般君主有那个智慧和耐心吗？何况君主自己欲壑难填，又如何去教化百姓呢？

其实老子何尝不知？在老子眼里，一些当世的在位者简直糟透了。老子批判某些人君：

使我介然有知，行于大道，唯施是畏。大道甚夷，而人好径。朝甚除，田甚芜，仓甚虚；服文采，带利剑，厌饮食，财货有余。是为盗夸。非道也哉！（五三）

◎我：指统治者。介然有知：稍有知识。介然，微小貌。唯施是畏：只怕走上邪路。施（yí），邪，斜行。◎夷：平坦。径：斜路，小道。◎除：废弛。◎服文采：穿着华丽的衣服。厌：饱足。◎盗夸：盗魁，大盗。

老子警告君主们：假使我稍有见识，在大路上行走，唯一担心的是走上岔道。大路平坦宽广，可偏偏有人爱走小道！你看他，朝政一塌糊涂，田野一派荒芜，国库空虚无物；可他居然还穿着锦绣华服，挎着锋利的宝剑，饫甘餍肥，积财无数。这简直就是强盗头子嘛，离"道"太远啦！

想想看，跟这样的人君讲什么"无为而无不为"，他能听得懂吗？

最让老子感到刺眼的，是社会上贫富悬殊的现象：

> 天之道，其犹张弓与？高者抑之，下者举之；有余者损之，不足者补之。天之道，损有余而补不足。人之道则不然，损不足以奉有余。孰能有余以奉天下。唯有道者。（七七）
>
> ◎张弓：这里指给弓安上弓弦。◎"高者"四句：这是以制弓为喻，弓的弧度小，就压抑使大；弧度大，就松弛使小。弓弦过长，就消减；过短，就续补。◎奉：奉送，献给。

老子拿安弓弦来打比方："天之道"（自然的法则）就像安弓弦一样，弓的弧度小（安弦的位置高），就要把弓身压低；相反的情况则应把弦位抬高。同样，弓弦有富余，则应消减；弓弦太短，则应补长。"天之道"便是如此，永远是减损多余的，弥补不足的（"损有余而补不足"）。

然而人间的现实却总是背"天"逆"道"：统治者本已锦衣玉食、高车驷马、仓满囤流，可仍旧无休止地搜刮劫掠。百姓本来已无立锥之地、隔夜之粮，可仍旧被捶楚、受盘剥。这分明是"损不足以奉有余"啊！

老子呼吁："孰能有余以奉天下。唯有道者。"——能把多余的奉献出来，救助普天下啼饥号寒的百姓，只有"有道者"才能做到。

老子显然是在向君主们喊话，可有几位能听得见、听得懂？

"民不畏死"是啥信号

"民不畏死，奈何以死惧之！"——《老子》第七十四章这句名言，是有背景的。先来看看它后面的一章：

> 民之饥，以其上食税之多，是以饥。民之难治，以其上之有为，是以难治。民之轻死，以其上求生之厚，是以轻死。（七五）
>
> ◎食税：靠赋税收入吃饭。◎有为：这里指在位者政令烦苛，胡作非为。◎轻死：不在乎死，不怕死。求生之厚：追求奢侈的生活、丰厚的供养。

这一章其实是补充说明"民不畏死"的原因。——百姓为什么饿肚子？还不是因为君主收税太多、吃得太撑，百姓才吃不饱？百姓为什么难治理？还不是因为君主无事生非、胡乱指挥，百姓难以支应？百姓为什么不在乎死？还不是因为君主生活太奢侈、享受太丰厚，百姓缺衣少食，活着毫无乐趣，死也就变得无所谓了！百姓连生死都置之度外，更别说威压恫吓了。在"民不畏死"章的前面，老子还有"民不畏威"的论述：

> 民不畏威，大威至矣。无狎其所居，无厌其所生。夫唯不厌，是以不厌。（七二）
>
> ◎威：威压。大威：大祸乱。◎狎：同"狭"，指狭窄。所居：居室。无厌其所生：此句有两种解释，一种是"厌"同

"压"，意为不要压榨他们的生活；另一种解释是，"厌"即厌恶，意为不要让百姓厌倦生活。◎夫唯不厌，是以不厌：也有两种解释，一种是前一个"厌"同"压"，后一个"厌"即厌恶；另一种解释，两个"厌"同为厌恶意。

这一章是说，百姓不畏惧当权者的威压，是因为活得太苦、了无生趣。所以权势者施压时，他们并不畏惧，索性铤而走险，于是便有大乱（"大威"）发生！老子警告当权者：不要再挤压百姓的居室，要让他们活得舒展些；不要让百姓失去生活的欲望，要让他们感受一点生活乐趣。只有他们不再厌倦生活，才能不厌恶他们的君主！

正是在这样的背景下，老子讲了"民不畏死"这番话：

民不畏死，奈何以死惧之？若使民常畏死，而为奇者，吾得执而杀之，孰敢？常有司杀者杀，夫代司杀者杀，是谓代大匠斫，夫代大匠斫者，希有不伤其手矣。（七四）

◎惧：恐吓。◎为奇者：作恶的人。奇，奇诡，邪僻。◎司杀者：负责杀人的，这里指天道。大匠：木匠，能工巧匠。斫：砍削。

老子说：老百姓不怕死，你干吗用死去恐吓他们啊？假如百姓一向怕死，那么只要我把敢于"作恶"的抓起来杀掉，看谁还敢出头？——话头一转，老子又说：即便要杀人，冥冥之中自有专管生杀的神灵，你不过是个人，却要代替天神去剥夺他人的生命；这就如同代替能工巧匠砍削木头一样，很少不伤着手的！

老子的话说得够明白：种瓜得瓜，种豆得豆，谁若把百姓逼到生不如死的份儿上，那后果可不止"伤其手"啊！

华夏反战第一人

诸侯的贪欲是无止境的，剥夺本国百姓还不够，还要侵夺别国，于是战乱也便成为春秋之世的一道惯常"风景"。

天下有道，却走马以粪。天下无道，戎马生于郊。祸莫大于不知足；咎莫大于欲得。故知足之足，常足矣。（四六）

◎却：退去。走马：善跑的马。粪：耕种，播种。◎戎马：战马。生：生育马驹。郊：郊野，两国接壤处。◎咎：罪过。

国家走正道，天下太平，战马自然都被放归南亩，犁地耕田。国家若偏离正道，导致战火连绵，恐怕连怀胎的母马也要被驱赶上阵，不得不在野外产驹了。灾祸没有比人心不足、贪得无厌更大的了。所以说，知道满足就收手的，才会永远满足啊！

你看，不要说人，就是马，生逢战乱也是不幸的！老子还有更明确的反战宣言：

以道佐人主者，不以兵强天下。其事好还。师之所处，荆棘生焉。大军之后，必有凶年。善有果而已，不敢以取强。果而勿矜，果而勿伐，果而勿骄，果而不得已，果而勿强。物壮则老，是谓不道，不道早已。（三〇）

◎佐：辅佐，辅助。强：逞强。◎还（xuán）：还报，报复。◎凶年：灾年，荒年。◎果：达到目的。取强：逞强。◎矜：矜持，自负。伐：自我夸耀。◎壮：盛壮。这里有恃力逞强之意。不道：不合于道。早已：早死，早完。

这是说，以道辅佐君主的，不靠武力来称雄天下。用兵打仗是很容易遭报复的，你攻我伐，还有个完吗？你没见：大军所到之处，必然荆棘丛生；大战之后，必然连着大荒之年。

真正善于用兵的，只求达到一定目的，并不是为了逞强。达到目的而不自负，达到目的而不夸耀，达到目的而不盛气凌人，达到目的只因出于不得已，达到目的而不逞强，这才是正确的态度。因为"物壮则老"——事物发展到盛壮之时，便是走向衰颓之日。违背这一点就是背离了道，也就离OVER（终结、出局）不远了！

紧接着这一章，老子为战争进一步定性：

夫兵者，不祥之器，物或恶之，故有道者不处。君子居则贵左，用兵则贵右。兵者不祥之器，非君子之器，不得已而用之，恬淡为上。胜而不美，而美之者，是乐杀人。夫乐杀人者，则不可得志于天下矣。吉事尚左，凶事

尚右。偏将军居左，上将军居右。言以丧礼处之。杀人之众，以哀悲泣之，战胜，以丧礼处之。（三一）

◎夫兵者：有些版本为"夫佳兵者"。兵：兵革，军事力量。物：即人。不处：不用。◎贵左：以左为贵。古代以左代表阳，以右代表阴，贵阳而贱阴。古人遇吉事，以左为上；遇凶事，以右为上。◎恬淡：安静，淡泊。◎美：得意。◎得志：达到目的，成功。◎偏将军：军中副帅。上将军：军中主帅。◎泣：有的版本为"立"，即"莅"，有身临之意。

老子说：兵甲是不祥之物，人们都厌恶它，因而有道者总是远离它。譬如说，君子平居总是以左为贵，但用兵时却以右为贵，这就暗示着用兵是"非正常状态"。正因如此，君子只有在不得已时才考虑动用武力。即使用兵，也保持着一颗平常心，打赢了也不得意扬扬。否则，就意味着你以杀人为乐，这种人又怎能统一天下呢！

下面老子又进一步解释"尚左""尚右"的规定：古礼说，吉庆之事以左为上，凶丧之事以右为上。打仗时偏将军居左，上将军居右，就说明用兵遵循着丧礼的规

赵孟𫖯书《道德经》片段

定。打仗要杀死很多人，应以哀痛悲悯的心情参与；打了胜仗，要以丧礼的方式低调对待。

关于战争，老子还提出"善战者，不怒；善胜敌者，不与"以及"抗兵相若，哀者胜矣"（文摘一）等理论，为后来的军事家所推崇。——我们后面还要讲到墨子和孙子，他们对待战争的态度，显然都受到老子的影响。

总之，老子是最早提出反战理念的中国学者，在世界上恐怕也是首屈一指吧。

【文摘一】

善为士者不武（《老子》）

善为士者，不武；善战者，不怒；善胜敌者，不与；善用人者，为之下。是谓不争之德，是谓用人之力，是谓配天古之极。（六八）

◎善为士者：善于带兵的。武：勇武。◎不与：不面对面争斗。◎为之下：指待人谦下。◎是谓用人之力：这叫善于运用别人的力量。配天古之极：完全符合自然之道。学者认为此句多一"古"字。

用兵有言（《老子》）

用兵有言："吾不敢为主，而为客；不敢进寸，而退

尺。"是谓行无行，攘无臂，扔无敌，执无兵。祸莫大于轻敌，轻敌几丧吾宝。故抗兵相若，哀者胜矣。（六九）

◎为主：主动进犯、攻击。◎不敢进寸，而退尺：不敢进攻一寸，宁可退后一尺。◎行无行：虽有阵势，却像没阵势。行（háng），阵势。攘无臂：虽然要奋臂，却像是无臂可举。扔无敌：虽然强敌在前，却像是无敌可对。扔，就，向前。执无兵：虽有兵器，却像是无兵器可执。按：以上四句，是指临阵宁可低估自己的力量，也不要轻敌。◎吾宝：吾身。◎抗兵：相对的两军。相若：强弱相当。哀：哀悯，慈悲。"哀兵胜矣"是说不以用兵为喜，抱着不得已而为之的态度去作战，常能获胜。这仍是"以丧礼处之"的意思。

"小国寡民"绘蓝图

从根子上说，老子的思想有着虚静、不争、含蓄、内敛的特点。他不主张"读万卷书，行万里路"，因为在他看来，道就在心中，何需他求？因此他说：

不出户，知天下；不窥牖，见天道。其出弥远，其知弥少。是以圣人不行而知，不见而明，不为而成。（四七）

◎牖：窗子。◎弥：越。

这里说的当然是"圣人"。圣人不出家门，就能知闻天下事理；不看窗外，就能了解天道运行。在老子看来，那些整天在外面奔忙的人，跑得越远，所获知识就越少。或许是纷繁的世界让他们眼花缭乱、心浮气躁的缘故吧，这影响了他们对事物的准确判断和深刻洞察。圣人则不必走、不必看、不必动手，却已是无所不知、心明眼亮、功业有成了。

在圣人看来，世人整天为名利而奔走红尘；诸侯为土地财货而穷兵黩武、横征暴敛，都显得那么可笑！针对这充满诈伪、人欲横流的衰世，老子开出的治国良方，便是引领全社会回到人心淳朴的古代去。

在全书倒数第二章，老子勾画出他的治国蓝图：

> 小国寡民。使有什伯之器而不用，使民重死而不远徙。虽有舟舆，无所乘之，虽有甲兵，无所陈之。使人复结绳而用之。甘其食，美其服，安其居，乐其俗。邻国相望，鸡犬之声相闻，民至老死，不相往来。（八〇）
>
> ◎小国寡民：国家小，百姓少。◎什伯之器：各种器物。什伯即什百，意为众多。重死：怕死。◎舟舆：船和车。甲兵：盔甲和兵器。陈：陈列，使用。◎结绳而用之：结绳记事，那是人类没有文字时的做法。甘：满足，满意。美：喜爱，嘉许。◎相望：相互可以望见，与"鸡犬之声相闻"均指距离很近。

国家不要大，百姓不要多，即使有五花八门的器具也一概不用。——老子反对"伎艺""奇物"，这里所说的"什伯之器"，便是指一些便利民生的新发明、新器具吧。

那么这些小国之民又是怎样生活呢？老子说：他们都珍视生命，守着家园不肯远离冒险，而且也没那个必要。因此即使有船有车，他们也用不上。又因不跟外界接触，当然也就没有矛盾纠葛、利益冲突；所以像盔甲兵器之类的武备，也便没有使用的机会了。这里的人甚至连文字都不需要，有结绳记事的老办法就足够了。——不知老子是否想过，这样一来，他的大作可就没人看得懂啦。

人们对自己的食物、衣服、居室、习俗无一不满足，并且乐在其中。对于外界，他们毫无好奇心。邻国之间相互望得见人影，鸡鸣狗叫都听得清清楚楚，可是他们从未想到互相拜访，到死也不相往来。

老子骑着青牛西出函谷关，是不是就要去寻找这样一片乐土呢？老子是真想回到结绳记事的蛮荒时代，还是出于对现实的不满，故意夸张，以抒愤懑？

道家、道教有分别

按司马迁《史记》记载，老子出关后"不知所终"，只有他留下的《老子》五千言，给后人带来无尽启迪，至今奉为经典！

说句后话，老子还被道教奉为大神，《老子》一书也成为道教经书，就称《道德经》。道教创建于汉代，教义中有个"一炁（气）化三清"的理论，应即源自《道德经》的"一生二，二生三，三生万物"。

道教三清像，居左的道德天尊便是老子化身

道教中的"三清"，是由"道"衍化出的三位尊大神：元始天尊、灵宝天尊和道德天尊，这后一位便是老子，又称太上老君——也就是小说《西游记》中在兜率宫炼仙丹的那位老神仙。孙悟空大闹天宫时偷吃了他的仙丹，被他关进炼丹炉炼了七七四十九天，结果炼就一副火眼金睛！

其实说到底，道家和道教根本是两码事：道家是指由老子、庄子开创的一种哲学思想流派；道教尽管也推崇老子，还从道家思想中汲取了大量营养，却是地道的宗教，有信仰、有教徒、有组织、有经书，还有种种宗教仪式及活动。

在"隋志"中，"道家"典籍列于"子部"，排位仅次于儒家；另有"道经"，与"佛经"一起附于"隋志"末尾，只是简单统计经书数目，不著书名。总之，"道家"与"道教"在那时区分明确，不容混淆。

至清人编纂《四库全书》，将儒家经典无限拔高，其他一切学术流派，哪怕是宗教，也只能降格为"家"，典籍不能称

"经"。《四库总目》对"道教"典籍的处理，是排斥大宗的"道藏"经书，只著录《阴符经》《神仙传》等少量与道教相关的书籍，与《老子》《庄子》《关尹子》《文子》等并列，同置于《子部》十四类的末尾。——从这种荒谬的排列中，还能看出清统治者"扬儒抑道"的用心。

民间可不论这套。道教作为土生土长的宗教，依托于道家，跟外来的佛教斗了两千年。道教还编出"老子化胡"的神话，说老子出关后到了遥远的天竺，化身为释迦牟尼，创建了佛教——老子一跃成为佛、道两大宗教的教主，在民俗文化中的地位，高得吓人！

辑二 《庄子》：鹏飞万里，蝶梦庄生

庄周与《庄子》

庄子也是道家代表人物，跟老子并称"老庄"。

庄子名周（约前 369—前 286），是宋国蒙（今安徽亳州蒙城县，一说在河南商丘东北）人，生当战国中期，跟孟子（约前 372—前 289）同时，活了八十多岁。

庄子的先世也曾"阔"过，是楚国贵族；然而到他这一代，早已没落。庄子的人生态度跟孔孟不同；孔孟授徒教学，周游列国，四处寻求出仕机会，人们把这种积极参与的态度称为"入世"。庄子则怀抱着"出世"的态度，平日最喜欢"宅"在

家里。除了读书，就是冥想，懒得跟人交往。虽然也有几个学生，可是门庭冷落。唯一的好朋友叫惠施（惠子），但两人见面就斗嘴。《庄子》中的一些篇章，便记录了两人辩论的情景。

庄子讨厌做官，只在蒙地当个漆园小吏，糊口而已。相传楚威王派人请他到楚国做宰相，庄子可不愿受那份儿约束。他对

庄子

使者说：你带来的礼物挺贵重，许给我的官位也够尊贵。可你没见过祭祀时用的牛吗？它被好吃好喝喂养多年，然后披上绣花的披风，送进太庙里去挨刀子。在那当口儿，它即便想降格做一口猪活下来，也是办不到了！你赶紧走吧，别招惹我。我嘛，宁可像猪一样，在泥沟子里打滚找乐子，也不愿到君王那儿去受约束。——汉代司马迁《史记》为庄子作传，便记录了这段逸闻。

司马迁还说，庄子"著书十余万字，大抵率寓言也"。可是今天我们见到的《庄子》只有五六万字，可能已有残缺。

不错，汉代班固"汉志"中著录《庄子》五十二篇，今天的《庄子》只有三十三篇。就是这三十三篇，也并非全是庄子所作。其中"内篇"七篇，应出自庄子之手；另有"外篇"十五篇、"杂篇"十一篇，一般认为是庄子的弟子、后学所作。

不过书中各篇的主旨命意及文章风格还是大体一致的，大都有着想象奇崛、寓意深刻、论说雄辩、文字瑰丽的特点。这

使得《庄子》一书成为诸子典籍中最有文采的一部。

有意思的是，跟《老子》一样，《庄子》日后也被道教奉为经书，称《南华经》。庄子本人也被封为"南华真人"，供奉在道观里。——庄子若地下有知，肯定会大光其火：那么热爱自由、向往"逍遥"的庄周先生，怎么受得了整天香火熏鼻孔的憋屈生活？

附录：

《庄子》目录

内篇：一、逍遥游，二、齐物论，三、养生主，四、人间世，五、德充符，六、大宗师，七、应帝王；

外篇：八、骈拇，九、马蹄，一〇、胠箧，一一、在宥，一二、天地，一三、天道，一四、天运，一五、刻意，一六、缮性，一七、秋水，一八、至乐，一九、达生，二〇、山木，二一、田子方，二二、知北游；

杂篇：二三、庚桑楚，二四、徐无鬼，二五、则阳，二六、外物，二七、寓言，二八、让王，二九、盗跖（zhí），三〇、说剑，三一、渔父，三二、列御寇，三三、天下。

《逍遥游》：鲲鹏展翅待高风

《庄子》头一篇是《逍遥游》，全篇不足两千字，读来却给人一种汪洋恣肆、浩瀚无涯的印象。——"逍遥游"即无所凭依、无拘无束地遨游于自然与思想的时空，获得精神上的绝对自由。

看看篇中头一个寓言：

北冥有鱼，其名为鲲。鲲之大，不知其几千里也。化而为鸟，其名为鹏。鹏之背，不知其几千里也。怒而飞，其翼若垂天之云。是鸟也，海运则将徙于南冥。南冥者，天池也。《齐谐》者，志怪者也。《谐》之言曰："鹏之徙于南冥也，水击三千里，抟扶摇而上者九万里，去以六月息者也。"（《逍遥游》）

◎北冥（míng）：北海。鲲（kūn）：传说中的大鱼。◎鹏：传说中的大鸟，有人说是凤。◎怒：努力，振奋。垂天：天边。或说"垂"有遮的意思。◎海运：海水运动，指波涛汹涌。徙：迁徙，转移。南冥：南海。◎天池：天然的大池。◎《齐谐》：古书名。志：记录。◎抟（tuán）：盘旋，环绕而上。扶摇：旋风。息：停止。一说大风。

遥远的北海有条大鱼，名叫"鲲"。这条鱼好大，从头到尾不知有几千里长！这条鲲幻化成大鸟，名叫"鹏"，鹏的脊背，同样不知有几千里长！鹏鸟一飞冲天，张开的翅膀就像是天边的云彩！乘着汹涌的海涛，它振翅而飞，前往南海，南海便是天池。

庄子又引经据典说，有一本专门记录怪异之事的书叫《齐谐》，上面说：鹏飞往南海时，拍一拍翅膀，就能击起三千里浪

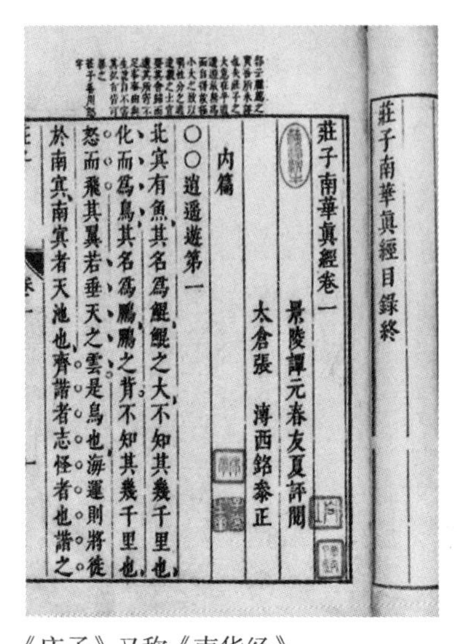

《庄子》又称《南华经》

花；乘着旋风盘旋而上，直冲九万里高空，这一飞，要六个月才停下来！

作者像是随大鹏飞上高空，俯瞰下界：

野马也，尘埃也，生物之以息相吹也。天之苍苍，其正色邪？其远而无所至极邪？其视下也，亦若是则已矣。（《逍遥游》）

◎野马：沼泽上的水气雾气，浮动如奔马，故称。生物：有生命的东西。息：气息。◎苍苍：深青色。

你看，下方那些被称作"野马"的沼泽雾气和浮尘，乃是各种生物吹气儿形成的。至于天空的青苍，那是天的本色呢，还是因为过于辽远而看不清有啥？鹏鸟从高空俯瞰地面，所见应该也是这个样子吧？——我们不禁猜测庄子可能真的到过九万里高空，否则他所描摹的画面，又是从何而来？

那么庄子通过这则寓言想说明什么？他或许想说：再伟大的神物，要想有所作为，也都要有所依凭吧？因为接下来，他讲的正是这个道理：

且夫水之积也不厚，则其负大舟也无力。覆杯水于坳堂之上，则芥为之舟。置杯焉则胶，水浅而舟大也。风之积也不厚，则其负大翼也无力。故九万里则风斯在下矣，而后乃今培风；背负青天而莫之夭阏者，而后乃今将图南。(《逍遥游》)

◎且夫：况且。负：承载。◎坳（ào）堂：厅堂的低洼处。芥：小草。◎胶：胶着，粘住。◎斯：则，就。培：通"凭"，乘着。◎夭阏（yāoè）：阻挡。图：图谋，谋划。

庄子打比方说：水积得不够深，就无力托起大船。做个试验：把一杯水倒在堂上的坑洼处，拿一根小草当船，它就可以漂在水面上。可若拿个杯子当船，便会沉底儿胶着——还不是因为水浅船大的缘故吗？

同样道理，如果风累积得不够厚，托起巨翅的力量就不足。所以大鹏要飞上高天，就得有九万里的风在底下托着，然后它才能凭借风力，背靠青天，无所阻挡地往南方飞去。

也就是说，鹏鸟虽大，仍有不足，需要凭借风力才能远举——鹏达到"逍遥"之境了吗？显然没有，因为啥也不靠才是真正的"逍遥"哩！

可悲的知了与朝菌

庄子有着诗人般的浪漫气质，他的思想也仿佛插上诗的翅膀，随着意识的流动而自由翱翔！我们只有跟上诗人的思绪，才能抓住点什么。

譬如在《逍遥游》中，有两点是作者反复强调的：一是包括人在内的任何事物，只有无所期待、啥也不靠，才能真正进入"逍遥"之境；二是人对世界的认识要充分放开想象，不要让思维局限在耳目所及的狭小境地。这两条线索在文章中交错展开。

说罢鲲鹏故事，庄子又顺势转入"小大之辩"。

蜩与学鸠笑之曰："我决起而飞，抢榆枋，时则不至而控于地而已矣，奚以之九万里而南为？"——适莽苍者，三餐而反，腹犹果然；适百里者，宿春粮；适千里者，三月聚粮。之二虫又何知！（《逍遥游》）

◎蜩（tiáo）：蝉，也叫"知了"。学鸠：一种小灰雀。决起：奋起。抢（qiāng）：碰到，撞。枋（fāng）：檀木。控：落。奚以……为：为什么要这样做。之：去到。◎适：前往。莽苍：郊野。果然：腹饱状。◎宿：一夜。春（chōng）：春米去壳。◎之：这。二虫：指蜩和学鸠。

蝉和小灰雀得知鹏飞九万里的消息，你一言我一语地取笑说：我们"噌"地一下子飞起来，能飞到榆枋树的尖尖那么高；偶尔飞不到也没关系，落回地面上就是了。哪用得着飞上九万里高空，跑到遥远的南海去呢？

庄子评论说：到郊野去，带上三顿干粮，回到家肚子还没饿呢；可是要到百里外去旅行，就得提前一宿春好足够的粮米。要到千里之外，更要花三个月预备粮食。这个道理，蝉和小灰雀两个小东西又哪里懂得呢！

庄子的讨论又从空间的大小转入时间的长短：

> 小知不及大知，小年不及大年。奚以知其然也？朝菌不知晦朔，蟪蛄不知春秋，此小年也。楚之南有冥灵者，以五百岁为春，五百岁为秋；上古有大椿者，以八千岁为春，八千岁为秋，此大年也。而彭祖乃今以久特闻，众人匹之，不亦悲乎！（《逍遥游》）

◎知：通"智"。年：年岁。◎朝菌：一种短命的菌类。晦朔：一个月的最后一天叫"晦"，最初一天叫"朔"。或说分别指黑夜和清晨。蟪蛄（huìgū）：蝉的一种，寿命很短。◎冥灵：传说中的大龟，一说树名。◎大椿：传说中的长寿树木。◎彭祖：传说中的老寿星，相传活到八百岁。以久特闻：以长寿而特别出名。匹：比。

庄子说：小聪明赶不上大智慧，短命鬼比不过老寿星。怎么知道呢？你瞧，只能活一个早晨的蘑菇，又哪能了解月初月末的情景？寿命不长的寒蝉，自然也见不到春天和秋天。——这是短寿的例子。

而楚国之南有冥灵大龟，以五百年为春，五百年为秋。传说上古时还有一种更长寿的大椿树，以八千年为春，八千年为秋！——这又是长寿的例子。

相比之下，我们人类太可怜了：就说以长寿闻名的彭祖吧，也只活了八百岁，可人们还争先恐后跟他比呢，岂不哀哉！

说到这儿，庄子又引入一段圣君商汤与贤人棘的对话。商汤问棘：上下四方有尽头吗？棘回答：恐怕没有，因为无穷无尽的外边，也还是无穷无尽啊。我听说，在北方极寒之地以北，有个深深的大海叫天池。那里有条大鱼，大小有几千里，没人知道它到底有多长，它的名字叫鲲……如此这般，棘把鲲鹏南飞的寓言讲了一遍，还把麻雀等笑话鹏的话也学说了一番。

商汤当时有啥反应，文章里没提。倒是庄子给出了结论："此小大之辩（同'辨'）也。"——小跟大的区别，就是这么悬殊！

五石的大葫芦能干啥

庄子喜欢独处，朋友不多——真正的思想家大概都是这个样子。不过庄子有个莫逆之交叫惠施，《庄子》中曾多次提到他。

据考惠施是战国时"名家"的代表人物。他曾在梁惠王（即魏惠王）驾前为相，辞官后隐居林下，常跟庄子来往。

《逍遥游》第三段即惠施与庄子的对话，文中尊称惠施为"惠子"。

惠子谓庄子曰："魏王贻我大瓠之种，我树之成而实五石。以盛水浆，其坚不能自举也。剖之以为瓢，则瓠落无所容。非不呺然大也，吾为其无用而掊之。"（《逍遥游》）

◎魏王：魏国君主梁惠王。他把京城迁到梁，故称梁惠王。

贻：赠送。瓠（hù）：葫芦。树：种植。实：果实，即葫芦。石（dàn）：容量单位，一石为十斗。◎举：拿起，承受。◎瓢：把葫芦一剖两半，称瓢，可以舀水。瓠落：也作"廓落"，形容极大貌。◎呺（xiāo）然：又大又空的样子。掊（pǒu）：砸碎。

　　惠施遇上一件为难事，他对庄子说：魏王赐我一粒大葫芦籽，我把它种下去，结了个大葫芦，容积足有五石！拿它装水吧，葫芦壁不够结实，没法承受自身的重量；一剖为二当水瓢吧，挺大的个儿，没有水缸能容得下它。这葫芦大是大，可是对我一点用没有，所以我不得不把它砸了完事！

　　庄子听了不以为然，不过他并没接茬儿说葫芦，而是给惠施讲起故事来，说：惠先生啊，你实在不善于驾驭大家伙啊！宋国有一家人，善于炮制不皲（jūn）手药，这家人世世代代干漂丝的活儿，拿这药当护手霜，冬天漂丝不再怕冷水。有个能人得知此事，情愿出百金购买药方。这家人聚在一起商量说：我们世世代代靠漂丝谋生，所得的报酬不过才几个钱儿。如今一下子可以卖到百金，把方子卖给他算了。

　　能人得到方子，便去游说吴王。刚巧越人进犯，吴王派这位能人统兵迎敌，跟越人展开水战。虽是大冬天，吴军因有不皲手药，结果大获全胜。能人因此裂土封侯。——同是一种药，有人靠它发迹当官，有人仍不免干着漂丝的低贱劳动，这是用法不同的缘故啊。（文摘二）

　　讲到这儿，庄子话头一转，说：而今你有可盛五石的大葫芦，干吗不拿它当作腰舟，系在腰上畅游江湖，反而担心这东西大而无用呢？我看你的心眼儿是让蓬草塞住了！

庄子对待老朋友真不客气。可他的话句句在理，让人不能不佩服他思维敏锐，口才一流！

【文摘二】

不龟手之药（《庄子》）

庄子曰："夫子固拙于用大矣。宋人有善为不龟手之药者，世世以洴澼絖为事。客闻之，请买其方百金。聚族而谋曰：'我世世为洴澼絖，不过数金。今一朝而鬻技百金，请与之。'客得之，以说吴王。越有难，吴王使之将。冬，与越人水战，大败越人，裂地而封之。能不龟手一也，或以封，或不免于洴澼絖，则所用之异也。今子有五石之瓠，何不虑以为大樽而浮乎江湖，而忧其瓠落无所容？则夫子犹有蓬之心也夫！"（节自《逍遥游》）

◎固：实在，的确。拙于：不善于。◎不龟手之药：可以使手不皲裂的药。龟（jūn），通"皲"，皮肤受冻开裂。洴澼（píngpì）：漂洗。絖（kuàng）：丝絮。◎客：这里指四处游走、寻找机会的能人。◎鬻（yù）：卖，售。◎说（shuì）：游说，劝说。◎难（nàn）：发难，这里指越国对吴国入侵。将（jiàng）：动词，率领。◎裂地：分给土地。◎一：一样，同样。◎虑：考虑。樽：本为酒器，这里指腰舟，一种可拴在身上凫水的工具。◎蓬：蓬草。"有蓬之心"指被蓬草堵塞之心。

逍遥树下：没用才是大用

惠施不服气，又说，还有比大葫芦更没用的东西呢：

> 惠子谓庄子曰："吾有大树，人谓之樗。其大本拥肿而不中绳墨，其小枝卷曲而不中规矩。立之涂，匠者不顾。今子之言，大而无用，众所同去也。"（《逍遥游》）
>
> ◎樗（chū）：树名，高大而材质粗劣，不可制器具。◎大本：树干。拥肿：臃肿，这里指长满瘿瘤。中（zhòng）：符合。绳墨：木匠用来取直的墨线。规矩：圆规和矩尺。◎涂：同"途"，路。◎去：鄙弃。

惠子这回说：我这儿有一棵大树，就是人们称作"樗"的那种。它的老干上长满瘿瘤，没法子用绳墨取直；它的小枝弯弯曲曲，又没法子用圆规、矩尺规划。它生长在大道旁，过路的木匠看都不看它一眼。它就像今天你讲的这番话，夸大其词、形同废话，没人会赞同！

看来惠施也不是"善茬儿"。不过庄子不服输，马上举例反驳：

> 庄子曰："子独不见狸狌乎？卑身而伏，以候敖者；东西跳梁，不辟高下；中于机辟，死于罔罟。今夫斄牛，其大若垂天之云。此能为大矣，而不能执鼠。今子有大树，患其无用，何不树之于无何有之乡，广莫之野，彷

徨乎无为其侧，逍遥乎寝卧其下。不夭斤斧，物无害者，无所可用，安所困苦哉！"（《逍遥游》）

◎独：岂。狸狌（shēng）：狸是野猫，狌是鼬鼠，俗称黄鼠狼。◎卑身：放低身体。敖者：游荡的小动物。敖，同"遨"，遨游。◎跳梁：也作"跳踉"，跳跃、蹿越。辟：同"避"。◎机辟：泛指捕兽的机具、陷阱。罔罟（gǔ）：网罗。罟是网的总称。◎斄（lí）牛：牦牛。◎无何有：什么都没有。广莫：宽广无人。莫，无，空虚。彷徨：徘徊。无为：无所事事。◎夭：夭折。斤斧：斧头。物：外物。

庄子说：你没见过野猫、黄鼠狼吗？它们屈着身子匍匐在地上，专等那些四处游荡的小动物出现。当抓小动物时，它时东时西、上蹿下跳，本事可大了；可一旦踩上机关，落入捕兽的网罗，就必死无疑！再如那牦牛，身躯大得如同天边的云彩，它能干大事，却不能捉老鼠。——言外之意：你说它们有用还是没用？

庄子又说：如今你拥有这样一棵大树，又何必担心它没用呢？你何不索性把它栽在空旷无垠的荒野，你呢，无所事事地在树边溜达，逍遥自在地躺在树荫下歇凉。这样一棵树，木匠的斧头不会落在它身上，没有谁会去伤害它。啥用处也没有的东西，又哪里会遭受祸害呢？

你已经看出来，这一段始终围绕一个"用"字做文章：小用不如大用，大用不如无用！惠施的大瓠当水瓢不好使，却可以系于腰间，遨游江湖。皲手药方放在漂丝家族手里，只能帮着赚几个辛苦钱儿；一旦开发了军事用途，便可建功立业、卫国封侯！

　　然而"有用"又难免受害：狸狌动作灵敏，擅长捕鼠，捕猎者正是利用它上蹿下跳的习性，安放机关，让它身陷网罗。牦牛是"能为大者"，长途贩运、拉车驮货都不在话下；然而你让它捉老鼠，对不起，它干不了。——庄子没说出的话是：不要说事物的用途都是有限的，就是无限，又有谁能躲过最终的可悲下场？牦牛不是终将累死路途、下了汤锅吗？

　　只有毫无用途的大樗树，可以免于斧斤的伤害，因为它无妨于人又无用于世，自然可以远祸避害，进入"逍遥"的至高境界！

　　说到底，"无用"才是最大的"用"。——庄子的结论，你赞成吗？

"沉鱼落雁"，原来如此

　　紧随《逍遥游》的，是《齐物论》。"齐物论"是什么意思？原来，庄子认为世间万物看似千差万别，其实都是等同的，这叫"齐物"；而人们的观点千差万别，其实质也是齐一的，这叫"齐论"——"齐物""齐论"合起来，便叫"齐物论"。

　　既然各种观点的实质是齐一的，也就没啥真理与谬误的区分。为了论证此理，庄子于是引用王倪与啮缺的一番辩论——"藐姑射之山，汾水之阳"有四位高人，王倪、啮缺是其中的两位：

　　（王倪）曰："……且吾尝试问乎女：民湿寝则腰疾偏死，鳅然乎哉？木处则惴栗恂惧，猨猴然乎哉？三者孰知正处？民食刍豢，麋鹿食荐，蝍蛆甘带，鸱鸦耆鼠，四者孰知正味？猨猵狙以为雌，麋与鹿交，鳅与鱼游。毛嫱西施，人之所美也；鱼见之深入，鸟见之高飞，麋鹿见之决骤，四者孰知天下之正色哉？自我观之，仁义之端，是非之涂，樊然殽乱，吾恶能知其辩！"（《齐物论》）

◎偏死：偏瘫，半身不遂。鳅：泥鳅。◎木处：住在树上。惴（zhuì）栗恂（xún）惧：四字都是恐惧之意。猨（yuán）猴：猿猴。◎正处：最佳的居处方式。◎刍豢（chúhuàn）：用草喂养的家畜。刍，草。豢，养。荐：美草。蝍蛆（jíjū）：蜈蚣。甘：这里做动词，嗜好。带：小蛇。鸱（chī）：猫头鹰。耆：同"嗜"。◎猵狙（biānju）：一种类似猿的动物，相传猵狙喜欢与雌猿交配。游：这里有交尾意。◎毛嫱、西施：古代有名的美女。西施一作"丽姬"。◎决骤：快速奔跑。◎端：端绪，观点。涂：途径，道路。樊然：杂乱。殽：同"淆"，混杂。辩：通"辨"，区分。

王倪向啮缺发问：人睡在潮湿的地方便会腰疼，甚至引发半身不遂，泥鳅也是这样吗？人爬到树尖上就会"恐高"，猿猴也会这样吗？那么人、泥鳅和猿猴，三者中又有谁懂得最佳的居处方式呢？

又比如，人吃肉，麋鹿吃草，蜈蚣爱吃小蛇，猫头鹰和乌鸦喜欢吃耗子；那么这四者中，又有谁最懂得真正的美味？

再比如，猿猴喜欢找猵狙当伴侣，麋专找鹿交朋友，泥鳅跟鱼出双入对。人呢，最美的女人要数毛嫱和西施，可鱼见了她们就往水底钻，鸟见了就往天上飞，麋鹿见了撒腿就跑；这

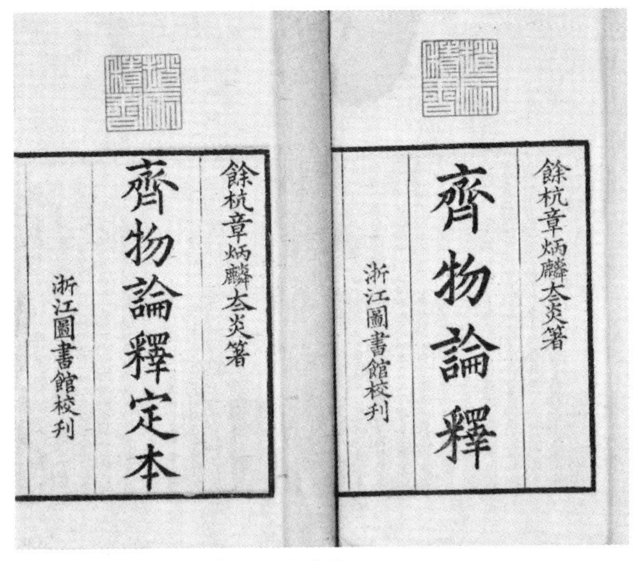

近代学者研究《庄子》的学术著作

四者中又有谁最懂天下的真正美色？

王倪说：依我看，那些仁义的主张、是非的标准，同样也是纷繁错乱的，全是一偏之见，让我如何去区分是非对错呢？

有意思的是，关于鱼、鸟见到美人纷纷避走的描写，在后人的理解上竟走了样。后世文人笔下的"沉鱼落雁"一词，变成了赞扬美貌的专用字眼儿，意思说，鱼见了美人沉入水底、雁见了美人落于平川，是因它们在美色面前自愧不如的缘故。——如此"乱用"典故，庄子能接受吗？

庄周梦蝶还是蝶梦庄周

跟王倪、啮缺一样，瞿鹊子和长梧子也是得道的高人。他俩的闲聊也涉及美女话题。长梧子说：有个漂亮姑娘叫丽姬，本是守边小吏的女儿，晋君娶她时，她哭得衣裳都湿透了。可是来到宫中，跟晋君同卧高床、共食珍馐，不觉又愧又悔，想起当初哭泣，真是可笑至极。

长梧子由此联想到人的生死，说：我又怎知死去的人不会后悔当初对生的留恋呢？他转而又谈到梦：

> 梦饮酒者，旦而哭泣；梦哭泣者，旦而田猎。方其梦也，不知其梦也。梦之中又占其梦焉，觉而后知其梦也。且有大觉而后知此其大梦也，而愚者自以为觉，窃窃然知之。君乎！牧乎！固哉！丘也与女，皆梦也。予谓女梦，亦梦也。是其言也，其名为吊诡。(《齐物论》)
>
> ◎占：占卜。古人常以梦占卜吉凶。◎大觉：彻底觉悟。窃窃然：明察貌。◎君、牧：君主、牧人。前者尊，后者卑。◎固：鄙陋。◎丘：孔丘。两人前面的对话中提到了孔子。◎吊诡：奇特怪异。

梦见饮酒作乐的人，天亮后发现是场梦，于是哭起来：原来空喜欢一场！而在梦中哭泣的人，早上醒来发现根本没有悲剧发生，于是愉快地去打猎。当其在梦中时，不知那是梦。梦里还占卜梦，醒来才知道这一切都是梦。——只有大觉悟者才能知道人生本来就是一场大梦；相反，蠢货总以为自己清醒得很，好像啥都明白似的！

长梧子的结语是：什么君主尊贵啊，牛郎卑贱啊，这种区分太浅陋了！我看孔丘和你都在做梦；而我说你们在做梦，其实也是梦话！我说的这些，可以称之为"吊诡"吧！——"吊诡"的意思就是奇特怪异、不可思议，往往还带有自相矛盾的意思。

在《齐物论》结尾处，庄子讲了那个我们都熟悉的"蝴蝶梦"：

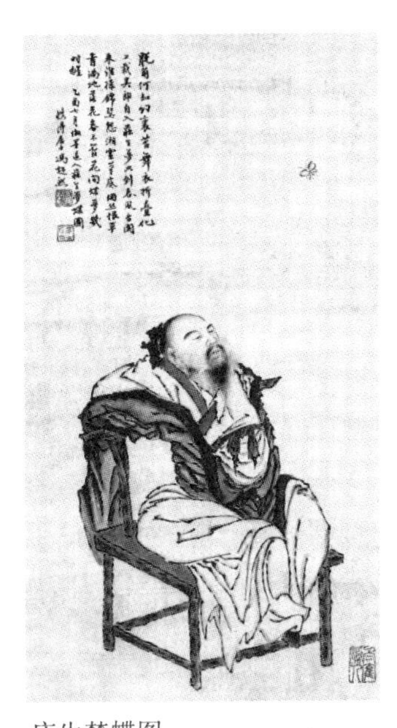

庄生梦蝶图

> 昔者庄周梦为胡蝶，栩栩然胡蝶也，自喻适志与，不知周也。俄然觉，则蘧蘧然周也。不知周之梦为胡蝶与？胡蝶之梦为周与？（《齐物论》）
>
> ◎胡蝶：蝴蝶。栩栩然：翩翩飞舞貌。喻：通"愉"。适志：合于心意。◎俄然：突然。蘧蘧（qú）然：惶惑貌。一说僵卧貌。

从前庄周梦见自己变成了蝴蝶，翩翩飞舞，感到愉快又惬意，一时不知自己是庄周。他突然醒来，才恍惚发现自己原来是庄周。但又有点犯糊涂：不知是庄周做梦变成蝴蝶了呢，还是蝴蝶在梦中变成庄周？——这才是真正的"吊诡"！

《养生主》：屠宰的艺术与哲学

《养生主》是《庄子》内篇第三篇。"养生主"即养生的要领，庄子认为，养生之道主要是顺应自然，不要刻意做作。文章开篇便说：

> 吾生也有涯，而知也无涯。以有涯随无涯，殆已！已而为知者，殆而已矣！为善无近名，为恶无近刑，缘督以为经，可以保身，可以全生，可以养亲，可以尽年。（《养生主》）
>
> ◎涯：边际，界限。◎殆：困乏。◎已：此，如此。为知：追求知识。◎近：接近，追求。缘：顺着，顺应。督：中，正。中医把人背后的中脉称为"督脉"。经：常。全生：保全天性。养亲：养身。学者认为"亲"在这里是"身"的借字。尽年：终享天年。

庄子说，我们的生命是有限的，而知识却是无限的。拿有限的生命去追求无限的知识，就一定会疲于奔命。知道如此还一味求知，结果肯定不妙。高人又怎么做呢？他们行善而不贪图名声，做众人所谓的"恶"又不触犯刑条，顺应大道并且习以为常，如此便可以保全天性、养护身体、以享天年了。——看看，高人活得就是这么潇洒！

接下来，庄子讲了一则"庖丁解牛"的寓言，这段文字我们并不陌生，多数人都在中学语文课本中读过。

有一天，文惠君（有人说就是梁惠王）无所事事，闲看庖丁
（厨师）杀牛。只见庖丁手触肩倚、脚踏膝顶，但闻皮骨分离之
声不绝于耳，那把刀快速滑动、刷刷作响，如同音乐，合于《桑
林》之曲的舞步、正中《经首》之乐的节拍！文惠君看得高兴，
不禁赞美道：哎呀，妙啊！技术竟能达到这般神妙的地步！

听到夸奖，庖丁放下刀，向文惠君汇报杀牛心得：

庖丁释刀对曰："臣之所好者道也，进乎技矣。始臣
之解牛之时，所见无非全牛者；三年之后，未尝见全牛
也；方今之时，臣以神遇而不以目视，官知止而神欲行。
依乎天理，批大郤，导大窾，因其固然。技经肯綮之未
尝微碍，而况大軱乎！……"（《养生主》）

◎释：放下。进乎技：比技术更高一层。◎官：感官，这
里指眼睛。神：心神，感觉。◎天理：这里指天然的结构纹理。

"始臣之解牛之时，所见无非全牛者"

批：击，劈。郤（xì）：通"隙"，指牛体筋腱骨骼间的缝隙。
导：引导。窾（kuǎn）：空当儿。因其固然：顺着本来的结构。
◎枝经：经络结聚处。肯綮（qìng）：骨肉盘结处。軱（gū）：
大骨。

庖丁说：我所爱好的是"道"，应该比"技"（技术）更高一层。我早先学杀牛时，眼前所见，无非是一头整牛。三年以后，就见不到整牛了。如今，我只用心神去感知，全然不用眼睛瞅！甚至有时凭眼睛看着应该停下来，可心神告诉我应当继续。我的刀顺着肌体的天然纹理，劈开肌骨间的缝隙，划向骨节的空当儿，一切都顺着牛体的本来结构，连筋脉纠结之处都不会对刀锋有一点点妨碍，何况那些明显的大骨头呢！……——在庖丁手下，屠宰成了艺术！

庖丁又谈到手中的刀：

……良庖岁更刀，割也；族庖月更刀，折也；今臣之刀十九年矣，所解数千牛矣，而刀刃若新发于硎。彼节者有间，而刀刃者无厚，以无厚入有间，恢恢乎其于游刃必有余地矣。是以十九年而刀刃若新发于硎。虽然，每至于族，吾见其难为，怵然为戒，视为止，行为迟。动刀甚微，謋然已解，牛不知其死也，如土委地。提刀而立，为之而四顾，为之踌躇满志，善刀而藏之。（《养生主》）

◎良庖：好的厨师。更：更换。◎族庖：众庖，一般的厨师。折：通"斫"，砍。◎发：这里意为磨。硎（xíng）：磨刀石。◎间（jiàn）：间隙，缝隙。恢恢乎：宽广貌。游刃：运转刀刃。◎族（每至于族）：筋腱、骨肉纠结处。怵（chù）然：小心谨慎貌。◎謋（huò）：牛体分解的声音。委：堆积。◎踌躇满志：志得意满。善：擦拭。

优秀的厨师，一年换一把刀，因为他是用刀去割；一般的厨师，一个月就得换一把刀，因为他是用刀去砍。如今我手中这把刀，用了十九年了，杀的牛总有几千头，可你看这刀刃，就像刚在磨刀石上磨过一样，飞快！为什么会这样呢？还不是因为牛的筋肉骨节间总会有缝隙，而刀刃却薄得几乎没有厚度嘛！拿没有厚度的刀刃插入有缝隙的筋肉骨节间，刀刃在其间回旋游走，还觉得蛮宽裕哩！所以我的刀历经十九年，还像新磨的一样！

话锋一转，庖丁又说：尽管如此，每当我遇到筋腱骨节交错的地方，心知不容易对付，于是格外慎重，目光专注、下手缓慢。到了关键处，刀子微微一动，牛便哗啦啦全部解体，牛还来不及意识到自己已死，就像泥土一样堆到地上！每逢这时，我总是提刀而立，环顾四周，洋洋得意，把刀擦干净收起来！

文惠君听到这儿，不由得赞叹说："善哉！吾闻庖丁之言，得养生焉。"——太好了！我听了庖丁这番杀牛心得，竟从中领悟出养生之道！

"依乎天理""因其固然"，是庖丁由宰牛总结出的做事"金律"：解牛前充分了解牛体的天然肌理结构，奏刀时顺势而行、避实就虚，便能收到事半功倍之效。——宰牛如此，养生何尝不是如此？从实践中积累经验、认识客观，顺应规律、因势利导，这大概就是文惠君观看解牛时领会到的吧？

《大宗师》：相忘江湖，等同生死

《大宗师》是《庄子》内篇第六篇。"宗"有宗奉、尊崇的意思。"大宗师"即宗奉大道以为师。本篇主要讨论"天人合一""死生如一"等观念。

《大宗师》在讲说道理时，也仍然借助寓言。例如这个，大家都耳熟能详：

泉涸，鱼相与处于陆，相呴以湿，相濡以沫，不如相忘于江湖。与其誉尧而非桀也，不如两忘而化其道。（《大宗师》）

◎涸（hé）：干涸。呴（xǔ）：嘘气。濡：润湿。◎誉：赞誉。非：责难。化其道：与道俱化。化，混同。

泉水干涸了，鱼儿都困在陆地上。它们此刻的行为挺让人感动：相互呼着湿气，用唾沫润湿着对方。然而庄子说：与其这样友爱，还不如纵游于江湖之中，谁也不理谁更好呢。同样道理，人们与其赞誉帝尧、抨击夏桀，还不如忘却两者的是非，与道俱化才是！——有个"相濡以沫"的成语，便是由此而来。

类似的意思，在后文中还有体现。那是《大宗师》第六段，写孔子跟子贡对话。子贡问老师如何求"道"，孔子说：鱼儿生活在水中，人则生长于道中。鱼生于水，只要掘地成池，就能养活它；人生于道，只要无为，便能安适自足。所以，"鱼相忘乎江湖，人相忘乎道术"（文摘三）——"道"就是人的江湖啊！

疾病和死亡的话题在《大宗师》里占去不少篇幅。——子祀、子舆、子犁、子来是四位悟道之人，聚在一起谈天，说谁能把"无"当脑袋，把"生"当脊梁，把"死"当尾巴骨，懂得死生存亡贯通一气的道理，咱们就跟他交朋友。四人说着"相视而笑，莫逆于心"，成了好朋友。

不久子舆生了怪病，背驼腰弯、五脏的穴位朝天，面颊藏在肚脐底下，肩膀耸过头顶，弯曲的脊骨像赘瘤朝天隆起。阴阳之气紊乱，可他一点也不在乎，心闲气定，若无其事，还对前来探视的子祀自嘲说：看造物者多伟大，把我变成这副德性！

子祀问他：你讨厌这副样子吗？子舆答道：不，有啥可讨厌的？适应它就是了。假使造物者把我的左胳膊变成鸡，我就让它啼鸣报晓；把我的右胳膊变成弹子，我就用它弹射斑鸠烤着吃；把我的尾巴骨变成车轮，把我的心神变成骏马，我刚好驾着它遨游天下，难道还要另换车马不成？况且人获得生命，是应时；失去生命，是顺命。只要安于时命、顺其自然，大悲大喜都不会伤到你。这就是古人所说的自己解开倒悬的绳索啊！那些不能自我解脱的人，就只好受外物牵绊了！人不能胜天，古人早就知道了，我又干吗讨厌造物者的赐予啊？（文摘三）

这个子舆，真是"看得开"啊！可是还有比他心更宽的呢。

子来生了病，捯着气儿，眼看不行了，妻子儿女围在床边哭哭啼啼。子犁前来探视，对他的妻儿说：去，走开！不要惊扰他的生死变化！子犁自己则靠着门扇跟子来聊天，说：造物者真是太伟大了，不知接下来要把你变成什么，又要带你去哪儿？是要把你变成老鼠的肝儿呢，还是变成虫子的腿儿？

子来答道：儿子在父母跟前，东西南北，听命就是了。对人来说，大自然也跟父母无异。他命我死我不听从，我就是违逆啊，错在我，不在他。子来接下来的话，涵盖了庄子心目中的人生意义：

夫大块载我以形，劳我以生，佚我以老，息我以死。故善吾生者，乃所以善吾死也。今之大冶铸金，金踊跃曰：我且必为镆铘！大冶必以为不祥之金。今一犯人之形，而曰：人耳人耳！夫造化者必以为不祥之人。……今一以天地为大炉，以造化为大冶，恶乎往而不可哉！（《大宗师》）

◎大块：大自然。载：承载，赋予。佚（yì）：通"逸"，安逸。息：休息，安息。◎大冶：技艺超群的冶炼工匠。◎镆铘（mòyé）：古代宝剑名。◎犯：通"范"，秉承。◎造化者：造物主。◎恶（wū）：哪，何。

这段话是说：大自然把人形赋予我，用生来使我劳碌，用老来使我安逸，用死来使我长眠。所以善待我的生和善待我的死是同一道理。如今有个手艺高超的工匠铸造铜器，如果铜汁从炉中溅起说：我一定要铸成镆铘宝剑！工匠肯定认为这是不祥之铜！如今人一旦秉承了人的外形，便说：成人了，成人了！造物者也肯定认为这是个不祥之人。（无论物还是人，只要顺其自然就好，何必把自己看得太重？）如今把整个天地看作一座大熔炉，造物者就是高超的工匠，把我们铸成啥就是啥，又有哪里去不得呢？

这就是庄子的人生观：人生的各个阶段，生、死、劳、逸，自然之道早已安排妥当；人们又何必好逸恶劳、乐生厌死，厚此薄彼呢？

对于生死的话题，后面还有子桑户和孟孙才的故事。子桑户死了，他的朋友孟子反和子琴张对着遗体弹琴唱歌，这让重视丧葬之礼的子贡十分不解。孔子解释说：他们是"游方之外者也"，我们是"游方之内者也"，道不同不相为谋啊。——这里的"方"，应即礼法世界。此外孔子还说了"鱼相忘乎江湖，人相忘乎道术"那番话。

至于孟孙才，他的母亲过世了，他"哭泣无涕，中心不戚，居丧不哀"。颜回不理解，去问孔子。孔子说，"孟孙氏特觉"（孟孙才是唯一觉醒的），我们这些人倒是糊涂虫。不知眼下正在聊天的你我，是醒着呢，还是在睡梦中？

庄子的生死观，便是在一个个寓言中，被描绘得越来越清晰。

【文摘三】

<h2 style="text-align:center">人相忘乎道术（《庄子》）</h2>

子贡曰："敢问其方。"孔子曰："鱼相造乎水，人相

造乎道。相造乎水者，穿池而养给；相造乎道者，无事而生定。故曰：鱼相忘乎江湖，人相忘乎道术。"（节自《大宗师》）

◎方：方法。这里指追求道的方法。◎造：生。

安时而处顺（《庄子》）

子祀曰："女恶之乎？"曰："亡，予何恶！浸假而化予之左臂以为鸡，予因以求时夜；浸假而化予之右臂以为弹，予因以求鸮炙；浸假而化予之尻以为轮，以神为马，予因以乘之，岂更驾哉！且夫得者，时也；失者，顺也。安时而处顺，哀乐不能入也。此古之所谓县解也。而不能自解者，物有结之。且夫物不胜天久矣，吾又何恶焉！"（节自《大宗师》）

◎亡：无。◎浸假：假使。时夜：司夜。指公鸡打鸣。◎鸮（xiāo）炙：烤斑鸠。炙，烤。◎尻（kāo）：尾骨。更：更换。◎县（xuán）解：解除束缚。县，通"悬"，指倒悬捆绑。◎结：束缚。

《应帝王》：巫咸相面与浑沌之死

《应帝王》是《庄子》内篇第七篇。其中有一则壶子故事，情节曲折生动。壶子是列子（即列御寇）的老师，可是有一回，列子见到能预测生死寿夭的"神巫"季咸，佩服得五体投地，不免把老师壶子也看轻了。壶子于是对列子说：那就请季咸来给我相相面吧。

第二天，季咸跟着列子来见壶子。见罢出门，说：哎呀，你的老师要死了，我看他形色怪异，面如湿灰，活不了十天了！列子哭着回来告诉壶子，壶子说：我这是把"地文"（大地之象，也就是寂静之象）显示给他看呢。你不妨再让他来瞧瞧。

转天季咸又随列子来见壶子，出来后对列子说：你的老师幸亏遇上我，有救了！我看他生气盎然，闭塞的生机活动了。——壶子听了怎么说呢：我刚才是把"天壤"（天地间的生气）显示给他看。你再让他来看看。

第三回，季咸说：你老师神色不定，我没法给他看，等他心神安定时再说吧。——壶子说：我这是把"太冲莫胜"（无征兆的太虚之气）向他显示哩。你不妨再邀他来看看。

第四回，季咸刚一见壶子，脚跟儿还没站稳就神色慌张地逃走了，追都追不上！壶子说：我刚才未曾出示我的根本大道，只是显示万象俱灭之境，跟他"虚而委蛇（yí）"（无所用心，随意应付），如草随风倒，水波流淌；他闹不清我的本来面目，所以落荒而逃！

列子这才发现：自己跟着高明的老师，却啥也没学到。于是他回到家中，三年闭门不出，整天替妻子烧饭，喂猪跟伺候人一样精心。对万物无所偏私，去除雕饰返璞归真，淳朴得像块泥巴，在纷扰的世间独守着本真，至死不渝。——列子不再学"道"，却终于悟"道"！

《应帝王》最后一则寓言，是"浑沌之死"：

南海之帝为倏，北海之帝为忽，中央之帝为浑沌。倏与忽时相与遇于浑沌之地，浑沌待之甚善。倏与忽谋报浑沌之德，曰："人皆有七窍以视听食息，此独无有，尝试凿之。"日凿一窍，七日而浑沌死。(《应帝王》)

◎倏（shū）、忽、浑沌：都是虚拟的名字，各有寓意。"倏""忽"有匆忙、急迫意；"浑沌"为浑然一体、模糊隐约之意。或以"倏""忽"喻有为、"浑沌"喻无为。◎七窍：人头部的七个孔穴，两眼、两耳、两鼻孔及嘴。

南海的帝王叫"倏"，北海的帝王叫"忽"，中央的帝王叫"浑沌"。倏与忽常到浑沌那儿聚会，浑沌待他们很热情。为了报答浑沌，倏和忽商量着为他做点事，说是：人都有七窍，用来看、听、饮食、呼吸；唯独浑沌没有。让我们替他"开开窍"吧——于是两人每天都为浑沌开通一窍，到第七天大功告成，浑沌却死掉了！

没有七窍，不用视听食息，一派浑沌无为之态，乃是浑沌的本性和灵魂。这个自然之态一旦被打破，浑沌不再浑沌，他的生命也就完结了。——做帝王的如果能明白这个道理，还会去胡乱指挥吗、折腾百姓吗？

制轮工匠也知书

诸子百家没有不提倡读书的，诸子的学说也主要靠简策、书卷传播后世。然而《庄子》居然反对读书，并通过寓言人物声称：书中所记的全是糟粕！

《庄子》外篇的《天道》篇，专讲天道与人道的关系。文分八段，最后两段便是专门讨论读书问题。

文章先说：世人遵从道，认为道记载在书中，所以要读书。其实呢，书上记的只是"语"。语之所以可贵，贵在达意；而意是有所本的，这个本却是语言难以传达的。作者由此得出结论："知者不言，言者不知。"——真正懂得"道"的人不言说，也无法言说，能言说的未必真懂"道"。这就是老子所说的"道可道，非常道"啊。

接下来，作者讲了一则寓言：

桓公读书于堂上。轮扁斫轮于堂下，释椎凿而上，问桓公曰："敢问，公之所读者何言邪？"公曰："圣人之言也。"曰："圣人在乎？"公曰："已死矣。"曰："然则君之所读者，古人之糟魄已夫！"桓公曰："寡人读书，轮人安得议乎！有说则可，无说则死。"轮扁曰："臣也以臣之事观之。斫轮，徐则甘而不固，疾则苦而不入。不徐不疾，得之于手而应于心，口不能言，有数存焉于其间。臣不能以喻臣之子，臣之子亦不能受之于臣，是以行年七十而老斫轮。古之人与其不可传也死矣，然则君之所读者，古人之糟魄已夫！"（《天道》）

◎轮扁：制作车轮的工匠，名扁。斫（zhuó）：砍削。椎（chuí）凿：锤子，凿子，都是木工工具。◎糟魄：糟粕。◎说：说辞，理由。◎徐、疾：快、慢。甘、苦：这里有滑、涩之意。这两句是说斫轮的经验，实际情况今天已难以了解。一说砍削车轮时，将车轮固定在轴上边转边砍。动作轻缓时，斧头就会滑过，车轮空转难定；动作快疾时，斧头砍得过深，就会涩滞不入。也有人解释说，这是指在轮毂上凿孔安辐条，孔宽松（"徐"）则辐条易安，但不牢固；孔紧小（"疾"）则辐条滞涩、不容易插入。◎数：这里指经验，奥妙。◎喻：晓谕，传授。◎不可传：不可传授的心得、经验。

　　齐桓公在堂上读书，有个工匠轮扁，在堂下砍削车轮。只见他放下锤、凿，登堂入室，对桓公说：冒昧问一句，您读的书里都说些什么呢？齐桓公说：都是圣人的话。轮扁说：圣人还在吗？齐桓公说：已经不在了。轮扁说：这么说，您所读的，全是古人的糟粕啊！齐桓公不高兴了：寡人读书，你一个工匠怎敢胡乱议论？你倒说说看，说得有理则罢了，说得没理，就是死罪！

　　轮扁不慌不忙说道：我是从手底的活计体会出来的，砍削车轮这活计，动作轻慢，斧头就会滑过而车轮空转难定；动作快捷，斧头砍得过深，就会涩滞不入。只有不慢不快，才能得心应手。我嘴上说不出，可这里面确有奥妙。这奥妙，我不能传给儿子，儿子也无法从我这儿得到。所以我七十岁了，还在砍削车轮，没人能取代我。同样道理，古人死了，他们那不可言传的妙理也一块儿被埋葬了；我想您所读的，也只是古人可以言传的那部分糟粕罢了！

　　齐桓公怎么回答呢？寓言中没讲，估计他认可轮扁这番话。不过轮扁的结论又不全面。人类对世界的认识，有些是可以通过文字来总结、传授的。而一些技艺类的本领，则需要凭借不断实践、积累经验方能掌握，即所谓"熟能生巧"。然而据此就断定书中道理全是糟粕，否定书本的作用，至少是不全面的。

一味夸张而忽视逻辑，讨论问题爱走极端，这类毛病不单《庄子》有，在诸子著作中也屡见不鲜。——或许这正属于轮扁所说的"古人之糟魄已夫"。

《秋水》：当河伯遇到海若

《秋水》篇是《庄子》外篇中最有名的篇章之一，河伯、海若的故事我们再熟悉不过：

秋水时至，百川灌河；泾流之大，两涘渚崖之间不辩牛马。于是焉河伯欣然自喜，以天下之美为尽在己。顺流而东行，至于北海，东面而视，不见水端。于是焉河伯始旋其面目，望洋向若而叹曰："野语有之曰，'闻道百，以为莫己若'者，我之谓也。且夫我尝闻少仲尼之闻而轻伯夷之义者，始吾弗信；今我睹子之难穷也，吾非至于子之门则殆矣，吾长见笑于大方之家。"（《秋水》）

◎时：按时。河：专指黄河。下文中的"河伯"指传说中的黄河之神。◎泾流：水流。涘（sì）：河岸。渚（zhǔ）：水中小洲。辩：通"辨"。◎旋：转。望洋：仰视貌。若：传说中的北海之神，名若，即"北海若""海若"。莫己若：莫若己，没人比得上自己。◎少：认为少。◎难穷：难以穷尽。大方之家：得道之人。方，道。

秋天的水潦随节令而至，百川来水，黄河暴涨，两岸沙洲间变得宽阔无比，连对岸的牛马都分不清啦。黄河之神河伯不禁沾沾自喜，以为天下最壮丽的风景全在我这儿啦！

他顺流往东来到北海，朝东边一望，哪儿看得到边啊！此时他才醒悟，转脸仰望着北海若（他是北海之神，也叫海若）感叹说：俗话说得好，懂得道理一百样，以为人人赶不上！这话讽刺的就是我吧？我听说有人批评孔子见闻少、伯夷义不高，开始我还不信——哪有这么狂妄的人呢？今天我亲眼见识大海的浩瀚无穷，才知道我就是那种狂人啊。幸亏我来到你这儿，否则可就悬了，我会长久被高人笑话的！

海若又怎么回答呢：

北海若曰："井蛙不可以语于海者，拘于虚也；夏虫不可以语于冰者，笃于时也；曲士不可以语于道者，束于教也。今尔出于崖涘，观于大海，乃知尔丑，尔将可与语大理矣。天下之水，莫大于海，万川归之，不知何时止而不盈；尾闾泄之，不知何时已而不虚；春秋不变，水旱不知。此其过江河之流，不可为量数。而吾未尝以此自多者，自以比形于天地而受气于阴阳，吾在于天地之间，犹小石小木之在大山也。方存乎见少，又奚以自

多！……"（《秋水》）

◎井蛙（wā）：井中之蛙。虚：通"墟"，空间，域界。◎笃（dǔ）：这里有固守、局限之意。◎曲士：乡曲之士，即见识鄙陋、偏执者。束：束缚。◎尾闾：传说中大海的泄水口。◎自多：自以为多，自满。比形：庇形，寄托形体。

海若说：你没法跟井底之蛙谈论大海，因为它受着环境的限制呢；你也没法跟只能活一夏天的小虫谈论冰雪，因为它受着寿数的限制呢；你同样没法跟乡曲之士谈论大道，因为他受着教养的局限呢。如今你离开河岸，见识了大海，才知道自己的浅陋，现在可以跟你谈谈高深的道理了。

天下的水面，没有比大海更辽阔的了，万川归大海，不知啥时停止，而大海从未满溢；尾闾是大海的泄水口，一直流泄不止，海水却从未流空过。春去秋来，旱涝交替，大海从不去理会。大海的容量，超过江河无法计量，可是我从没自满过。因为我知道，自己寄身于天地之间，禀受着阴阳二气，不过像小石子、小树苗在大山中一样；正恨自己渺小，又哪里会自满自傲呢？

四海如蚁穴，中国似粟米

海若谈兴正浓，简直停不下来，又连打比方说：别说北海了，四海又怎么样？计算四海在天地间的地位，不是像蚂蚁洞在大泽中一样吗？计算整个中国的地盘，不是像一粒小米在大粮仓中一样吗？世上叫得上名的物种成千上万，人不过是其中之一而已。人类居住于九州，粮食在这里生长，舟车在这里往来，人也不过占此一处而已。跟天下万物相比，不是像毫毛长在马身上一样吗？纵观人类历史，五帝所延续，三王所争夺，仁人所忧心，贤士所操劳，也都不过是发生在这毫毛尖尖上啊！另外，伯夷辞让君位获得美名，孔子滔滔不绝显示渊博，两人因此得意，不也跟你在秋水面前洋洋自得一样吗？（文摘四）——说了半天，海若又把话头引回到伯夷、孔子身上来了。河伯不是认为藐视伯夷、小看孔子的人狂妄吗？可在海若看来，伯夷、孔子又何尝不是狂妄的呢？

海若跟河伯的对话还远未结束。譬如河伯问：以天地为大，以毫末为小，这该不会错吧？海若说：否！——于是又讲了一通标准不同、结论也不同的道理。并说：从道的角度来看，万物没有贵贱之分；从物的角度来看，万物无不自以为贵而相互轻贱排斥。你可以把天地看成一粒小米，也可以把毫毛看成一座大山。"知东西之相反而不可以相无，则功分定矣"——懂得东与西是相互对立又不可或缺的，也就能确定事物的功用和本分了！

说到功用，海若又举例说：用可以做栋梁大木去撞击城门，威力无比；可用它堵耗子洞，就不灵光了。宝马良驹日行千里，可让它去逮耗子，它还不如野猫黄鼠狼！猫头鹰夜间能抓跳蚤、明察秋毫，白天却只好当"睁眼瞎"，连眼前的大山也看不到。所以说，谁贵谁贱、哪个大哪个小，还真不好说哩！

当河伯向海若请教"道"时，海若说：掌握"道"的人必定会通达事理，通达事理的人必定会灵活权变，灵活权变的人就不至于为外物所伤害（"知道者必达于理，达于理者必明于权，明于权者不以物害己"）。

河伯最后一个问题是："何谓天，何谓人？"也就是说，哪个是天然的，哪个是人为的？海若回答：

> 牛马四足，是谓天；落马首，穿牛鼻，是谓人。故曰：无以人灭天，无以故灭命，无以得殉名。谨守而勿失，是谓反其真。（《秋水》）
> ◎天：天然。◎落：通"络"，即给马加笼头。人：人为。◎故（无以故灭命）：人为造作。命：天性。得：贪得。殉：为某种目的而丧失。

海若的解释是：牛马都长着四条腿，这就是"天"（天然）；用笼头套在马头上，用鼻环穿牛鼻子，这就是"人"（人为）。所以说：不要以人为去损毁天然，不要用人的意志损毁物的天性，不要因贪得而求取虚名。谨守自然本性而不丧失，这才是返真得道！

《秋水》篇的作者或许不是庄子，然而此篇言说大小、讨论天人，妙喻连连、雄辩滔滔，足可与《逍遥游》相比肩！

【文摘四】

四海之在天地之间（《庄子》）

北海若曰："……计四海之在天地之间也，不似礨空之在大泽乎？计中国之在海内，不似稊米之在大仓乎？号物之数谓之万，人处一焉；人卒九州，谷食之所生，舟车之所通，人处一焉；此其比万物也，不似豪末之在于马体乎？五帝之所连，三王之所争，仁人之所忧，任士之所劳，尽此矣！伯夷辞之以为名，仲尼语之以为博，此其自多也，不似尔向之自多于水乎？"（节自《秋水》）

◎礨空（lěikǒng）：蚁洞。一说指石间微隙。◎稊（tí）米：小米。◎号：名，称说。◎卒：此处有聚集意。◎豪末：毫末，指细毛的尖尖。◎连：连续，延续。任士：能士。

"坎井之蛙"与"邯郸学步"

《秋水》共分七段，主人公各自不同：或为人，或为物；既有孔子、公孙龙、魏牟、庄子、惠施，也有夔龙、百足虫、蛇乃至风……

孔子是儒家学派的师尊，常受到道家的批判讥讽。——譬如海若在教育河伯时，就顺带把孔子的"自多"（自以为是）贬损了两句。不过《庄子》中也有对孔子的正面描述，且看《秋水》第三段。

孔子周游列国，被宋人围在匡那地方。孔子却照常"弦歌不惙（通'辍'，止）"。子贡感到奇怪，跑去问老师。孔子答道：你以为我喜欢这走投无路的境地吗？这是命啊！尧舜时代，天下没有不得志的人，难道那时人人都聪明吗？桀纣时代，天下没有通达的人，难道那时人人都才智低下吗？这是"时势适然"啊!

孔子又说：在水中讨生活却不避蛟龙，那是渔夫的勇敢；在陆上讨生活而不避犀牛虎豹，那是猎人的勇敢。刀剑交错、视死如归，那是烈士的勇敢。"知穷之有命，知通之有时，临大难而不惧者，圣人之勇也！"（晓得困穷在于天命，晓得通达在于时势，面对大难毫不畏惧，这是圣人的勇敢！）仲由啊，你安然处之吧，我命里注定有此一劫啊！

这番话，颇能反映孔子豁达的人生态度。作者在这里没有刻意贬低孔子，只是让孔子讲了几句带有道家意味的话。——可能《秋水》的作者是位主张儒道融和的人吧。战国是个剑拔弩张的时代，不过学术气氛却十分宽容；百家争鸣不一定非争个你死我活，诸子之间也不乏相互欣赏、彼此融通。

不过这位作者对名家似乎不感兴趣。在另一则寓言中，名家代表公孙龙便被魏国公子牟毫不留情地贬损了一通。公孙龙一向因自己能言善辩而骄傲，可是了解了庄子的学说之后，他自觉惶惑，来向魏牟讨教——魏牟是道家门徒。

魏牟靠在几案边长叹一声，又仰天大笑，讲了一则寓言：有只"坎井之蛙"向"东海之鳖"夸耀自己的好日子，把井底的烂泥洼夸得胜过天堂，还邀请老鳖进来参观。老鳖举步上前，"左足未入，而右膝已絷（zhí，绊住）矣"。于是老鳖向井蛙描绘大海说：

"夫千里之远，不足以举其大；千仞之高，不足以极其深。禹之时十年九潦，而水弗为加益；汤之时八年七旱，而崖不为加损。夫不为顷久推移，不以多少进退者，

此亦东海之大乐也。"于是坎井之蛙闻之，适适然惊，规规然自失也。(《秋水》)

◎仞：古代长度单位，相当于周制八尺。◎潦：通"涝"。◎顷久：（时间）短、长。推移：改变。◎适适然：惊怖貌。规规然：茫然自失貌。

东海之鳖对坎井之蛙说：千里远不远？却不足以称说海之大；千仞高不高？却不足以形容海之深。夏禹时十年有九年发大水，海水也不见增多；商汤时八年有七年大旱，海平面却也没下降。浩瀚的大海啊，无论时间长短，都无所改变，无论来水多少，都不曾增减。这就是生活在东海的最大快乐！坎井之蛙听了，心惊肉跳，茫然若失。

魏牟讲罢寓言，又把公孙龙贬斥了一通，说你还想探究庄

邮票里的庄子寓言故事

子的学问？这就像让蚊子背大山、百脚虫过大河一样困难！你没听说寿陵少年学走路的故事吗？少年听说邯郸人走路的样子好看，就跑去学习，结果没学会人家的好步态，自己怎么走也忘记了，只好爬着回家。

魏牟的嘴真够刻薄的！最终公孙龙也像坎井之蛙一样，张着嘴、翘着舌，一句话也答不出，灰溜溜地离开了。

濠梁鱼乐有谁知

司马迁在《史记》中记录了庄子拒绝楚王礼聘的传说。在《秋水》中，这个故事还有另一个版本。楚王的使者来到时，庄子正在钓鱼，头也不回地说："吾闻楚有神龟，死已三千岁矣，王以巾笥（sì）而藏之庙堂之上。此龟者，宁其死为留骨而贵乎？宁其生而曳尾于涂中乎？"（我听说楚国有只神龟，死掉三千年了。大王用丝巾裹着、匣子装着，珍藏在庙堂上。我请问，这只龟是愿意死后留着甲壳显示尊贵呢，还是愿意活下来，拖着尾巴在烂泥里爬呢？）

庄子自己不愿做官，也看不起周围的"官儿迷"，哪怕是好朋友。《秋水》中有这样一则寓言，记录了庄子与惠施的一段纠葛：

惠子相梁，庄子往见之。或谓惠子曰："庄子来，欲代子相。"于是惠子恐，搜于国中三日三夜。庄子往见之，曰："南方有鸟，其名为鹓鶵，子知之乎？夫鹓鶵，发于南海而飞于北海；非梧桐不止，非练实不食，非醴泉不饮。于是鸱得腐鼠，鹓鶵过之，仰而视之曰：'吓'！——今子欲以子之梁国而吓我邪？"（《秋水》）

◎梁：魏国。因都城在大梁（今河南开封），故称。◎鹓鶵（yuānchú）：传说中的神鸟，属鸾凤一类。◎练实：竹实。醴泉：甘甜的泉水。◎鸱（chī）：猫头鹰。吓（hè）：动物恐吓敌方时发出的声音。

惠子到魏国当宰相，庄子去探望他。有人对惠子讲：庄子来了，要跟你争夺相位哩。惠子听了格外紧张，让人在国内搜捕庄子，一连搜了三天三夜。庄子得知消息，主动去见惠子，给他讲了个寓言：南方有一种鸟，名叫鹓鶵，你听说过吗？这鸟从南海飞到北海，不是梧桐它就不歇，不是竹实它就不吃，不是甘泉它就不饮。这里呢，有只猫头鹰找着一只腐烂的死耗子，当作什么好宝贝护着。刚好鹓鶵路过，猫头鹰抬头恐吓对方说："嘿！"——而今你想霸着魏国这只死耗子恐吓我吗？谁稀罕！

这则寓言指桑骂槐，把一班贪恋禄位的家伙骂惨了！而庄子藐视名利、遗世独立的精神，也在对话中显现出来。至于惠子的下作言行，当然只是出于虚构。事实上，庄子跟惠子最谈得来。有一场濠梁论辩，也是《秋水》中的文字。

庄子与惠子游于濠梁之上。庄子曰："鲦鱼出游从容，是鱼之乐也？"惠子曰："子非鱼，安知鱼之乐？"

庄子曰："子非我，安知我不知鱼之乐？"惠子曰："我非子，固不知子矣；子固非鱼也，子之不知鱼之乐，全矣。"庄子曰："请循其本。子曰'汝安知鱼乐'云者，既已知吾知之而问我。我知之濠上也。"（秋水》）

　　◎濠梁：濠水上的桥梁。濠水在今安徽凤阳县境内。◎鲦（tiáo）鱼：一种银白色小鱼，也称"白鲦"。◎全矣：确定无疑。◎循其本：追寻本源。

　　庄子和惠子闲游，来到濠梁之上。看到水里的游鱼，庄子感叹说：小白鲦游得多自在，这就是鱼儿的快乐啊。惠子听了，"扛杠"说：你又不是鱼，怎么知道鱼的快乐？庄子马上回答：你不是我，又怎知我不知鱼的快乐呢？惠子说：我不是你，固然不了解你的想法；同理，你不是鱼，自然也不知鱼的快乐，这是肯定的！庄子说：还是让我们回到问题的开头吧，你问我：你怎么知道鱼快乐？这说明你已经知道我了解鱼的心思，才这样问我。那我告诉你：我就是在这濠梁上知道鱼是快乐的。

　　你听出来了吗？庄子是在偷换话题呢。战国时论辩之风盛行，诡辩之术也应运而生。庄子的濠上之辩，便带有一点"诡辩"的色彩。

蜗牛角上称大王

　　关于小大之辩，几乎贯穿《庄子》全书。例如杂篇《则阳》

中有一则寓言"触蛮之战"，说的是魏王跟齐王订立了盟约，而齐王无端背约，惹得魏王大怒，要派人去刺杀齐王。魏国将军公孙衍听了深感耻辱，说魏王您是万乘之君，却学着小人报仇的样子！您给我二十万甲兵，我替您攻打齐国，俘获它的百姓，掳掠它的牛马，让齐王五心烦躁、背生恶疮！然后我再夺取齐国的土地，打败齐将田忌，看不打断他的脊梁骨！

魏国大臣议论纷纷，这个说：打仗必然毁坏城郭，百姓又要受累遭罪，谁主战，谁是好乱之人！那个说：劝君王伐齐的不是好人，劝君王不伐齐的也不是好人！闹得魏王也没了主意。

惠子听说了，便向魏王引荐贤士戴晋人。戴晋人与魏王有如下对话：

戴晋人曰："有所谓蜗者，君知之乎？"曰："然。""有国于蜗之左角者，曰触氏，有国于蜗之右角者，曰蛮氏。时相与争地而战，伏尸数万，逐北旬有五日而后反。"君曰："噫！其虚言与？"曰："臣请为君实之。君以意在四方上下有穷乎？"君曰："无穷。"曰："知游心于无穷，而反在通达之国，若存若亡乎？"君曰："然。"曰："通达之中有魏，于魏中有梁，于梁中有王。王与蛮氏，有辩乎？"君曰："无辩。"客出而君惝然若有亡也。（《则阳》）

◎蜗：蜗牛。◎逐北：追击败北的军队。北，败。旬有五日：十五天。◎实之：证实它。◎穷：穷尽，尽头。◎游心：让思想漫游。通达之国：这里指人迹可通的地域。若存若亡：指与广大宇宙相比微不足道、若有若无。◎辩：通"辨"，区别。◎惝（chǎng）然：怅然。

戴晋人问魏王：有一种动物叫蜗牛，您知道吗？魏王说：知道啊。戴晋人说：蜗牛头上有两只触角，左边的触角上有个国家叫"触氏"；右边的触角上有个国家叫"蛮氏"。两国常起战争，争城夺地，一死就是好几万人！胜方追击败方，一去半个月才班师回国。

魏王说：哈，你这别是瞎编吧？戴晋人说：我来替您证实。您认为天地四方有尽头吗？魏王说：没有。戴晋人说：您想象着让意识到寥廓的宇宙中漫游，再返回人间的狭小之境，是否会有一种似有若无的感觉呢？魏王说：的确应当是这样。戴晋人又说：在这狭小之境中就有个魏国，魏国又有个大梁城，大梁城中就有魏王您，您与蛮氏有区别吗？魏王说：没啥区别啊！——戴晋人走了，魏王"惝然若有亡也"（神色怅然，若有所失）。

魏王为什么若有所失呢？大概他终于明白：身为一国之君，高高在上、颐指气使，整天盘算着治国理政、兴兵讨伐的"大事"；到头来，不过是螺蛳壳里做道场、蜗牛角上称大王，充当丑角而不自知，真是要多可笑有多可笑！

"涸辙之鲋"与"得鱼忘筌"

杂篇《外物》中有好几则脍炙人口的寓言，像"涸辙之鲋（fù）""任公子钓鱼""儒生发冢""宋元君龟卜""得鱼忘筌"……

先看这则"涸辙之鲋"：

庄周家贫，故往贷粟于监河侯。监河侯曰："诺。我将得邑金，将贷子三百金，可乎？"庄周忿然作色曰："周昨来，有中道而呼者。周顾视车辙中，有鲋鱼焉。周问之曰：'鲋鱼来！子何为者邪？'对曰：'我，东海之波臣也。君岂有斗升之水而活我哉？'周曰：'诺。我且南游吴越之土，激西江之水而迎子，可乎？'鲋鱼忿然作色曰：'吾失我常与，我无所处。吾得斗升之水然活耳，君乃言此，曾不如早索我于枯鱼之肆！'"（《外物》）

◎贷粟：借粮。监河侯：监河之官。◎邑金：采邑的租税。三百金：三百两金。春秋战国时铜铁等也称金。◎作色：变脸。中道：途中。◎车辙：车轮压出的车轮沟。鲋鱼：鲫鱼。◎（鲋鱼）来：语助词。◎波臣：水族之官。◎吴越之土：吴国、越国的地盘。激：引。西江：蜀江。◎常与：惯常相伴之物，这里指水。◎曾：竟。肆：商肆，店铺。

庄子家贫，到监河侯那里去借粮。监河侯说：行啊，我刚要去封邑收税，收上来就借给你三百金，行吗？庄子听了，脸色骤变。不过即便在这样的时刻，庄子也未改变他爱讲寓言的习惯，当下讲了个鲫鱼求救的故事。

庄子说：我昨天来的路上，听见有人招呼我。回头看看车道沟，竟有一条鲫鱼！我就问它：鲫鱼，你招呼我干啥？鲫鱼回答：我是东海水族的一员，你能用斗升之水救我活命吗？我对它说：行啊，我就要到南方吴越之地游历，到时引西江之水来迎你，行了吧？那鱼变了脸，愤愤地说：我失去水的陪伴，没处安身，只要得到斗升之水就能活命，你却说这样的大话，还不如早早到干鱼店去找我呢！

庄子的寓言中，没一个字涉及监河侯，却没一个字不是指责监河侯。看得出来，庄子是真的生气了：家里马上"断顿"了，虚伪的监河侯却跟他说大话、"扯闲篇"，能不惹他动怒吗？

人们还记得，庄子寓言喜欢拿鱼"说事"。开篇的《逍遥游》中就有"不知其几千里"的大鲲；《大宗师》里那个"相濡以沫"的故事，同样说的是鱼儿失水后的境遇。庄子还跟好友惠子在濠梁上讨论过"鱼之乐"，而今又以涸辙之鲋自比……庄子大概真的羡慕鱼，希望自己能像鱼一样自由自在地悠游于思想的江湖之中。

《外物》篇中还有跟鱼有关的寓言呢，像"任公子钓鱼""得鱼忘筌"等——不过"得鱼忘筌"只是以鱼为引子，来说明更深层的道理：

荃者所以在鱼，得鱼而忘荃；蹄者所以在兔，得兔而

忘蹄；言者所以在意，得意而忘言。吾安得夫忘言之人而与之言哉！（《外物》）

◎荃（quán）：又作"筌"，即鱼笱（gǒu）。◎蹄：捕兔的网。

"荃"即鱼篓，是用来捕鱼的工具；可一旦捕到鱼，人们便把鱼篓忘在脑后了。"蹄"则是网子，是用来抓兔的；可一旦抓到兔子，人们也便把兔网忘在脑后了。语言是用来表达思想的，一旦获得思想，人们也便把语言忘在了脑后。我怎样才能找到"得意忘言"的高人，跟他讨论天道呢！——这事难办：即便找到了，没有语言的沟通，又如何跟他交流？

任公子钓鱼："小说"一词由来

《外物》篇中另一则跟鱼相关的寓言，是"任公子钓鱼"。

任公子为大钩巨缁，五十犗以为饵，蹲乎会稽，投竿东海，旦旦而钓，期年不得鱼。已而大鱼食之，牵巨钩，錎没而下，骛扬而奋鬐，白波若山，海水震荡，声侔鬼神，惮赫千里。任公子得若鱼，离而腊之。自制河以东，苍梧已北，莫不厌若鱼者。已而后世轻才讽说之徒，皆惊而相告也。（《外物》）

◎任公子：任国的王室公子。巨缁（zī）：粗黑绳子。犗（jiè）：犍牛。会稽（今读Guìjī）：山名，在浙江省境内。期

（jī）年：一年。◎鎐（xiàn）：通"陷"。骛（wù）扬：奔驰。鬐（qí）：鱼鳍。侔（móu）：齐，相等。惮（dàn）赫：震惊。◎若鱼：这条鱼。离：剖分。腊（xī）：晾成干。◎制河：浙江。制，同"渐"，即浙。苍梧：山名，在岭南。厌：餍，饱食。◎铨（quán）才：小才。讽说：传说，道听途说。

任国公子是个巨人，他钓鱼的举动不同寻常：打造了大鱼钩，系上粗黑绳子做钓丝，拿五十头小牛当钓饵；人蹲在会稽山，把钓饵投到东海中——要知道，会稽山离东海要有上几百里哩！他每天都蹲在那儿等鱼上钩，可等了一整年，也没等来。

后来大鱼终于吞钩了，动静可真不小！大鱼牵引着巨钩先是往水下沉，又腾跃而起，扬起鱼鳍，搅得白浪如山、海水震荡，声如鬼哭神号，震惊千里之外！

任公子钓得这条大鱼，把它剖开晾成鱼干，分给大家吃。从浙江以东到苍梧山以北，没一个不吃得饱饱的！于是一些见识浅薄、爱传闲话的人，都惊诧地奔走相告。

庄子为什么要讲这么个离奇故事？他想说明什么道理？

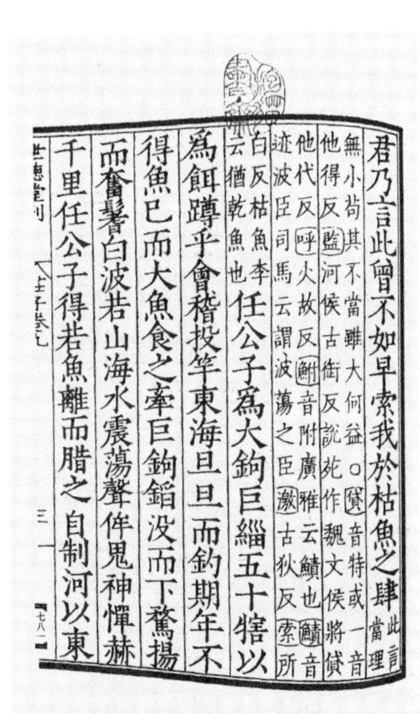

君乃言此曾不如早索我於枯鱼之肆。任公子为大钩巨缁，五十犗以为饵，蹲乎会稽，投竿东海，旦旦而钓，期年不得鱼。巳而大鱼食之，牵巨钩錎没而下，鹜扬而奋鬐，白波若山，海水震荡，声侔鬼神，惮赫千里。任公子得若鱼，离而腊之，自制河以东……

《庄子》寓言"任公子钓鱼"片段

且看下面的议论：

> 夫揭竿累，趋灌渎，守鲵鲋，其于得大鱼难矣。饰小说以干县令，其于大达亦远矣。是以未尝闻任氏之风俗，其不可与经于世，亦远矣。(《外物》)

◎揭：举。累：细绳。趋（cù）：前往。灌渎：小河沟。鲵鲋：小鱼。◎饰：粉饰。小说：浅薄的学识。干：求取。县令：高名令誉。县，通"悬"，高。令，通"名"。大达：通于大道，明达大智。这里与"小说"相对。◎风俗：志向，风度。与：与闻，参与。经于世：经世，治国理政。

庄子做了个对比：举着小竿细丝，到小河沟守候着鲶鱼鲫瓜子，一般人钓鱼就是这个样子。让这些人去钓大鱼，那是太难了！——同样的道理，拿浅薄的学识来装扮自己，一心要沽名钓誉，这跟通于大道的人相比，差得太远！不了解任公子的志向风度，当然也就干不了经邦济世的大事，两者相差可不是一星半点！

任公子所以能干出惊天地、泣鬼神的大事，首先是志向高，选择了烟波浩渺的东海，要钓就钓最大的鱼！其次是肯下本钱、花工夫：工具是"大钩巨缁"，投入则是"五十犗以为饵"，又有足够的耐心，一等就是一年，自然能获得巨大成功。那些不肯投入又梦想天上掉馅饼的家伙，如何比得了？所以作者再三感叹"亦远矣"！

有意思的是，我们后世的一种文学样式——"小说"的名称，最早便是出现在这则寓言中。只是庄子所说的"小说"是指浅薄的学识；今天的"小说"则是指人们喜闻乐见的一种叙事性文学体裁，两者相差同样是"亦远矣"！

庄子说剑：利剑三把任你选

杂篇中的《说剑》，讲述庄子如何劝谏赵文王幡然醒悟，不再迷恋剑术。全篇如同一则小说。

赵文王喜欢剑术，门下聚集着三千剑客，日夜论武比剑，每年都要死伤上百人。然而赵文王乐此不疲，一弄三年，搞得国力衰退，诸侯也都虎视眈眈。太子悝（kuī）为此忧心忡忡，悬赏说：谁能说服赵王停止比剑，愿赐千金。于是有人推荐了庄子。

庄子推辞说：我若因出头劝谏而违逆赵王之心，又不合太子之意，我可就死无葬身之地了，千金对我有啥用？我若说服大王，也合了太子之心，我要什么不给呢，又何必在乎这千金？

不过庄子还是答应下来。他自称是高明的剑士，照剑士的样子穿戴好，去见赵王。赵王正拔出利剑等着他呢。赵王问他剑术如何，庄子回答："臣之剑十步一人，千里不留行！"（凭我的剑术，可以十步杀一人，千里无阻挡！）赵王听了很高兴：看来你的剑术天下无敌啊！

赵王让剑士们相互比剑，一连七天，死伤六十多，最终选出五六位尖子，准备跟庄子比试。庄子说：我都等不及了。赵王又让他选剑，庄子说，我有三把剑任王选用，分别是天子之剑、诸侯之剑和庶人之剑，先听我来说一说。

什么是天子之剑呢？以燕溪、石城做剑锋，拿齐国的泰山做剑刃，用晋国、卫国当剑背儿，东周、宋国做剑口，韩国、魏国当剑把，拿四夷包着、四时围着，用渤海环绕着，恒山当系带，五行来制衡，此外又是什么刑德论断、阴阳开合，春夏扶持、秋冬运作。这种剑，上可断浮云、下可绝地基，一旦使用，便能匡正诸侯，令天下顺服——这说的是天子之剑。

文王听了，茫然若失，说：你再说说诸侯之剑如何？

（庄子）曰："诸侯之剑，以知勇士为锋，以清廉士为锷，以贤良士为脊，以忠圣士为镡，以豪杰士为夹。此剑，直之亦无前，举之亦无上，案之亦无下，运之亦无旁；上法圆天以顺三光，下法方地以顺四时，中和民意以安四乡。此剑一用，如雷霆之震也，四封之内，无不宾服而听从君命者矣。此诸侯之剑也。"（说剑》）

◎锷：剑刃。脊：剑背。忠圣：忠诚贤良。镡（xín）：剑口。夹：同"铗"，剑把。◎案：按。◎法：效法。三光：指日、月、星。◎四封：四境。

原来，诸侯之剑是以勇敢之士做剑锋，清廉之士为剑刃，贤良之士当剑背儿，忠贤之士做剑口，豪杰之士为剑把。这把剑，往前刺没啥能阻挡它，往上举没啥能高过它，往下按也没啥能比它低，挥舞起来没啥可以靠近它。在上效法圆天以顺应三光，在下效法方地以顺应四时，中间可以和睦民意、安顿四乡。此剑一用，如雷霆震撼，四境之内，无不归服，都来听命于君主——这是诸侯之剑。

赵王又问：庶人之剑又如何？庄子说：庶人之剑嘛，不过是穿戴上剑士的衣冠服饰，"蓬头突鬓垂冠，曼胡之缨，短后之衣"（突鬓：突出的发鬓。垂冠：低垂的帽子。曼胡之缨：粗实的冠缨。短后之衣：前长后短的衣服），双方怒目而视，相互责难，攻击争斗，上斩颈项，下刺肝肺。这就是庶人的剑术，跟斗鸡没啥两样。一旦丧命，对国家再无用处。如今大王拥有天子高位，却喜好庶人的剑术，我私下替您惋惜！

赵王听了，拉着庄子上殿，让厨师摆宴，自己围着转了三圈。庄子说：请大王落座定定神，我对剑术的认识，已经向您和盘托出了。——自此赵王三个月没出宫，剑士们都纷纷自杀，他们大概知道，今后只有饿死一条道了。

庄子这三把剑的比喻，可谓巧妙。所谓"天子之剑"，乃是以大一统的江山为喻，拿山河国度比作宝剑的锋、刃、脊、柄；而"诸侯之剑"则以治国为喻，用勇士贤臣比作宝剑的锋、刃、脊、柄。意在提醒赵王：这才是天子、诸侯该做的大事。相比之下，剑士的击刺比拼，显得那么"小儿科"！

然而从文字上看，这一篇的文风显然不同于《逍遥游》《齐物论》，语言铺排，风格夸饰，更像是战国纵横家的文字。学者怀疑此篇甚至不是庄子后学所作，而是出自策士之手。——这也是为什么将它列入"杂篇"的原因了。

"舐痔得车"与"龙颔探珠"

有一则"曹商使秦"的寓言,收于杂篇《列御寇》:

> 宋人有曹商者,为宋王使秦。其往也,得车数乘;王说之,益车百乘。反于宋,见庄子曰:"夫处穷间陋巷,困窘织屦,槁项黄馘者,商之所短也;一悟万乘之主而从车百乘者,商之所长也。"庄子曰:"秦王有病召医,破痈溃痤者得车一乘,舐痔者得车五乘,所治愈下,得车愈多。子岂治其痔邪,何得车之多也?子行矣!"(《列御寇》)

◎乘(shèng):量词,辆。◎益:增加。◎穷间陋巷:偏僻狭窄的里巷。陋,同"隘",狭窄。屦(jù):麻鞋。槁项黄馘(guó):面黄肌瘦的样子。槁,干枯。项,脖子。馘,头,脸。◎悟:使之醒悟。◎痈(yōng):红肿带脓的毒疮。痤(cuó):疽,一种毒疮。舐(shì):舔。痔(zhì):痔疮。

宋人曹商出使秦国,出发时,宋王赐他几辆车。到了秦国,因他能吹会拍,搔到秦王痒处,一下子又获赐一百辆车。曹商回到宋国,甚是得意,见到庄子就吹嘘说:我曾住在穷街陋巷,生活困窘,靠编草鞋度日,以至于面黄肌瘦,那是我的人生低谷;可我一旦被委以重任,开导大国君主,随从车马增至百辆,这又是我的人生高峰了!

庄子听了,冷冷地说:秦王生病请大夫,能治好痈疮的赏车一辆，能为他舔痔疮的，赏车五辆——所治部位越卑下，所得车子就越多。你别是替秦王舔了痔疮吧？怎么得到这么多车子呢？你还是离我远点吧！

这则寓言对那些贪求利禄、厚颜无耻的家伙毫不留情，言辞激烈，少了一点庄子式的超然！不过主题倒是跟庄子远离统治者的一贯理念相吻合。

同在《列御寇》中，还有一则寓言与此近似：

> 人有见宋王者，锡车十乘，以其十乘骄稚庄子。庄子曰："河上有家贫恃纬萧而食者，其子没于渊，得千金之珠。其父谓其子曰：'取石来锻之！夫千金之珠，必在九重之渊而骊龙颔下，子能得珠者，必遭其睡也。使骊龙而寤，子尚奚微之有哉！'今宋国之深，非直九重之渊也；宋王之猛，非直骊龙也；子能得车者，必遭其睡也。使宋王而寤，子为齑粉矣！"（《列御寇》）
>
> ◎锡：通"赐"。稚：骄。◎纬萧：编织芦苇。纬，织。萧，荻蒿。没（mò）：潜水。◎锻：捶击，打碎。◎骊龙：黑龙。颔：下巴。◎寤（wù）：醒。奚微之有：哪里还有一点，指被吞吃干净。◎直：同"啻"，止。◎齑（jī）粉：碎末，粉末。

这里说的也是君王赐车的情节。有个人获得宋王赏赐的十辆车子，到庄子这儿来"显摆"。庄子给他讲了个故事：河边有一家穷人，靠着编织苇席艰难度日。这家的儿子潜水到深渊中，摸到一颗价值千金的宝珠！父亲见了说：赶紧拿石头把它砸碎！你不知道，这颗宝珠一定是九重深渊骊龙下巴的那颗，你能得到它，肯定碰巧骊龙睡着了；若等它醒了，你还有命吗？

话头一转，庄子对得车的人说：如今宋国的事，比九重深渊还深，宋王的凶猛，也比骊龙只多不少。你能得几辆车，肯定赶上宋王睡着了；一旦他醒来，你就要粉身碎骨了，你还得意啥啊？

这也是道家的一贯态度：对统治者的残暴寡恩有着清醒的认识，出于避祸的心理，远离官场与权力，鄙视所有趋名逐利之辈。——道家的"出世"思想，也便由此而来。

《天下》篇：道术方术，以儒为宗

《天下》是杂篇的最后一篇，也是全书的末章。开头一句为"天下之治方术者多矣"，标题便取这句话的头两个字。

什么是"方术"呢？就是学术，说得更准确点，是指各个学派的特定学问，譬如墨家、法家、道家、名家……《天下》篇则是对各家学术的概括与评价，有人说，这是一篇最早的"先秦学术史"。

百家争鸣，难免有"王婆卖瓜"之弊：各家争夸自家瓜好，甚至好到无以复加的地步（"皆以其有为不可加矣"）。其实呢，所有的"方术"，都是"道术"的分支。

"道术"指洞悉宇宙人生本原的大学问，"圣有所生，王有所成，皆原于一"（神圣的人格由此而生，王道理想由此而成，都源于这个"一"）。——不错，这个"一"便是"道"。

"道术"不是人人可以接触到的，只有四种人可以把握，即"天人""神人""至人""圣人"。庄子解释说：

> 不离于宗，谓之天人。不离于精，谓之神人。不离于真，谓之至人。以天为宗，以德为本，以道为门，兆于变化，谓之圣人。（《天下》）
>
> ◎宗：道之根本。◎精：道之精髓。◎兆：征兆，预揣。

不离大道之本的叫"天人"，不离道之精髓的叫"神人"，不离道之本真的叫"至人"，而以天然为宗、以道德为根、以道为门径、能预见变化征兆的，叫"圣人"。

这四种人之外，就要数"君子"了。作者说：凭借仁来施恩惠，把义当成理论根据，用礼来规范行动，拿乐来调和性情，温和又慈爱，这种人叫"君子"（"以仁为恩，以义为理，以礼为行，以乐为和，熏然慈仁，谓之君子"）。——这显然是指儒家精英！他们虽然赶不上圣人，却已经很接近了。

君子对内修炼人格，提高修养；对外经世济民，为社会出力。他们遵守法度，重视名节，注重实践；一旦做了官，便忠于职守，把百姓穿衣吃饭、春种冬藏放在心上，老弱孤寡也都有所安养。——这些便是"道术"的大致内涵。

《天下》篇认为，古代的"道术"，都保存在《诗》《书》《礼》《乐》等典籍中；这些典籍"邹鲁之士缙绅先生多能明之"——"邹鲁之士、缙绅先生"，分明就是齐鲁的儒生啊。

总之一句话，"道术"是"内圣外王之道"（内心修炼为圣人，对外实现王道）。——可惜因"天下大乱，贤圣不明，道德不一"，"道术"得不到完整的传承，于是各个学派分别获取了"道术"的片断而自成一家。这就像人有耳目鼻口，各器官"皆有所明"却又"不能相通"，"内圣外王之道"也因此失去光彩。"道术"就这样分裂，"方术"也就这么产生了。

《天下》篇明白无误地把儒学奉为"道术"正宗；儒家"内圣外王"的思想内核，也是由《天下》篇首先提出的。这里反映的，应是先秦学术的真相：儒家学派实力强劲，其他学派都不能漠视它。而其他学派又多半是从儒家学派衍生出来的，跟儒家有着千丝万缕的联系。

诸子百家不光有争论、攻讦，也有相互学习和借鉴——解开先秦学术繁荣之谜的钥匙，也便隐藏在这里。

安徽蒙城庄子祠

庄子"三言"：为啥有话不好好说

《天下》篇共分八段，第一段讲"道术"，概括儒家主张。第二段评介墨子和禽滑厘，两人是墨家人物。第三、四段分别讲评宋钘（jiān）、尹文及彭蒙、天骈、慎到，这两派介乎于墨、道、名、法之间。第五、六段评介关尹、老聃及庄周，实为道家学派。第七、八两段介绍惠施，则是名家代表。——这里重点看看《天下》篇是如何评价道家的。

《天下》篇第五段开头说，有这么一派，把根本的大道视为精微，把有形的物质视为粗杂，把积蓄看作不足；无牵无挂、悠然自得，独与灵妙的道共处。关尹和老子喜好这些说法，于是建立"常无""常有"的学说，以"太一"为宗主；外表上显示着柔弱谦下，实则崇尚虚空，以成就万物。——寥寥几句，把道家的主张说了个大概。

《天下》篇对庄子的评介，可谓不吝溢美之词。其中谈到庄子的文风，说了这样一段话：

以谬悠之说，荒唐之言，无端崖之辞，时恣纵而不傥，不以觭见之也。以天下为沈浊，不可与庄语。以卮言为曼衍，以重言为真，以寓言为广。（《天下》）

◎谬悠：迂远。荒唐：虚诞，夸张。端崖：边际。恣纵：放纵。傥：偏傥，片面。不以觭（jī）见之也：不偏不倚，所见不执着一端。觭，是"奇"的借字。◎沈浊：极度污浊。庄语：庄重正大的话语。◎卮（zhī）言：无心之言，下详。曼衍：同"漫衍"，散漫流衍，不拘常规。重（zhòng）言：先哲时贤的言论，因为人所重，而称"重言"。寓言：寄寓他人他物的言论。

这里是说，庄子的学说，多用迂远的论说、虚诞的语言、无端倪的言辞来表达，恣肆放纵，却又不偏颇，不固执于某一见解。——你看，又是"谬悠"，又是"荒唐"，又是"无端崖"，又是"恣纵"；庄子为啥"有话不好好说"呢？原来，他看到天下一派污浊，你讲正经话（"庄语"）又有谁听？因而只能以"卮言"来漫谈，引"重言"以验证，借"寓言"来推广了。

关于这"三言"，前面的《杂篇·寓言》也曾提到，开篇便说："寓言十九，重言十七，卮言日出，和以天倪。"即是说，在《庄子》的话语中，"寓言"占了十分之九，"重言"占了十分之七；"卮言"则是日出不穷，传达着自然之道。

啥是"寓言"呢？文中说，就是假托外人来论说（"藉外论之"）。一般而言，当爹的不会替儿子做媒，因有"王婆卖瓜"之嫌，因此总要请别人来夸说儿子。这就是使用"寓言"说理的长处。"重言"是指长者之言，长者的话有分量，你一引用，别人也就无话可说了。"卮言"又是啥？"卮"是注酒的漏斗，上面注，下面流，如同人说话不经过大脑，也就没有自己的成见，宣泄的是自然之音。

不过这里的统计似乎出了问题："寓言"占十分之九，"重言"占十分之七，"卮言"层出不穷，加起来不早就超过百分之百了吗？其实这三种修辞又是重叠的，是"寓言"，同时也可以是"重言"或"卮言"吧。——弄清"三言"的内涵，便不难理解《庄子》的语言风格了。

《天下》篇对于每一流派都提出一两条缺点，例如墨家主张虽好，但做得过火，宋钘、尹文的主张则不易施行，慎到的学说被人讥笑为"死人之理"，惠施则分散心思、舍本逐末……唯独对老子、庄子，《天下》篇的评论全是褒扬。——这也难怪，《天下》篇就是《庄子》一书的后记、跋语啊！

《庄子》又是成语宝库

庄子对中国哲学史及文学史的贡献，自有哲学家、文学家去评说。——我们只强调阅读原典，口诵心受，什么境界的宏大、思想的深邃、感情的充沛、文风的汪洋恣肆与诗意盎然……只有通过诵读才能获得真切的感受。

前面说过，庄子散文不大重视逻辑论辩，却喜欢通过"寓言"，婉转表达自己的看法。有人因此说，庄子散文以"颖悟"见长，即所谓"相视而笑，莫逆于心"。这种感受，也只有读过才能领会。

庄子所开创的文章风格，影响到后世的文学家，如阮籍、陶渊明、苏轼、辛弃疾、曹雪芹……在他们的诗文、小说中，都能找到《庄子》的影响印迹。尤其是唐代大诗人李白，诗风受《庄子》影响甚深。清人方东树说："大约太白诗与庄子文同妙，意接而词不接，发想无端，如天上白云卷舒灭现，无有定形。"（《昭昧詹言》）

　　此外，检点汉语词汇库，出自《庄子》的成语数量惊人，单是《内篇》七篇中，就可以找到如下这些：鲲鹏展翅、鹏程万里、扶摇直上、一飞冲天、越俎代庖、河汉斯言、吸风饮露、尘垢秕糠、劳而无功、大而无当、不近人情、大相径庭（以上《逍遥游》），槁木死灰、朝三暮四、狙公赋芋、栩栩如生、妄言妄听、心如死灰、恢恑憰怪、沉鱼落雁（以上《齐物论》），庖丁解牛、目无全牛、游刃有余、硎发新刃（刃发若新）、踌躇满志、官止神行、安时处顺、薪尽火传（以上《养生主》），螳臂挡车、与古为徒、虚室生白、执而不化、巧言偏辞、画地而趋、无用之用、山木自寇、膏火自煎（以上《人间世》），肝胆楚越、虚往实归、无可奈何、和而不唱（以上《德充符》），泉涸之鱼、相濡以沫、相忘江湖、自适其适、藏舟于壑、藏山于泽、善始善终、莫逆之交、相视莫逆、息黥补劓、鼠肝虫臂（以上《大宗师》），蚊虻负山、虚与委蛇、用心若镜、浑沌凿窍（以上《应帝王》），等等。

　　至于外篇、杂篇中的成语典故，仍有不少。熟在人耳的就有如下这些：伯乐治马、鼓腹而游、盗亦有道、唇竭齿寒、窃钩窃国、雀跃不已、独往独来、神乎其神、华封三祝、大惑不解、得心应手、不主故常、满坑满谷、西子捧心、东施效颦、吐故纳新、倘来之物、望洋兴叹、见笑大方、太仓稊米、一日千里、咳唾成珠、井蛙之见、坎井之蛙、以管窥天、邯郸学步、泥涂曳尾、鹓鶵之志、鼓盆而歌、夜以继日、绠短汲深、呆若木鸡、履适忘足、带适忘腰、昭然若揭、直木先伐、甘井先竭、交淡如水、得意忘形、螳螂捕蝉黄雀在后、亦步亦趋、瞠乎其后、失之交臂、形若槁木、解衣盘礴、哀莫大于心死、化臭腐为神奇、初生之犊、食不知味、白驹过隙、每下愈况、道在屎溺、异名同实、吞舟之鱼、数米而炊、空谷足音、运斤成风、触蛮之争、鲁莽灭裂、得意忘言、得鱼忘筌、枯鱼之肆、尊古卑今、妇姑勃溪、随珠弹雀、胼手胝足、捉襟见肘、日出而作日入而息、身在江湖心存魏阙、摇唇鼓舌、无病自灸、同类相从、同声相应、分庭抗礼、能者多劳、槁项黄馘、吮痈舐痔、探骊得珠、万变不离其宗、内圣外王、栉风沐雨、学富五车、大同小异……

我们今天的常用成语中，出自《庄子》的不下十分之一——庄子创造力之伟大，还要多说吗？

附：《列子》：一部备受称赞的伪书

杞人忧天有深意

附带说说《列子》，这同样是一部道家典籍。

列子名列御寇（约前450—前375），是战国时郑国人，生活年代晚于老子，又早于庄子——比庄子早生约八十年呢。庄子对他挺感兴趣，在书中屡屡提到他。你肯定知道，《庄子》杂篇中的《列御寇》，便以他的名字命名的。

今本《列子》共八篇：《天瑞》《黄帝》《周穆王》《仲尼》《汤问》《力命》《杨朱》《说符》。不过据学者考证，《列子》原书早已失传，今天看到的这本，应是一部赝作，里面或许残存着《列子》原作的文字，但大部分内容出自魏晋人之手，顶着列御寇的名儿罢了。

伪书总是令人嫌憎的；可是奇怪，历代学者对这部赝作却格外宽容，甚至交口称赞。刘勰在《文心雕龙》中就夸赞说："列御寇之书，气伟而采奇。"柳宗元也评价说："其文辞类庄子，而尤质厚。"（《列子辩》）当代学者钱锺书的评价最中肯，他说，《列子》跟《庄子》相比，文词不如后者"奇肆飘忽"，说理不如后者"精微深密"；但"寓言之工于叙事，娓娓井井，有伦有序，自具一日之长。即或意出拮（xián）扯（拉扯，虚构），每复语工熔铸"。他高度赞扬这位作伪者的文采，说是超越建安诸子，堪称一时"巨擘（大手笔，擘音 bò）"！

的确，《列子》借寓言讲道理的本领，无人能比。今天流传的许多成语典故，像"杞人忧天""愚公移山""夸父逐日""薛谭学讴""伯牙鼓琴""纪昌学射""田父献曝""九方皋相马""歧路亡羊""疑人偷斧""白日攫金"等，便都出自《列子》。

"杞人忧天"的故事人们再熟悉不过：有个杞国人大概患了"忧郁症"，整天担心天地崩塌，自己无处存身，竟弄得废寝忘食。有个人开导他说：天不过是积聚的气罢了，哪里没有气呢？你屈伸呼吸，整天在"天"中活动，为啥还担心它崩塌？

杞人仍旧发愁：天真的是积聚的气，那么日月星辰会不会掉下来呢？开导者说：日月星辰也不过是气中能发光的东西，即便掉下来，也伤不到谁。可杞人还是担心：地崩坏又怎么办？开导者说：地只是累积的土块而已，着着实实地充塞着空虚的地方。你在上面踩踏行走、蹦蹦跳跳，整天在地上行动，干吗还担心它崩坏呢？

杞人听了，"舍然（放下负担貌）大喜"；开导者见他开心，也"舍然大喜"！人们讲"杞人忧天"的寓言，一般到此为止。其实故事还没结束。

有位号称"长庐子"的听说这事，笑道：积气而成天，积形而成地，既然如此，为什么说它们不会崩坏呢？于是长庐子谈起天地在宇宙中的位置：往小了说，不过是一"细物"；往大了讲，又是"有中之最巨者"，而且"难终难穷""难测难识"。担心它会坏掉的，诚然想得太远；说它不会坏的，又说得太绝对。但天地总归是要坏的，为什么不该担忧呢？

细想起来，这位被人耻笑的杞人，倒是位值得尊重的思想家，有独立见解和忧患意识，能察人所未察，忧人所未忧，那些只知追求"三饱两倒"的平庸之辈，自然不能理解他。而那位开导他的人，不但富于同情心，又有着一定的"科学素养"，认为天是"积气"而成，人"屈伸呼吸，终日在天中行止"，这种认识今天看来依然是正确的。

至于长庐子认为天地是"空中之一细物，有中之最巨者，难终难穷……难测难识"，也完全合乎科学认知；他认为天地总有崩坏的一天，也符合天文学家对宇宙的观察与预测。

对这个问题，列子又怎么看？

子列子闻而笑曰："言天地坏者亦谬，言天地不坏者亦谬。坏与不坏，吾所不能知也。虽然，彼一也，此一也。故生不知死，死不知生；来不知去，去不知来。坏

与不坏，吾何容心哉！"（《天瑞》）

◎子列子：列子。◎容心：放在心上。

列子的态度是：说天地会坏的，荒谬可笑；说天地不会坏的，同样荒谬可笑。究竟坏还是不坏，我怎么知道？尽管如此，说会坏的算是一种意见，说不会坏的也算是一种意见。这如同活着不知死后如何，死后不知活着如何；未来不知过去，过去不知未来。一句话：天地会不会坏，关我啥事，又何必担忧呢？

看来只有"子列子"的回答不够认真，拿出道家那套"万用灵丹"，应对人们对天崩地解的恐惧，猛抹稀泥。——这义是道家的"痼疾"，论病症，比杞人还要重些！

"愚公移山"与"扁鹊换心"

《愚公移山》是《列子》中最著名的寓言之一，出自《汤问》篇。

愚公因门对高山，出行不便，发誓要挖掉太行、王屋两座高山。这在聪明人智叟看来，简直是异想天开。然而愚公的决定并不仅仅凭借信心和勇气，他还有一套理论，说是："虽我之死，有子存焉。子又生孙，孙又生子，子又有子，子又有孙，子子孙孙无穷匮也。而山不加增，何苦而不平？"——愚公的精神最终感动天帝，派了两位大力神，把山背去。他的精神还感动了无数华夏子孙，让我们的民族性格中多了几许坚韧顽强！

《汤问》篇则汇集了不少寓言故事，一些篇章寄寓着作者的美好理想。譬如《终北国》一篇，说大禹治水途中迷失了方向，误入终北国。那里靠近北海北岸，离中国有几千万里呢，土地辽阔，无风霜雨露，不生鸟兽草木。国中一山高耸，山巅有一圆形小口，名"滋穴"，里面终年有水涌出，其香如兰，味过美酒。泉水曲折蜿蜒，流到国土每一个角落，所到之处四季鲜花、人心和顺。人们随遇而安，不争不竞，不骄不妒；老少同居，不分君臣；男女同处，无须媒妁。人人长命百岁，日日笑语欢歌。这里的人全无稼穑劳苦，饿了累了，饮上几口神泉之水，立刻精神百倍！用这神水洗浴，还会使皮肤滋润光泽，香气"经旬乃歇"。

这里描摹的景象，是不是有点像陶渊明笔下的桃花源？陶渊明是魏晋时人，《列子》据考也出于那个时代。在那兵荒马乱的岁月，找寻一片安宁富庶的乐土，几乎是所有人的期盼。

《列子》的美好理想，还表现在对"科学奇迹"的幻想和预

愚公移山图（徐悲鸿绘）

见上。《汤问》中有一则"扁鹊换心"，讲述鲁人公扈和赵人齐婴患病，来请神医扁鹊诊治。扁鹊分别给两人讲说病因：公扈呢，心志强盛而气弱，所以多谋而寡断；齐婴呢，心志弱而气强，所以少谋而专断。如果把两人的心调换一下，两人心气平衡，就都好了。

于是扁鹊实施手术，"遂饮二人毒酒（麻醉剂），迷死三日，剖胸探心，易而置之；投以神药，既悟如初"。——手术成功，两人各自回家。结果问题来了，公扈听从心的指引回到齐婴家，齐婴的妻子儿女都不认识他；齐婴回到公扈家，也遇到同样的麻烦。两家为此闹上公堂。直到请来扁鹊，说明原委，官司才平息。

一千六七百年后的今天，换心术已成现实，然而我们仍为先人的大胆想象而感到惊异。可以肯定的是，人类没有"荒诞"的幻想，就不会有今天的医学奇迹发生！

有意思的是，古人认为心是负责思维的器官（"心之官则思"），因而公扈、齐婴换心之后找错家门，在古人看来是理所必然的。

《汤问》中还有一则"偃师造人"，是人类最早关于"仿真人"的设想。——偃师是位能工巧匠，向周穆王毛遂自荐。穆王问：跟你一块来的是谁？偃师说：是我制造的"倡者"（倡优，艺人）。穆王吃了一惊：眼前的倡者举手投足，跟真人一模一样！

穆王召来宠爱的盛姬及内臣一同观看表演。只见偃师一按倡者面颊，它就随音律唱起来；一动它的手腕，又按节拍跳起舞。舞将结束时，倡者竟向穆王的宠姬"抛媚眼"，惹得穆王大怒，要杀死偃师。

偃师慌了，当面解剖倡者，竟是由皮革、木头、胶水、油漆、白垩、黑炭之类材料组合而成。细看，却又五脏皆备，筋骨、肢节、牙齿、头发俱全。重新组装，则俨然又是一个倡者。穆王试着拿掉他的心，他就哑了；拿掉他的肝，他就瞎了；拿掉他的肾，他便不能走路了。——在古老的中医理论中，舌通于心、目通于肝、筋骨连于肾……

"人之巧乃可与造化者同功乎？"（人的工巧竟能跟大自然的创造异曲同工吗？）这是穆王对偃师神技的由衷赞美。而读者们赞叹的，则是作者超人的想象力，以及生动的描写技巧。——除了主动"抛媚眼"，倡者的所作所为，今天的机器人做来全不费力。

"纪昌学射"与"小儿辩日"

《列子》中的某些寓言，已有小说模样。像"纪昌学射"，讲纪昌随飞卫学习射箭。飞卫说：你先要学会不眨眼，然后再谈学射的事。于是纪昌整天仰卧在妻子的织布机下，紧盯着机子上高速移动的梭子。这样苦练了两年，练到锥子刺眼而不眨的程度。

老师又提出新要求：要练好眼力，得视小如大才行。这一回，纪昌用牛毛吊了一只虱子在窗口，每天盯着看。看了三年，眼中的虱子已大如车轮。再看别的目标，更如山丘一般！纪昌拈弓搭箭朝虱子射去，一箭贯穿虱子的心，而拴虱子的牛毛竟然没断！老师替他高兴："汝得之矣！"

可纪昌后来却动了歪心思，认为只要除掉老师，自己便是天下第一了！一次两人在野外相遇，竟对射起来。只是两人的箭总是在半道"顶牛"、双双落地，连尘土也不起！

当纪昌射出最后一箭时，飞卫手上已经没箭了。可他不慌不忙在路边撅了根酸枣枝，用来抵住飞来的箭，分毫不差！——最后的结局是两人扔掉弓痛哭起来，倒地相拜，认作父子，还刺臂为盟，发誓永不把射箭的奥秘传给他人。

这则寓言既有写实笔法，又具传奇色彩。情节发展到高潮时，不禁令人手心儿捏把汗；而寓言中人物的心理变化，也给人以启示、令人警醒。

列子寓言中反映微妙心理的，还有"好沤鸟者"：

海上之人有好沤鸟者，每旦之海上，从沤鸟游，沤鸟之至者百住而不止。其父曰："吾闻沤鸟皆从汝游，汝取来，吾玩之。"明日之海上，沤鸟舞而不下也。（《黄帝》）

◎沤鸟：海鸥。住（shù）：同"数"。◎舞：飞舞，飞翔。

海边有个喜欢海鸥的人，每天早上到海边跟海鸥一块戏耍，飞来的海鸥有上百只。他爹知道了，说：听说海鸥都喜欢跟你一块玩，你逮一只来，让我也玩玩。第二天此人再到海边，海鸥在天空盘旋飞舞，没一只肯下来。

据《列子》作者说，这则寓言是讲"至言去言，至为无为"（最高深的话是不说，最超绝的行为是不做）。换个角度看，它似乎又在告诉人们：一个人的机心是无法隐藏的，即便不言不语，仍表现在他的眼神、姿态中，连禽鸟也瞒不过。

这典故后来又衍生出"鸥盟"一词，比喻远离尘世，退隐江湖。唐代李白诗中就有"明朝拂衣去，永与白鸥盟"的诗句。宋代辛弃疾还以"盟鸥"为题填写《水调歌头》，有句云："凡我同盟鸥鹭，今日既盟之后，来往莫相猜。"用的都是此典。

《列子·汤问》中还有"两小儿辩日"故事，也挺有趣：孔子东游，见两小儿争论不休。原来，一小儿认为太阳刚出时离人近，中午时离人远；另一小儿的见解则正相反。前一个陈说理由：太阳刚出时像车盖那么大，到了中午，小得像盘盂，这不正符合近大远小的道理吗？另一个争辩说：太阳刚出时凉飕飕，到了中午却热得如手探开水，这不正说明近热远凉的道理吗？孔子一时也难分对错。两小儿笑道："孰为汝多知乎？"（谁说你见多识广？）

儒、道两家一向隔阂，在道家著作中，这类小故事并不少见，自然全都出于虚构。从文章风格看，这一篇很有点志人小说的味道，语言隽永，谑而不虐，这同样是魏晋文章的特点。

至于被班固列入道家的另一部诸子之作《管子》，后世学者普遍认为偏于法家，《四库总目·子部》便将它列入"法家"，我们留待后面介绍。

辑三 《墨子》：兼爱非攻，节用尚俭

墨子与墨家

在《庄子·天下》篇中，墨家紧挨着儒家，地位在道家、

墨子（孙文然绘）

法家之上。没错，在战国时期，儒、墨并称"显学"，几乎势均力敌。

墨家的创始人墨子（约前 476—约前 390）名翟（dí），是鲁国（今山东滕州）人，也有说是宋人的。他出生时，孔子刚去世；而他去世后，孟子才降生。

墨子姓墨，这本来没啥好说的，可人们对此又有不同看法。有人说他本姓翟，母亲分娩前梦见有乌鸦入室，醒后生下他，于是取名"翟乌"。至于"墨"，则应是学派名称——先秦时学派众多，有儒家、道家、名家、法家、农家……没有一家是用姓氏命名的，况且那时也没有"墨"这个姓。

也有人说，当时的苦役犯要在面颊、额头上刺字涂墨，称墨刑；墨子或许曾是刑徒吧？——还有更离奇的说法，认为"墨翟"与"蛮狄"音近，因而墨子竟是"外国人"。这说法有点离谱，听者大多付之一笑。

据说墨子先世也曾是贵族，跟宋襄公还挂着点儿亲哩，这么说，跟孔子也有着血缘关系。只是到他这里，家族早已没落。墨子生活于社会底层，他所关心的，也是平民百姓。

墨子年轻时也曾学儒，不过他对儒家烦琐的礼仪程序很反感，认为儒家提倡厚葬，主张服丧三年，只会让百姓更穷困，也很耽误事。于是他脱离儒学，另起炉灶，创立了一套兼爱、非攻、尚贤、尚同、节用、节葬、明鬼、非命的新学说，大受底层社会欢迎。

墨家与儒家对立，大概跟各自的社会地位有关：儒家多半是上层社会的失业流民，所推行的礼乐，是上层社会的文化。墨子大概出身武士，本人又是能工巧匠，代表的是底层社会的失业流民。他提倡"兼爱"，也就是爱所有的人，地位卑微的百姓自然拥护他。他反对侵略战争，提出"非攻"口号，谁都知道，战争一起，老百姓第一个遭殃。

儒家虽然也强调"讷于言而敏于行"，但毕竟"坐而论道"的时候居多；墨子则更重视"起而行之"。他以救世解纷为己任，一旦有了行动目标，拔腿就走，奔走于各国之间，不辞辛劳、不避危险。墨子最佩服的人是大禹。他说：当年大禹治水时，亲自拿着筐子镢头四处奔走，"腓无胈，胫无毛，沐甚雨，栉疾风"〔由于奔走劳苦，搞得大腿没肉，小腿无毛，暴雨当洗澡，大风当梳头。腓（féi）：腿肚子。胈（bá）：白肉。胫：小腿。甚雨：暴雨。栉（zhì）：梳头〕，大禹就是我的榜样！

墨子身体力行，他的学生也都这么干：身穿羊皮袄、粗布衣，脚蹬木屐、草鞋，夜以继日地奔走辛劳，以自苦为乐趣，甚至说："不能如此，非禹之道也，不足谓墨！"（不这么干，就有悖于大禹的传统，不够墨家的格！《庄子·天下》。）

墨子当然不是单打独斗，跟着他学习的弟子有三百多人，据说他在当时的号召力，比诸侯还要大些。墨家是个组织严密的团体，有着严格的纪律。成员称"墨者"，墨子是最高头领，称"巨子（又作'钜子'）"。在团体内部，人们相互友爱，亲如一家；一旦巨子传令，人人都能"赴汤蹈火、死不旋踵"！

墨子的弟子，有禽滑厘、高石子、公尚过、耕柱子，后辈尚有相里勤、苦获、己齿、邓陵子等。墨子死后，墨家分为"相里氏""相夫氏""邓陵氏"三个学派。弟子们搜集老师的讲课笔记、谈话记录，编辑为《墨子》一书。经汉代学者整理，共有七十一篇。其后有所散佚，今存五十三篇。

附录：

《墨子》目录

一、亲士，二、修身，三、所染，四、法仪，五、七患，六、辞过，七、三辩，八、尚贤上，九、尚贤中，一〇、尚贤下，一一、尚同上，一二、尚同中，一三、尚同下，一四、兼爱上，一五、兼爱中，一六、兼爱下，一七、非攻上，一八、非攻中，一九、非攻下，二〇、节用上，二一、节用中，二二、节葬下，二三、天志上，二四、天志中，二五、天志下，二六、明鬼下，二七、非乐上，二八、非命上，二九、非命中，三〇、非命下，三一、非儒下，三二、经上，三三、经下，三四、经说上，三五、经说下，三六、大取，三七、小取，三八、耕柱，三九、贵义，四〇、公孟，四一、鲁问，四二、公输，四三、备城门，四四、备高临，四五、备梯，四六、备水，四七、备突，四八、备穴，四九、备蚁附，五〇、迎敌祠，五一、旗帜，五二、号令，五三、杂守。

《墨子》五十篇，"兼爱"光不灭

《墨子》五十三篇中，《兼爱》《非攻》《尚贤》《尚同》《节用》《节葬》《天志》《明鬼》《非乐》《非命》《非儒》这十一组文章，多以"子墨子曰"开篇。应是墨家弟子的听课笔记，大致可以视作墨子的著作。

另有《耕柱》《贵义》《公孟》《鲁问》《公输》五篇，也是弟子们记录的墨子言行，体裁近于《论语》，当然也可视作墨子著述。

此外，《经》上下篇、《经说》上下篇以及《大取》《小取》这六篇，又被称为"墨辩"或"墨经"，文辞古奥难懂，内容涉及哲学、伦理学、逻辑学及自然科学（包含光学、力学、数学等内容）等，或说墨子自著，也有说是弟子、后学所撰。

至于列在《墨子》开篇的《亲士》《修身》《所染》等七篇，其中混杂着儒家、道家、名家、法家的思想，倒不一定是墨子所作。而后面的"城守"各篇（包括《备城门》《备高临》《备梯》《备水》《备突》《备穴》《备蚁附》《迎敌祠》《旗帜》《号令》《杂守》等与战争防御有关的十一篇），大致也都经弟子、后学整理而成，但还保存着老师的主要观念和主张。

回头来看，《兼爱》《非攻》《尚贤》《尚同》等十一组文章，作为墨学的核心文字，每题下又分为上、中、下三篇。三篇不但所论话题一致，内容、语句也时有重复，不免给人留下"车轱辘话来回说"的印象。学者分析说：这应是墨家分为三派的证据——三派弟子分别记录老师的讲课内容，又各有理解发挥。

《墨子》的编纂者只好把三派"笔记"一同收入。

就来看看《兼爱》三篇说些什么——"兼爱"就是无差别地爱所有的人。

《兼爱》上篇所讲的道理很简单：圣人治理天下，如同医生看病，先要找出天下混乱的病根儿，那就是"不相爱"："子自爱，不爱父，故亏父而自利；弟自爱，不爱兄，故亏兄而自利；臣自爱，不爱君，故亏君而自利，此所谓乱也！"反过来，父对子、兄对弟、君对臣，也都利己而亏人，这同样是乱因。可见"相爱"（也就是"兼爱"）有多重要！

这说的还是亲人、君臣，一家一国之内。至于盗贼只爱自家，不爱人家，因而盗窃人家财货以肥己；士大夫及诸侯侵扰别族、别国，损人利己，导致天下大乱，原因也都源自"不相爱"。

解决之道，自然是"使天下兼相爱"，包括"爱人若爱其身""视人家若其家""视人国若其国"，一句话：使天下"兼相爱"，则"国与国不相攻，家与家不相乱，盗贼无有，君臣父子皆能孝慈，若此，则天下治"。结论是：

> 故圣人以治天下为事者，恶得不禁恶而劝爱。故天下兼相爱则治，交相恶则乱。故子墨子曰："不可以不劝爱人者，此也。"（《兼爱上》）

◎恶：第一个"恶"读 wū，何，怎么。后两个"恶"读 wù，憎恨。劝：劝勉，鼓励。

这里是说：那些以治理天下为己任的圣人，怎能不禁止相互仇恨，鼓励相亲相爱呢？所以说，天下因人们相亲相爱而太平，又因人们相互仇恨而混乱。因此墨子说：不能不鼓励人们相爱，道理就在这里。

这段话，道理简单，文字通俗，今天的读者不翻词典也能看得明明白白。

楚王爱细腰，齐宫多恶衣

《兼爱》中篇与上篇大同小异，讨论如何消弭"不相爱"这个"天下之害"。

墨子的回答仍是"以兼相爱、交相利之法易之"（易之：改变它）！墨子又自问自答说：兼爱确实好，但做起来难不难呢？并不难，全看在位者的态度了。——打仗也挺难，不是君主一高兴，就驱使百姓打起来了吗？

怕人不信，墨子举了三个例子，来证明君主意志的重要性：当年晋文公倡导节俭，喜欢简朴的服饰。于是大臣们都穿着光板羊皮袄，用毫无修饰的皮带系着宝剑，头戴白布帽子，就这样进见君主，弄得朝会跟办丧事似的。怎么会这样呢？还不是因为国君喜欢吗？

再如楚灵王喜欢细腰的士人，于是他的臣下每天只吃一顿饭，每回扎腰带前总要深吸一口气，直饿得扶着墙才能站起来。一年之后，满朝大臣都脸色发黑——怎么会是这样呢？还不是因为君主喜欢吗？

还有，越王勾践喜欢士人勇敢，为了试探和训练武士，他点燃一条船，告诉他们：越国的宝贝全在这儿，并亲自擂鼓激励武士。武士们争先恐后地冲上火船，当场烧死一百多，这才鸣金收兵。（文摘五）——墨子总结道：

乃若夫少食、恶衣、杀身而为名，此天下百姓之所皆难也。若苟君说之，则众能为之。况兼相爱、交相利，与此异矣！夫爱人者，人亦从而爱之；利人者，人亦从而利之；恶人者，人亦从而恶之；害人者，人亦从而害之。此何难之有焉？特上弗以为政，而士不以为行，故也。（《兼爱中》）

◎苟：如果。说：通"悦"。

像这样节缩饮食、身着破衣乃至牺牲性命来求得名声，是

《墨子》书影

天下百姓难以做到的。但只要君主喜欢，众人就都能做到。更何况"兼相爱、交相利"与此不同——爱人的，人家也会爱你；让人得利的，人家也会让你得利。反之，憎恶别人的，别人也会憎恶你；损害别人的，别人也会损害你。所以说，兼爱利他又有什么难的呢？只不过君主不把它用于政事、士大夫不把它付诸行动罢了！

你看，墨子虽然出身底层，可讲起道理照样引经据典，说得头头是道。语言又是那么朴实无华——面向底层的宣传，当然不能太深奥。

以下墨子又举古代圣君夏禹和周文、周武的例子，说明这样的事古人早已做过。"此圣王之法，天下之治道也，不可不务为也！"

【文摘五】

晋文公好恶衣（《墨子》）

昔者晋文公好士之恶衣，故文公之臣，皆牂羊之裘，韦以带剑，练帛之冠，入以见于君，出以践于朝。是其故何也？君说之，故臣为之也。昔者楚灵王好士细要，故灵王之臣，皆以一饭为节，胁息然后带，扶墙然后起。比期年，朝有黧黑之色。是其故何也？君说之，故臣能之也。昔越王勾践好士之勇，教驯其臣，和合之，焚舟失火，试其士曰："越国之宝尽在此！"越王亲自鼓其士

而进之，士闻鼓音，破碎乱行，蹈火而死者，左右百人有余，越王击金而退之。（节自《兼爱中》）

◎恶衣：粗陋的衣服。牂（zāng）羊：母羊。韦：皮。练帛：未经染色的素帛。践：这里有陈列、聚会之意。◎细要：细腰。胁息然后带：吸气之后再系腰带。◎期年：一年。◎和合：聚集，会合。◎破碎乱行：这里形容争先恐后之状。碎，当作"阵"。击金：鸣锣收兵。

"兼"与"别"的辩证

《兼爱》下篇，墨子还提出"兼"与"别"的概念——"兼"的本义是同时顾及自己和他人；"别"在这里指只顾自己。

墨子设想有两位士人，一人"执（主张）别"，一人"执兼"。执别的这位说：我和朋友毕竟是两个人，我怎能把朋友的身体当自己身体、把朋友的双亲当自己双亲呢？也正因如此，当看到朋友挨饿、受冻、生病、死亡时，也就不能为他送饭送衣、侍养安葬——倒也算是言行一致！

而那位"兼士"呢？他的言行正相反，说是我听说天下的高士总能把朋友的身体当成自己身体、把朋友的双亲当成自己双亲，所以看见朋友挨饿受冻、疾病死亡，便去送米赠衣、侍病安葬，说到做到。

做了这样的假设之后，墨子问道：而今有一处平原旷野，有人将披盔贯甲去出征，生死未卜；又有士大夫奉君命出使遥远的巴越齐楚，这一去前途渺茫。那么请问：不知他会如何安排家人、奉养父母、寄顿妻儿？是拜托"兼士"呢，还是拜托"别士"？我认为，在这个节骨眼儿上，无论多么愚蠢的男女，哪怕他自己否定兼爱主张，也一定会把家人托付给"兼士"。——辩论起来就否定"兼士"，寻找可靠的人又专挑"兼士"，这是言行不一啊！真不明白，为啥天下人一听"兼爱"主张就反对呢？（文摘六）

墨子继而又设想人们对君主的选择，所用逻辑与择士一样：一位君主"执兼"，一位君主"执别"。前者"必先万民之身，后为其身"（把万民的利益放到自己前头），对饥寒病死的百姓嘘寒问暖、养生送死，无微不至。另一位则正相反。于是墨子又问："今岁有疠疫，万民多有勤苦冻馁、转死沟壑中者，既已众矣。不识将择之二君者，将何从也？"——今年发生瘟疫，百姓多有因劳苦冻饿、辗转死于沟渠的，不知百姓将选择哪位君主来救助他们？

结论不用说："必从兼君是也！"墨子再次发问："不识天下所以皆闻兼而非之者，其故何也？"

答案很简单：人总喜欢从他人那里获得关爱和利益，又都吝于为他人付出关爱、输送利益，这种"言行费（费：音 fú，违背）也"的表现，倒也是人之常情。墨子为此设计了解决方案，便是说服并动员在位者做出表率——在《兼爱》下篇中，墨子为了说明君主意志对社会的巨大影响，仍举"楚（荆）王好小（细）腰""越王好勇"以及"晋文公好苴（jū）衣（粗劣的衣服）"的例子来说明——看来墨子在课堂上举的三个例子，给学生留下了深刻印象。

不过墨子想必也知道：若想说服当世君主舍己为人，要他做个"兼君"，怕比登天还难！

【文摘六】

寄家室于何人（《墨子》）

今有平原广野于此，被甲婴胄，将往战，死生之权，未可识也；又有君大夫之远使于巴越齐荆，往来及否，未可识也。然即敢问：不识将恶也家室，奉承亲戚、提挈妻子而寄托之，不识于兼之有是乎？于别之有是乎？我以为当其于此也，天下无愚夫愚妇，虽非兼之人，必寄托之于兼之有是也。此言而非兼，择即取兼，即此言行费也。不识天下之士，所以皆闻兼而非之者，其故何也？（节自《兼爱下》）

◎婴：围着，戴着。权：变化。◎巴越齐荆：都是远离中原的偏远之地。往来及否：去了是否能回来。◎恶（wū）：如何（处置）。奉承、提挈（qiè）：寄奉、扶持。妻子：妻与子。◎非兼之人：否定兼爱的人。◎言行费：言行相背。费，通"拂"，违背。

《非攻》：旗帜鲜明的反战宣言

提倡"兼爱"，自然就主张"非攻"——也就是反对战争，尤其是反对侵略战争。在《非攻》上篇，墨子借寓言引入正题，说有个人到人家园子里去偷桃李，大家听说了，都指责他；当官的抓住他，也必然惩罚他。为什么呢？因为他"亏人自利"。

至于偷人家鸡狗猪崽的，那不义的程度，比偷桃李的更甚。而进入牛栏马厩盗取人家牛马的，比偷鸡狗猪崽的又进一层。更甭说杀害无辜、剥人衣服、夺人兵器的，天下君子都知道这是大不义的事！

墨子层层递进，至此话头一转说："今至大为不义攻国，则弗知非，从而誉之，谓之义，此可谓知义与不义之别乎？"——而今有人干着大不义的勾当去攻打别的国家，人们反不知谴责，还跟着赞美，说是符合道义。这能说知晓义与不义的区别吗？

如此有力地反问一句，墨子又着重描摹这种怪现象：杀一个人叫"不义"，要定成死罪；拿这个衡量，杀十个人便有十重不义，要定十回死罪；杀一百人更有百重不义，要定百回死罪！可为什么有人明知此理，还要把杀人无数的战争当成好事，记于史书、传之后世，这又怎么解释？

墨子是武士出身，通晓军事，对战争之害自然也最清楚。《非攻》中篇便是一篇反战檄文。

墨子说：如今兴兵打仗，冬天行军怕冷，夏天行军怕热，所以打仗一般不在冬夏进行。春秋就可以吗？春天打仗耽误百姓的春耕播种，秋天打仗荒废了百姓的秋收储藏。眼下荒废一季，百姓就会因饥寒冻饿而死掉一大批。

　　再算一下军备吧：打仗所用的竹箭、羽旄、帐篷、铠甲、盾牌、刀柄，一旦发放使用，损坏不能回收的数不胜数。加上戈矛、剑戟、兵车，用后破碎损毁的，不知又有多少。至于牛马牲口，出发时膘肥体壮，能回来的全都瘦弱不堪；死于疆场的更是无计其数。

　　战争需要动员民夫，因路途遥远，粮食运输跟不上。民夫们居处不安，饿死病死的又大有人在。打了败仗，军士阵亡无数。一家子年轻人死了，先辈鬼神无人祭祀，这样的事又多得不可胜数！

　　可为什么要打仗呢？无非是当权者图名贪利。墨子算了一笔账：打了胜仗获取的东西，不见得有用；而丧失的东西却更多。如今攻打周长三里的内城、周长七里的外城，不尽遣精锐、无所杀伤，能办得到吗？杀人多时，可达数万；少了也得几千，然后才把城池攻下来。

　　可是眼下那些万乘之国已经拥有数以千计的城镇，足供百姓居住；拥有数以万计的地亩，都开发不过来。如今倒好，让士兵白白去送死，全国也跟着遭罪，却是为了争夺一座没用的城池，这是摒弃不足（民众）而增益有余（地盘）啊！这哪里是治国的要务呢？

　　以下墨子又从正反两方面举例，说明战争为祸之烈。说你只看到楚、吴、齐、晋少数几个大国因战争而获利，没看到古今因战争而败亡的中小国家多着呢！有医生开个药方给上万人吃，其中有四五个痊愈的，你能说这是好方子吗？你敢拿来给爹妈吃、让君主尝吗？——这样的比喻虽然简单，却生动贴切，说服力极强！

墨子最后说："古者有语曰：'君子不镜于水，而镜于人。镜于水，见面之容；镜于人，则知吉与凶。'"（《非攻中》）——墨子这是以古人为镜，照见了战争的祸患与凶险，《非攻》篇也因而成为旗帜鲜明的反战宣言。

墨子义责公输盘

好战的君主们往往说一套做一套。嘴上说：我打仗不是要抢人家的金玉、子女、土地，是为了追求正义、以德服人！墨子说：若真的这么做，就该以信义结交各国；哪个大国不守道义，大家便联合起来对付它；哪个小国受人欺负，大家又一块儿去解救它：帮它修城池，送粮送钱给它，帮它抵御大国的侵凌！

墨子自己就是这么做的。《墨子·公输》篇就记录了墨子为救助弱国而做的一次实践。

公输名盘，是鲁国的能工巧匠——有人说他就是木匠的祖师鲁班。他曾用竹木制成鹊鸟，可以在天上连飞三天三夜不停歇。可墨子却说：你与其做那玩意儿，还不如做个车轴上的销子呢，三寸大小一块木头，能承载五十石的重量。你净做没用的东西，再精巧也是拙劣！

墨子看不上公输盘，还因为他热衷制造军事器械，曾发明了一种叫"钩强"的战具，装在战船上，既能钩住敌方战船，又能排拒对方。楚人利用他的发明，大败越国水军。这一回，墨子听说公输盘又帮楚人制造了攻城的云梯，准备用来攻打宋国。墨子立刻起身，日夜兼程走了十天，赶往郢都去见公输盘，与他展开一场辩论：

公输盘曰："夫子何命焉为？"子墨子曰："北方有侮臣者，愿借子杀之。"公输盘不说。子墨子曰："请献十金。"公输盘曰："吾义固不杀人。"子墨子起，再拜曰："请说之。吾从北方闻子为梯，将以攻宋。宋何罪之有？荆国有余于地，而不足于民。杀所不足，而争所有余，不可谓智；宋无罪而攻之，不可谓仁；知而不争，不可谓忠；争而不得，不可谓强；义不杀少而杀众，不可谓知类。"公输盘服。子墨子曰："然，胡不已乎？"公输盘曰："不可，吾既已言之王矣。"子墨子曰："胡不见我于王？"公输盘曰："诺。"（《公输》）

◎命：命令，要求。◎臣：墨子自称。◎说（"不说"）：通"悦"。◎十金：十镒黄金。镒为古代重量单位，一镒为二十两（或说二十四两）。古代金常指铜。◎说（"请说之"，shuì）：解说。◎梯：云梯，是一种攻城利器。◎知类：懂得事物的类比关系。◎胡：何。◎已：停止。◎诺：应答之词。

公输盘问墨子：先生有何见教？墨子说：北方有个人欺侮我，我想借助你的力量杀掉他！公输盘听了很不高兴。墨子又加上一句：不让你白干，我愿给你十镒黄金。公输盘说：我奉行道义，决不妄杀平人！

墨子站起身，对公输盘拜了两拜说：那就听我深入谈谈吧。我在北方听说你打造云梯，帮楚国攻打宋国。宋国有什么罪？楚国土地有余而人口不足。牺牲不足的人口，去抢夺多余的土地，不能说"智"；宋国没有罪却去攻打它，不能说"仁"；你明知不对却不去谏净，不能说"忠"；谏净而没能成功，不能说"强"；奉行道义不肯杀一个人，却要杀害众多生命，不能说懂得推理。

面对墨子一连串责问，公输盘理屈词穷，只好认输。墨子又问他：那为啥还不停止行动？公输盘说：不行啊，我已经对楚王说了。墨子说：干吗不引荐我去见楚王呢？公输盘答应了。

墨子救宋（王叔晖绘）

救宋功臣无处避雨

公输盘引墨子去见楚王，于是墨子与楚王间有了下面这番对话：

子墨子见王，曰："今有人于此，舍其文轩，邻有敝舆，而欲窃之；舍其锦绣，邻有短褐，而欲窃之；舍其梁肉，邻有糠糟，而欲窃之。此为何若人？"

王曰："必为窃疾矣。"子墨子曰："荆之地，方五千里，宋之地，方五百里，此犹文轩之与敝舆也；荆有云梦，犀兕麋鹿满之，江汉之鱼鳖鼋鼍为天下富，宋所为无雉兔狐狸者也，此犹梁肉之与糠糟也；荆有长松文梓，梗楠豫章，宋无长木，此犹锦绣之与短褐也。臣以三事之攻宋也，为与此同类。臣见大王之必伤义而不得。"王曰："善哉！虽然，公输盘为我为云梯，必取宋。"（《公输》）

◎舍：舍弃。文轩：装饰华美的轩车。敝舆：破旧车子。◎短褐：短麻衣。◎梁肉：精米肥肉。糠糟：糟糠，粗劣食物。◎荆：楚国。◎云梦：云梦泽，古代大泽，位于今湖北洪湖一带。犀兕（sì）：犀牛。一说"兕"为雌犀牛。鼋（yuán）：巨鳖。鼍（tuó）：扬子鳄。雉（zhì）：野鸡。◎长松、文梓（zǐ）、梗（pián）楠、豫章：都是名贵成材的树木。◎伤义：损伤道义。

墨子见面不提打仗的事，却扯起"闲篇"来，说如今这儿有个人，放着自家华美的车子不坐，偏盘算着去偷邻家的破车；放着自家的锦绣衣裳不穿，偏盘算着去偷邻家的粗麻短袄；放着自家的白米肥肉不吃，偏盘算着偷邻家的糠窝窝。这究竟是啥人啊？

楚王随口答道：这人一定患了偷窃病！墨子马上接口道：楚国江山纵横五千里，宋国土地只有五百里，这就像华车比破车。楚国的云梦泽中满是犀牛麋鹿，长江汉水盛产鱼鳖鼋鼍，天下无双；宋国呢，连山鸡、野兔、狐狸都没有，这又像大米肥肉比糠窝窝。楚国的名贵树木有长松、文梓、梗楠、豫章，宋国连棵像样的大树也见不到，这又像锦衣比麻袄。我认为以夺地、猎兽、伐木为目的去攻打宋国，跟这个有偷窃病的人没啥两样！我敢肯定，大王只会损害道义而一无所获！

楚王听了说：说得好！不过呢，公输盘已经替我造了云梯，我一定拿宋国试试这利器。——墨子听楚王说出这样不讲理的话来，便提出要跟公输盘来一盘"兵棋推演"，让楚王亲眼看看：靠着先进的军械，是否就能征服人家？

墨子解下腰带当作城墙，拿小木片代替攻守的器械。公输盘九次改变攻城策略，墨子九次挡住他的进攻。公输盘的攻城器械用尽了，墨子的守御战术还绰绰有余。公输盘束手无策，便说：我知道如何对付你，可是我不说！墨子也说：我也知道你会怎么对付我，我也不说。

楚王问其中缘故，墨子说：公输先生的意思，不过是要杀掉我。杀了我，宋国没人能防御，就容易攻打了。不过我的弟

山东滕州墨子塑像，风尘仆仆准备出发的样子

子禽滑厘等三百人已经带着我的守御器械在宋国城墙上严阵以待。你杀我容易，能杀尽所有人吗？话说到这份儿上，楚王只好认输：好吧，我放弃攻宋就是了。

墨子就这样成功阻止了一场侵略战争，挽救了无数生灵。他的成功，不仅凭借雄辩的口才、严密的组织、实用的战具，更凭借他的信心、毅力以及兼爱非攻的坚定信仰。

《公输》是《墨子》中最精彩的篇章之一，许多古文选本乃至中学语文课本也都选了这一篇。不过文章还有个意味深长的结尾，往往被选本省略：

子墨子归，过宋。天雨，庇其闾中，守闾者不内也。故曰："治于神者，众人不知其功；争于明者，众人知之。"（《公输》）

◎庇：通"避"。闾：里巷的门。内：通"纳"。

墨子调停成功，从楚国返回，路经宋国都城，赶上天降大雨。墨子要到闾门中避雨，看守闾门的人却不准他入内！文章至此感叹说：运用神机暗中用力的人，大众不了解他的功绩；

只有在明处抗争的，大家才知道他。

言外之意，一是感叹大众的愚昧，二是对墨子的颂扬——他不但理想宏伟、志向远大，而且能胼手胝足地去践行。至于个人的安危毁誉，他压根儿没放在心上！

反战是最大的"节用"

儒家重礼仪，凡事"穷讲究"。孔子对用餐的要求是"食不厌精，脍不厌细"；穿衣服也是一套一套的，上朝时有朝服，洗浴时有浴衣，单是冬季的皮衣就有羊羔皮的、鹿皮的、狐皮的……

出身底层的墨子看不惯这些，写了《节用》《节葬》，表明自己的立场。只是《节用》三篇的"下篇"已经佚失，《节葬》三篇也只剩了"下篇"。

据《节用》上篇说，圣人治理一个诸侯国，可以使国家的财富翻倍；治理天下，同样可以使天下的财富翻倍！怎样做到的呢？不抢不夺，也不用驱使百姓加倍劳作，单凭"去其无用之费"就能办到。

统治者花在衣裘、宫室、军备、车船上的费用，许多都是"无用之费"。譬如衣裘，本来是冬天御寒、夏天防暑就够了。如果单只让它光鲜华丽，而不能提高御寒防暑的效能，就应当削减相应的费用。

同样，宫室的兴建是为了冬日御寒、夏天避雨，铠甲盾牌戈矛等军备的制作准则是轻便锋利、坚不可摧，车船的制造标准是轻便坚固。这一切都无须光鲜华美，制造时只需注重实效、去掉装饰，便可节省大笔开支。这样一来，没有增加百姓的劳苦，财富却大有盈余。

在此基础上，再去掉王公贵族喜好聚集的珠宝玉器、珍禽异兽、名犬骏马之费，用来增加衣物、屋室、武器、车船的数量，使之翻倍，似乎不是啥难事（"有去大人之好聚珠玉、鸟兽、犬马，以益衣裳、宫室、甲盾、五兵、舟车之数，于数倍乎，若则不难"）。

说到这儿，墨子的答案已经很圆满了。然而墨子又提出新命题，说物质翻倍不难，让人口翻倍最难（"故孰为难倍？唯人为难倍"）！——春秋战国的君主们已经懂得：人多是一宝。有了人，就可以多创造财富、多缴纳赋税，君主的府库也会更充实。

墨子说，从前圣王规定，男子二十要成家，女子十五要出嫁。后来圣王不在了，规定也松懈了：有二十成家的，也有四十成家的；平均起来，要晚上十年。若以三年生一个孩儿计算，早成家能多生两三个孩儿，人口翻倍也就不成问题。

墨子感叹：今天的君王不懂如何让人口增多，可让人口减少的"本事"（"寡人之道"）倒不小！

今天下为政者，其所以寡人之道多。其使民劳，其籍敛厚，民财不足、冻饿死者，不可胜数也。且大人惟毋兴师，以攻伐邻国，久者终年，速者数月，男女久不相见，此所以寡人之道也。与居处不安，饮食不时，作疾病死者，有与侵就伏橐，攻城野战死者，不可胜数。此不令为政者所以寡人之道，数术而起与？圣人为政特无此。不圣人为政，其所以众人之道，数术而起与？（《节用上》）

◎寡人之道：使人变少的途径。寡，这里做动词。后文的"众人之道"意为使人变多的途径。◎籍敛：税收。◎惟毋：发语词，有时也作"唯毋""虽无"。◎有：又。侵就伏橐（tuó）：一说当为"侵掠俘虏"。◎不令：不善。数术而起：多种多样。◎不圣人为政："不"当为"夫"之误。

墨子说，今天这些当政者，把老百姓往死里使唤，又收取重税，让百姓没钱没粮，冻死饿死的不计其数。这还不够，君主们只知兴兵打仗，攻伐邻国。一开战，长的要一年，短的也得几个月。男人外出打仗，不能跟妻子团聚，自然就无法添丁进口。况且战争令百姓居处不安、饮食不周，生病死亡的又有不少。而士兵作战被俘或攻城野战而死的，更是数不胜数。你瞧，不善为政者减少人口的"办法"，真是花样繁多啊！而圣人为政绝不会这样做，他们让人口增加的法子也多得是。

讲"节用"，带出一篇"人口经济学"，最终又绕到"兼爱""非攻"的主张上。墨子渴望一个没有劫掠、没有战争的太平世界，人人都能安居乐业，男有室、女有归，生儿育女，家给人足，君主也不难获取人口财赋之利。

可是现实总是让墨子失望。战国时期战祸连连，统治者的野心越发膨胀。墨子声嘶力竭的呼号声，被淹没在战争的喧嚣里。——然而他的思想光辉没有被掩蔽，凭借着《墨子》一书，光照后世。

"节葬"易俗，死生之利

《节葬》三篇虽只剩了"下篇"，篇幅却格外长，有三千字。

墨子说，孝子衡量一种事物及习俗的对错，应从三方面来看：能让父母摆脱贫困吗？能使家庭人丁兴旺吗？能让家族得到治理吗？而仁人治国，也无非考虑这三点。

就来看看丧葬习俗吧。古代有"厚葬久丧"之俗，流传既久，根深蒂固。儒家尤其看重这个。对此，孔子和弟子们曾反复讨论。这也是墨家与儒家论辩的焦点之一。

墨子先说厚葬之害：王公大人死了，不光棺材一层又一层，埋得还要足够深，随葬的衣被锦绣繁复、奢华无比，坟头也是越大越好。

厚葬习俗影响到小民，会让他们倾家荡产。对于诸侯，则会耗尽府库财物：把金玉珠玑缀满死者全身，还用丝绸缠裹；以真车真马入墓随葬，墓中还陈列着帷幕、鼎彝、钟鼓、几筵、酒壶、浴盆，连同戈剑、毛羽、兽齿、皮革也统统放进去，这才心满意足。有时更要杀人殉葬：为天子殉葬的多则几百，少则几十；为将军大夫殉葬的，也要几人、几十人！因此说，厚葬之患，足以使百姓及国家"脱富致贫"。

"久丧"是指活人为死人长期守丧。守丧有守丧的规矩：哭时要声嘶力竭，孝子则披麻戴孝、涕泗交流，住在居丧的简陋棚子里（那叫"倚庐"），以茅草为褥，以土块为枕〔那叫"寝苫（shān）枕块"〕。大家比着少吃东西、少穿衣服，忍饥受冻，以表示内心的悲痛赛过一切！以致把活人搞得形销骨立、脸色发黑、耳聋目昏，手脚不听使唤。贵族居丧，更要有人搀扶才能起立，拄着拐杖才能行动。这样的活动，一搞就是三年！

结果怎么样？王公大人守丧三年，肯定不能上早朝，当然也不能管理五官六府、主持开荒种地、充实国家粮仓。农民守丧三年，肯定不能早出晚归、耕田种地。百工守丧三年，肯定不能修造车船、打制器皿。妇女守丧三年，也肯定不能早起晚睡、纺织缝纫。

给"厚葬"算一笔账，要埋掉多少财物？给"久丧"算一笔账，要耽误多少光阴？现成的财物，拿去埋掉了；活生生的人，却被禁止生产。靠这个还要求富，就像禁止人种地却要人拿出收成来一样。而为国求富自然成了一句空谈！

滕州墨子纪念馆之目夷亭，目夷是宋国贵族，墨子的先祖

当然，求富不行，那么使人丁兴旺做得到吗？同样做不到。你看，国君死了要服丧三年，父母死了要服丧三年，妻子、长子死了同样要服丧三年。然后是伯伯、叔叔、兄弟、庶子，这些亲戚死了，也要服丧一年。同族远亲死了，要服丧五个月；姑姑、姐姐、外甥、舅舅死了，又要服丧……

这么一来，人们要常常挨饿、受冻，面黄肌瘦，四肢无力，夏天扛不住热，冬天耐不得冷，生病而死的，不计其数。服丧还影响了男欢女爱，所以说一边实行厚葬久丧，一边还想让人丁兴旺，那就像伏于刀剑之下还想长生一样！

国贫民寡，天下必乱，大国来攻，又如何应付？国贫民寡，祭祀"上帝鬼神"也便草草了事；"上帝鬼神"因此降祸，也就不可避免。

"厚葬久丧"的弊病明摆着，那么应该如何改革呢？

子墨子制为葬埋之法，曰："棺三寸，足以朽骨；衣三领，足以朽肉。掘地之深，下无菹漏，气无发泄于上，垄足以期其所，则止矣。哭往哭来，反，从事乎衣食之财，俋乎祭祀，以致孝于亲。"故曰：子墨子之法，不失死生之利者，此也。（《节葬下》）

◎菹（jǔ）漏：浸湿透水。菹，同"沮"，润湿。垄：坟垄，坟堆。期：标志。◎反：同"返"，回家。事：从事，生产。俋（èr）：资给，供给。

墨子提出新的丧葬制度：棺木的用材只需三寸厚，便足以保证尸骨朽了棺材还不坏；衣服只需三层，便足以保证肌体腐烂衣服还不朽。墓穴的深度，只要下面不渗水，上面不漏气，就可以了。坟头的大小足以标识处所，也就够了。送丧时，人们哭着去、哭着回。回来后就专心种地织布、从事生产。生产的物品，一来供给祖先祭祀，二来孝顺双亲。因此说，墨子的丧葬主张既不会损害死者，也不会损害生者。

墨子迷信上帝鬼神，人们说他"唯心"；然而在丧葬制度方面，他却是彻底的"唯物主义"。

《非命》：墨子不认命

墨子的内心有点"纠结"：他一方面信奉上天鬼神，写了《天志》《明鬼》等篇，论证上天意志及鬼神的存在；另一方面又否认"命"，认为世上没啥是命定的。

还是听听墨子怎么说的吧。《墨子》有《非命》三篇，是专门讨论"天命"的。依墨子的说法，主张凡事命定的人（"执有命者"）多在民间。他们常挂在嘴边的话是：命里富有便富有，命里贫穷便贫穷；命里人多就人多，命里人少就人少；命里安定便安定，命里混乱便混乱；命里长寿就长寿，命里短命就短命……墨子说：这种论调很糟糕，不能不做一番辨析。

按墨子的意见，说话要有准则，"有本之者，有原之者，有用之者"，这叫"三表"。"本之者"就是考察根本的，追溯历史，要阅读"先王之书"，如宪章、刑律、誓词等。你可以看看，这三种典籍里有没有"福不可请，祸不可讳，敬无益，暴无伤"（福不可祈求，祸不能避免，恭敬没益处，凶暴无妨害）的说法？墨子这里所引述的，正是"执有命者"的主张。他们认为凡事早有命定，人的行为无法与命抗拒，所以管他行善还是作恶，随波逐流就是了！这也正是墨子所担心的。还好，墨子指出："先王之书"中并没有这样的话！

再看"原之者"，那是指向下考察百姓耳闻目见的事实。墨子举了商汤和周文王的例子，证明有道义者因能"兼所爱、交相利"，所以能得到上帝鬼神的护佑及百姓的拥护，跟"命"也没啥关系。

而圣王颁布奖惩制度，使贤良受奖励、凶暴受责罚，这些也并不是命里注定；否则，人人认命，谁又肯积极上进？——这又是"用之者"，即从实践的角度来探讨天命问题。

墨子还指出，命定之论是"凶言之所自生，而暴人之道也"（恶言产生的根源，凶暴者的歪理邪说）。为什么这么讲呢？你看，古代有些穷极无聊的家伙，因好吃懒做而缺衣少食、饥寒交迫，他们不肯承认现状是自己怠懒无能、四体不勤造成的，偏要说"我命固且贫"，把一切归咎于天命。同样，那些暴君因贪淫邪僻、不顺双亲而亡国，也归结于"吾命固失之"。这话有多荒谬！

墨子最后说：如今若听从"执有命者"的话，那么在上位的不用心管理，在下位的不努力工作，导致政治混乱、财用匮乏，对上没有酒食祭品供奉上帝鬼神，对下没有财物安抚天下贤士，对外不能接待诸侯宾客，对内不能拯救饥寒、抚养老弱。这可是"天下之大害"啊！

在我们看来，信奉天地鬼神和信命认命，不都是迷信吗？墨子却厚此薄彼，是不是有点心智"分裂"呢？然而墨子却告诉我们：信奉天地鬼神是要人们通过努力去顺应天道，是积极的；"执有命者"则是一味信命，放弃了人为的努力以及对善恶的分辨，是消极的。

墨子生活在两千五百年前，那还是普遍相信鬼神的时代，墨子也很难摆脱时代思想的羁绊。不过他已经开始进行反思，对凡事命定之说提出强烈质疑。——他用一生的不懈抗争与积极行动，为"非命"命题写下了最好的注脚！

墨家逻辑：两害相权取其轻

墨子的核心主张，基本包含在《兼爱》《非攻》等十一组文章里。《墨子》开头的七篇：《亲士》《修身》《所染》等，反而不是墨子所作，应是墨家后学撰写的。有些是对墨子观点的发挥，中间还混杂着其他学派的观点。

此外，《墨子》中又有《经》（上、下）、《经说》（上、下）、《大取》、《小取》等篇。——儒家不是有"六经""十三经"吗？墨家也有"经"，就是上述这六篇。更准确地说，《经》和《经说》才是"墨经"，《大取》《小取》是墨家后学对《经》和《经说》的讨论。

我们先来看看《大取》《小取》，这两篇主要是对墨家伦理学思想和逻辑学思想的阐发，不少论述十分精辟。

例如讲到对"利"和"害"的权衡去取，说"于所体之中而权轻重之谓权"（在所经历的事物中权衡利害的轻重大小，这叫"权"）。"权"既非肯定，也非否定，乃是权宜之计。

举例来说，如果斩断一个手指可以保住手腕，那还是斩断手指吧！斩断手指当然是"害"，可是比断掉手腕的"害"要小，因而又变成了"利"。这就叫"利之中取大，害之中取小"。我们常说"两害相权取其轻"，便由此而来。

文中还有一些逻辑学论题，如："小圆之圆与大圆之圆同。不至尺之'不至'也，与不至钟之'不至'异。其'不至'同者，远近之谓也。"这是说：小圆的圆和大圆的圆是相同的（不同的只是直径的长短）。不到一尺的"不到"跟不到一钟的"不到"是不同的（因为尺是长度单位，钟是容量单位）；那么有没有相同的"不到"呢？当然有，如果同是测量远近的"不到"（如不到一尺跟不到一丈的"不到"）才是一致的。

《小取》中也有这类题目，像"之马之目眇，则谓'之马眇'；之马之目大，而不谓'之马大'。之牛之毛黄，则谓'之牛黄'；之牛之毛众，而不谓'之牛众'"。这是说：这匹马的眼睛瞎了，可以说"这马瞎"；可马的眼睛大，却不能说"这马大"。同样，这头牛的毛色是黄的，可以说"这牛黄"；而这头牛的毛很多，却不说"这牛多"。

这些论辩题目看似"无聊"，却都涉及思维逻辑、语言逻辑。而逻辑思维是学术及科学发展不可或缺的工具。中国传统文化有着重道德伦理、轻逻辑思维的倾向，这也是中国古代科技不够发达的原因之一。因而墨家（还有名家等）在这方面留下的遗产，就显得格外宝贵。

《大取》《小取》中还有不少可贵的内容，如提出说话、思考有三条基本规律："故"（理由）、"理"（推论合理）和"类"（分清事物类别）。再如提出不少逻辑概念，像"或""假""效""譬""侔""援""推"等，都显示了墨家思维的缜密。

只是这门学问在后世没能得到重视，本来挺旺的薪火却因无人传递而渐渐熄灭了，实在可惜！

《经》与《经说》：科学原理早知道

回头再来说《经》。《经》分上下篇，语言古奥，不易读懂。所幸又有《经说》上下篇与之相对应，那是对《经》文的解说。举《经》（上）第一条为例：

【经】故，所得而后成也。

【经说】故。小故：有之不必然，无之必不然。体也，若尺有端。大故：有之必然，无之必不然。若见之成见也。[《经（上）、经说（上）》]

"故"即缘故、原因。《经》文的意思是："故"是得到它就能形成结果的东西。《经说》则进一步解释："故"又分"小故""大故"。小故是有了它不一定能形成某种结果，但没有它就必然没有某种结果；它只是整体中的部分，就像端点之对于线段（只有端点不一定有线段，没有端点肯定没有线段）。大故呢，有它就一定有某种结果，没它就一定没有某种结果。例如"看见"的原因具备了，"看见"就成了事实。

这里讲的是逻辑学问题，"小故"应即逻辑学中的"必要条件"；而"大故"应即"充分必要条件"。——我们今天坐在课堂里学习这些概念时，应该知道，两千年前的墨子师徒也曾讨论过。

更让现代读者惊讶的是，"墨经"中还有对几何学、力学、光学、天文学等学科内容的讨论。像这一条：

【经】圆，一中同长也。

【经说】圆：规写交也。[《经（上）、经说（上）》]

这里讨论的是几何学问题。《经》文说："圆"是什么？就是有个共同的中心（圆心），而线条上的各点与圆心距离相等。《经说》则换个角度解释："圆"就是用圆规所画的封闭的图形。

也有光学方面的阐述：

【经】景倒，在午，有端与景长，说在端。

【经说】景。光之人，照若射。下者之人也高，高者之人也下。足蔽下光，故成景于上。首蔽上光，故成景于下。在远近、有端与于光，故景库内也。[《经（下）、经说（下）》]

◎景：通"影"。午：交错。端：小孔。◎库：窟，窟穴，黑暗封闭的环境。

《经》文说：形成倒置影像，在于光线的交错。条件是有一小孔，有一定长度的影像，关键在于小孔。《经说》进一步解释说：有光射于人身，光线照射如同射箭。人影的下部形成于高处，人影的上部形成于低处。因为脚部的平行光线被挡住，所以影像反而在上；头部的平行光线被挡住，所以影像反而在下。倒影形成的条件是物的距离远近适当，壁上有小孔，再加上光线直射，倒影便能在窟室内形成。

"下者之人也高，高者之人也下"，怎么会有这样的事？原来，《经》中所讲，是光学中的"小孔成像"原理：用一只纸盒，在一侧扎一小孔，使之正对阳光下的人物、风景；如果你此时身处盒中，就会看到小孔另一侧的盒壁上有人物或风景的倒影出现！

现代照相机的发明，便是利用这个原理。今天，一些照相馆仍在使用老式照相机，摄影师在显示屏上见到的，便是倒置的影像。人们大概想不到，其中原理，两千多年前的老祖宗已经"门儿清"！

"城守"诸篇：军事科学开先河

主张"兼爱""非攻"的墨子，其实是真正的军事家。不过他重点研究的是防御，而非进攻。《墨子》最后十一篇统称"城守"，包括《备城门》《备高临》《备梯》《备水》《备突》《备穴》《备蚁附》《迎敌祠》《旗帜》《号令》《杂守》篇，相当于一部面面俱到的"守城指南"。

《备城门》主要讲利用城墙进行防卫的战术与技术。文章以墨子跟学生禽滑厘对话的形式展开，师徒二人讨论在兵连祸结的战国乱世，小国弱国如何抵御大国侵略、保存自己。

墨子提出防守的前提有十四项：城墙高厚，城壕深阔，城楼坚固，防守器械精良，粮足柴多，官民亲和，能臣众多，君主仁信，百姓安乐；此外，父母的坟墓在此，山泽物产丰富，地势易守难攻，人人同仇敌忾，君主赏罚分明……墨子说，这十四条如果连一条都不具备，那就放弃算了。

具体到守城的方法，还有详尽的技术要求。单说城门吧，就有许多说道。如城门上要设置"悬门"，那应该是一种可以垂直开闭的城门。此门长两丈，宽八尺，有两扇，中间重叠处有三寸。底下是一丈五尺的深沟。沟旁建一悬空小屋，内置一人管理悬门。门上有绳索，是用来操纵悬门开闭的。门扇上还钉有长铁钉，涂上厚厚的泥，以防敌军火攻。另外还备有麻斗、革盆、水缸等，用来储水，以备救火之用。

城门是用坚实的木料纵横交错打制，外包铁叶。上下两根门闩也用铁皮包裹，极为坚固。门闩上还要用二尺长的大锁锁住，贴上盖有太守大印的封条，派人常巡视，以防有人私自开启。

另外，凡守门者，不能随便挟带斧、凿、锯、锤等——这是为什么？是怕有人从内破坏城门跟敌人里应外合吧？

至于城头上，又设有"渠"和"答"，那是类似船上桅杆与船帆的东西，是用竹或稻草编成的，除了可以抵挡敌方的箭矢、石块，还可用来回收敌方箭矢。后世小说《三国演义》中的"草船借箭"之计，墨家早有实际运用。

本方的防御武器中，则有梃、长斧、长锤、木弩、箭等。此外，每一段城墙上还预备十五斤重的石块五百块，其他如蒺藜、砖头、瓦块等，越多越好。另外还预备了火炬、水缸、茅草绳、柴火、铁锅、沙子等。铁锅是用来烧开水浇烫攻城之敌的，火炬则供夜战照明用。一旦听到城外有敌人进攻的鼓声，便点燃火炬；再听到鼓声，便把火炬插到预先凿好的孔中，城下顿时照如白昼，敌人的一切活动也便一览无遗！

城墙上下的各种守御设施还多得很，连厕所的设置，都考虑得很周到。守城需要兵力，关键时刻，城中男女老少也要动员登城。不过墨子对此早有算计：十万大军攻城，一般分为四路纵队，纵队进攻面横宽五百步——过窄则对攻方不利。而遇到这样一支纵队，守方调集壮年兵丁一千人、女子两千人、老小一千人，就足以对付了。

在当时的条件下，还有更先进的武器装备呢，就是文中提到的"转射机""掷车"之类。掷车应是利用杠杆原理来投掷石块、火把、蒺藜等。有着如此完备的防守器械和先进的技术、战术，难怪墨子面对剑拔弩张的楚国君臣显得那样底气十足！

《备高临》篇则是讲述如何防备敌方筑起高台，居高临下攻城；那是古代攻城常用的战法。《备梯》则叙述如何抵御敌方用云梯攻城——《公输》篇中墨子便与公输盘当面进行过云梯攻防的"兵棋推演"。《备水》是研究如何对付敌方以水攻城。《备突》是防备并抵御敌方袭击突门的方法——"突门"

是正式城门以外的秘密出口。《备穴》篇则讲述如何防备敌方挖掘地道以攻城。《备蚁附》是探讨抵御敌方像蚂蚁一样密集地爬城进攻。

《迎敌祠》讲战前如何祭祀、誓师，《旗帜》讲旗鼓、着装、徽章、信符等内容。《号令》篇涉及防卫战的指导思想以及守城军队的军纪军规、禁令、奖惩等。最后一篇《杂守》，杂述与守城相关的种种事项。

前面说过，"城守"各篇大约是墨家弟子、后学整理而成，总结了墨子及弟子几代人在反侵略战争中总结的经验，读着这样的文字，不由你不想到"军事科学"这样的字眼儿，并为祖先在这方面显示的聪明才智击节赞叹！

在"汉志"中，墨家的排位跟《庄子·天下》篇一样，紧随儒家之后。班固说：墨家出于"清庙之守（官）"，也就是肃然清静的宗庙之官。他们的种种主张，是由宗庙之官的职守中衍生出来的。——这当然也只是一家之言。

不过到了《四库总目·子部》中，墨家的独立门类被取消，墨家经书《墨子》被归入"杂家"类"杂学"之属。比起"道家"被贬斥到"子部"末尾，"墨家"的"灭门之祸"更令人唏嘘！

辑四 《荀子》：劝学辩性，兼及儒法

荀子其人其书

儒家典籍自汉代起，便在皇家藏书中占据压倒性位置。"汉

志"已将儒家典籍神圣化，打头的"六艺略"便是一座儒家经典库。这还不够，"诸子略"中仍由儒家牵头，所收儒家著作五十三家、八百多篇，内中包括先秦典籍《晏子》、《曾子》、《漆雕子》、《公孙尼子》、《孙卿子》（即《荀子》）等。又因《孟子》那时尚未升格为"经"，也厕身其中。另有秦以后的儒学著作《贾谊》《董仲舒》等。

至《四库总目·子部》十四类中，同样由"儒家"类占据头把交椅，"儒家"类共收儒家典籍一百二十部，另有存目作品三百零七部。跟"汉志""隋志"比较，增加不少汉以后的儒学阐释之作，尤其是宋儒程颐、程颢及朱熹等大家之作。

这里重点谈谈荀子，他是先秦儒家的最后一位大师，大约生于公元前 313 年，卒于公元前 238 年。那时孔子已去世一百六十多年，孟子虽然在世，也已年届花甲。

荀子名况，人们尊称他"荀卿"。然而死后一百多年，他竟被改了姓，称"孙卿"。原来，那时正值汉宣帝刘询在位，"荀"字触犯了皇帝的名讳，同音字也不行！至于荀子的籍贯，一说今山西运城临猗县（赵国郇），一说河北邯郸。

一生饱读诗书的荀子

荀子

最服膺孔子，却又不肯盲从。对诸子的学说，他有汲取也有批判；就连儒学大师孟子，他也要批评几句哩。

相传他曾到齐国稷下学宫担任"祭酒"。稷下学宫是世界上最早的"大学"，聚集着当时第一流的学者。在那里，人们各抒己见、自由论辩，学术气氛十分浓厚，史称"百家争鸣"。"祭酒"则相当于这所"大学"的校长，是当时学术界的"掌门人"！

荀子那时年已五十，德高望重，满腹经纶，"最为老师"（是最有权威的老学者），做祭酒当然够格。

然而"木秀于林，风必摧之"。荀子因遭人诽谤，不得不离开稷下学宫，去了楚国。楚国正值春申君执政——就是与平原、孟尝、信陵合称"战国四公子"的那位。春申君爱才如渴，聘请荀子出任兰陵县令。不过春申君一死，荀子的县令也当不成了。然而他依旧住在兰陵著书立说。这前后，他还去过赵国和秦国，并对秦国的政治表现出极大兴趣。荀子最终老死兰陵，至今那里还有他的坟墓。

跟孔孟一样，荀子也授徒教学，他的弟子中不乏名人。其中一位是李斯，后来做了秦相，辅佐秦始皇统一天下。另一位是韩非，也是位大学者，名气不在老师之下。其实这两位弟子都秉持法家理念，韩非更是法家理论的集大成者。于是有人对荀子的儒家身份提出质疑，认为他的儒家主张不够纯粹，否则怎么会教出"异端"学生？

荀子的文集《荀子》今存三十二篇——据说原来有三百多篇，后经刘向校订，只保留了十分之一。刘向为它取名《孙卿新书》，后来又称《孙卿子》和《荀子》。

据考书中篇目大半为荀子所写，不过也有比较可疑的，如《仲尼》《君子》《大略》《宥（yòu）坐》等八篇，大概是门人后学的作品。——除了《仲尼》《君子》，其他几篇都排在书尾，辨认起来并不困难。

附录：

《荀子》目录

一、劝学，二、修身，三、不苟，四、荣辱，五、非相，六、非十二子，七、仲尼，八、儒效，九、王制，一〇、富国，一一、王霸，一二、君道，一三、臣道，一四、致士，一五、议兵，一六、强国，一七、天论，一八、正论，一九、礼论，二〇、乐论，二一、解蔽，二二、正名，二三、性恶，二四、君子，二五、成相，二六、赋，二七、大略，二八、宥坐，二九、子道，三〇、法行，三一、哀公，三二、尧问。

《劝学》篇：青出于蓝，登高望远

《劝学》是《荀子》头一篇，几乎无人不晓。凡是接受过义务教育的孩子，大多都能朗朗背诵：

君子曰：学不可以已。青，取之于蓝，而青于蓝；冰，水为之，而寒于水。木直中绳，𫐓以为轮，其曲中

规，虽有槁暴不复挺者，輮使之然也。故木受绳则直，金就砺则利。君子博学而日参省乎己，则知明而行无过矣。(《劝学》)

◎已：停止。◎青：靛青，是一种青黑色的染料。蓝：蓼蓝草，叶子可以提取靛青染料。◎中绳：符合墨线。輮（róu）：通"煣"，使直木变弯的一种工序。规：圆规。槁暴（gǎopù）：风吹日晒使之变干枯。槁，干枯。暴，同"曝"，晒干。◎金：金属，这里指刀斧等。砺：磨刀石。◎参省（xǐng）：多次反思、省察。参，通"三"。省，察。知：通"智"。

《劝学》一开篇，荀子便亮明自己的观点：学习是没有止境的，不可半途而废。接着便是一连串比喻：靛青颜料是从蓼蓝草中提取的，却比蓼蓝草的颜色更深湛；冰是水凝结成的，却比水更寒冷。木材笔直，合于墨线，经过烘烤，弯曲成车轮，可以符合圆规的要求，即使再经风吹日晒，也不会挺直，这是烘烤的力量。

荀子这是强调学习的作用和功效：由蓼蓝草提炼靛青，让水经寒变成冰，把木材烘烤搣弯，

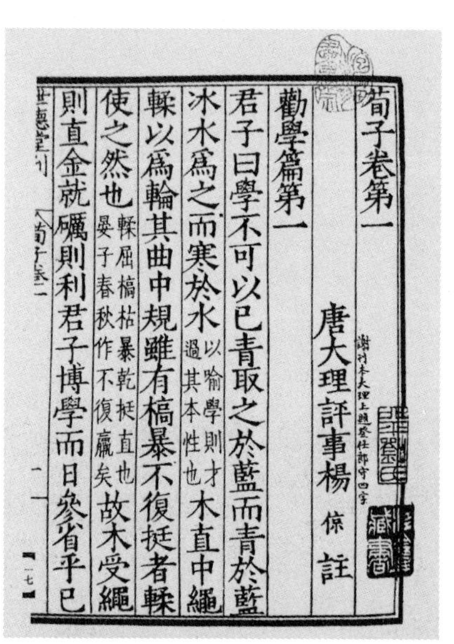

《荀子》书影

拿刀斧在磨石上研磨，都相当于学习的过程。学习可以改变事物的性状、提高品质，让无用变成有用——人又何尝不是如此呢？立志做君子的，更需要广泛地学习（"博学"），不断省察磨炼自己，才能达到智慧明达、行为正确的更高境界！

荀子又指出：君子的学习还应扩展眼界、选择环境。他说：

故不登高山，不知天之高也；不临深溪，不知地之厚也；不闻先王之遗言，不知学问之大也。干、越、夷、貉之子，生而同声，长而异俗，教使之然也。（《劝学》）

◎干、越、夷、貉（mò）：干、越指春秋时的吴、越两国，夷、貉分别指古代居住在东方及东北方的少数民族。长（zhǎng）：长大成人。

这是说，人只有登上高山，才能真正体会天的高远开阔；只有来到深谷，才能体察大地的厚重渊深。同样道理，不聆听先王的古训遗言，就不能体会真正的学问有多宏大。想想吧，吴国、越国、夷族、貉族的孩子出生时，哭声全都一样，可长大后习俗完全不同。什么原因呢？还不是后天的教育、环境的熏陶起着决定性作用。

荀子又提出：知识如工具，善于利用者，可使自己变得更强大。这里依然用比喻来表述：

吾尝终日而思矣，不如须臾之所学也；吾尝跂而望矣，不如登高之博见也。登高而招，臂非加长也，而见者远；顺风而呼，声非加疾也，而闻者彰。假舆马者，非利足也，而致千里；假舟楫者，非能水也，而绝江河。君子生非异也，善假于物也。(《劝学》)

◎跂（qǐ）：踮起脚跟儿。◎疾：这里指声音加强。彰：显明，清晰。◎假：借助，利用。舆马：车马。◎绝：横渡。

通俗的语言，朴素的比喻，几乎不用翻译便能读懂。

"积善成德，神明自得"

接下来，依然借着比喻，荀子又进一步分析选择环境的重要性：

南方有鸟焉，名曰蒙鸠，以羽为巢，而编之以发，系之苇苕，风至苕折，卵破子死。巢非不完也，所系者然也。西方有木焉，名曰射干，茎长四寸，生于高山之上，而临百仞之渊，木茎非能长也，所立者然也。蓬生麻中，不扶而直；白沙在涅，与之俱黑。兰槐之根是为芷，其渐之滫，君子不近，庶人不服。其质非不美也，所渐者然也。故君子居必择乡，游必就士，所以防邪辟而近中正也。(《劝学》)

◎蒙鸠（jiū）：鹪鹩，又名"巧妇鸟"。苇苕（tiáo）：芦苇的嫩条。◎完：完整坚固。◎射（yè）干：一种草本植物。

◎蓬：蓬草。麻：一种植物，秆高而直，皮可纺绩成布。◎涅：黑土。◎兰槐：一种香草，又名白芷。渐：浸渍。潃（xiǔ）：溺，尿。服：佩戴。◎就：接近。

南方的蒙鸠鸟拿羽毛筑巢，用毛发编织缠绕，不能说不结实。可它把巢系在芦苇的嫩条上，风一吹，苇条折断，就难免蛋破雏亡。问题在于巢筑没选对地方。西方有一种射干草，草茎只有四寸高，因为长在高山，下临深渊，自然能俯瞰一切：这是善于选择地势的缘故。

此外还要选择好邻居。茎叶弯曲的蓬草生长在麻丛中，不用扶持自然挺拔；可白沙若混在黑土中，就别想再获"清白"！兰槐的根是芬芳的芷，若在尿里泡过，无论君子小人，都没人再会亲近它！是它的本质不好吗？是浸染所致啊！所以说，君子卜居一定要选择好环境；交游一定要结交贤士。为的是防止误入歧途、偏离中正之道。

荀子接着提出修炼自身的重要性：肉腐败才会生蛆，鱼干枯才会生虫；自身刚强的被用作支柱，自身柔软的被用来捆扎。又说同样添柴，火总是先引燃干燥的；地一般平，水总是往湿处流。靶子竖起，箭就射过来；林木繁茂，斧头才砍过去；树木成荫引来众鸟，醋酸了便有蚋（ruì）虫聚集……总之，福祸无门，唯人自招，君子要"慎其所立"（谨慎地立身行事）才行！（文摘七）也就是说，外因总要凭借内德起作用。

接下来的一段谈恒心和毅力，读来朗朗上口：

积土成山，风雨兴焉；积水成渊，蛟龙生焉；积善成德，而神明自得，圣心备焉。故不积跬步，无以至千里；不积小流，无以成江海。骐骥一跃，不能十步；驽马十驾，功在不舍。锲而舍之，朽木不折；锲而不舍，金石可镂。蚓无爪牙之利，筋骨之强，上食埃土，下饮黄泉，用心一也。蟹六跪而二螯，非蛇蟺之穴无可寄托者，用心躁也。（《劝学》）

◎神明：这里指高明的境界。◎跬（kuǐ）步：半步。◎骐骥：骏马良驹。◎驽马：劣马。十驾：十天的行程。◎锲、镂：都指用刀雕刻。◎蚓：同"蚓"，蚯蚓。黄泉：地下的泉水。◎六跪：当为"八跪"，即蟹的八只脚。螯（áo）：蟹的两只钳形大爪。"非蛇蟺"句：蟹自己不会筑窝，而是寄居于蛇、鳝的巢穴。蟺（shàn），同"鳝"。

在五六个比喻之后，荀子总结说：没有专心致志的精神、埋头苦干的行动，就不会获得智慧及事功成就。譬如，游走于岔路上的人永远到不了目的地，侍奉两位君主的人不会被容纳。眼不能同时看清两样东西，耳不能同时听清两种声音。为什么腾蛇没脚却能飞，梧鼠有五种技艺却总是陷于困境？还不是因为前者专注于一技，后者样样"稀松"的缘故吗？所以说，"君子结于一"（君子要把精力聚焦于一件事情），这是学习的第一要务！

【文摘七】

肉腐出虫，鱼枯生蠹（《荀子》）

物类之起，必有所始。荣辱之来，必象其德。肉腐出虫，鱼枯生蠹。怠慢忘身，祸灾乃作。强自取柱，柔自取束。邪秽在身，怨之所构。施薪若一，火就燥也；平地若一，水就湿也。草木畴生，禽兽群焉，物各从其类也。是故质的张而弓矢至焉，林木茂而斧斤至焉，树成荫而众鸟息焉，醯酸而蜹聚焉。故言有招祸也，行有招辱也，君子慎其所立乎！（节自《劝学》）

◎象：这里有相应之意。◎柱：支柱，支撑。束：束缚，捆绑。◎构：招致。◎施薪：添柴。◎畴生：丛生。◎质的（dì）：靶心。斤：斧子。醯（xī）：醋。蜹：一种小飞虫。

尊师隆礼，君子贵全

既然是"劝学"，自然要谈到所学的内容和过程：由哪儿学起，到哪儿止步（"学恶乎始，恶乎终"）？荀子说：按读书顺序，是从"诵经"开始，到"读《礼》"终结；从意义上讲，是从当士人开始，到做圣人结束（"其数则始乎诵经，终乎读《礼》；其义则始乎为士，终乎为圣人"）。——这里所说的"经"，是指《诗》《书》等儒家经典；而《礼》则是荀子心目中的终极学问，经典中的经典，通晓《礼》便可做圣人了！

当然，荀子又说："真积力久则入，学至乎没而后止也。"〔没（mò）：同"殁"，死〕——刻苦积累、持之以恒，自会深入；学习没有终点，啥时死啥时算。

不过同样是学习，君子和小人的态度又有不同。君子学习，入于耳，记于心，灌注到全身，体现在行动上；轻轻一语、微微一动，都可以成为他人的榜样。小人则不同，刚从耳朵进去，马上从嘴巴冒出来。嘴和耳只有四寸的距离，学问能滋润他的七尺之躯吗？（文摘八）

所以说，"古之学者为己，今之学者为人。君子之学也，以美其身，小人之学也，以为禽犊"。我们当然记得，"为己""为人"的话是孔夫子说的，意思是说，古代的学者发奋读书，是为了提高个人的修养；今天的学者读书，只是做样子给别人看。荀子又进一步解释说：君子相当于"古之学者"，通过学习来完善自己的身心；小人则相当于"今之学者"，把学问当成进身求官的礼物——"禽犊"即家禽牛犊之类，古人常拿来用作礼物。

接着荀子又提出"学莫便乎近人"。这个"人"，指的是贤人、名师。有了名师指点，读书时的疑难问题自会迎刃而解。所以说，尊师第一。那么第二是什么？是"隆礼"（尊崇礼法）。荀子说，只读《诗》《书》而不学《礼》，读一辈子也只是个"陋儒"（见识浅陋的儒生）。又说，还原先王的教化，探求仁义之本，学《礼》是一条捷径。譬如拿一件皮衣，最好是拎它的领子，弯曲五指一抖，整件衣服的毛就都服贴了。言外之意是，学《礼》，就是抓住了一切学问的"衣领"。

荀子还认为，做到"隆礼"，哪怕不精通，也仍不失为礼法之士；"不隆礼"，即便你明察善辩，也不过是个"散儒"（一般的儒生）。

荀子对学习的要求很高，他说：

> 百发失一，不足谓善射；千里跬步不至，不足谓善御；伦类不通，仁义不一，不足谓善学。学也者，固学一之也。……全之尽之，然后学者也。（《劝学》）
>
> ◎御：驾车。◎伦类：伦理，次序。一：始终如一。

这是拿射箭、驾车打比方：学习要始终如一，不可有分毫懈怠分神。射箭百发，有一箭未中，也不算好射手。驾车行千里，差半步，也算不上好驭手。只有全面掌握，尽善尽美，才算得上真正的学者。至于学习的最高境界，则是爱学问如同"目好之五色，耳好之五声，口好之五味，心利之有天下"。——孔子曾说"吾未见好德如好色者"，荀子所追求的境界，竟是好学超越了好色！

在《劝学》篇结尾，荀子说了这样一段话：

> 是故权利不能倾也，群众不能移也，天下不能荡也。生乎由是，死乎由是，夫是之谓德操。德操然后能定，能定然后能应。能定能应，夫是之谓成人。天见其明，地见其光，君子贵其全也。（《劝学》）
>
> ◎倾：使倾倒，动摇。荡：使动心。◎应：应付万物。

◎成人：完美的人。◎见：同"现"，显现。光：通"广"。

一个真正的学者，权势和利益不能动摇他，稠人广众不能改变他，天子高位不能打动他；他活着是这样，死了也是这样，这才是真正的道德操守。有了道德操守，内心才能坚定；内心坚定，才能应付裕如；内心坚定、应付裕如，才算是完美的人。如同天显出光明，地显出广阔，君子贵在道德的完美无瑕！

在荀子看来，做个全德君子，便是学习所要达到的最高目标吧！

【文摘八】

君子之学与小人之学（《荀子》）

君子之学也，入乎耳，箸乎心，布乎四体，形乎动静，端而言，蠕而动，一可以为法则。小人之学也，入乎耳，出乎口。口耳之间则四寸耳，曷足以美七尺之躯哉。（节自《劝学》）

◎箸：同"著"，明。端：通"喘"，指微言。◎曷：何。

咄咄逼人的《非十二子》

孔子主张"和为贵"，但这个"和"是"和而不同"，不是圆滑虚伪、一团和气。孔子最看不上那些见风使舵、言不由衷的家伙，称他们为"乡原"（也作"乡愿"），抨击他们是"德之贼"！孟子的批判精神更强烈，不但批评墨家、农家，对当世君主也敢于当面顶撞，不留情面！

荀子继承了孔孟的批判精神，批判的锋芒咄咄逼人，评判的范围也更广。《荀子》中有《非十二子》，罗列了六种当代学说，对十二位"学术带头人"点名批评，其中就包括儒家先贤孟子——"非"有否定、批判之意。

《非十二子》的开篇，是一顶"帽子"：

> 假今之世，饰邪说，文奸言，以枭乱天下；谲宇嵬琐，使天下混然不知是非治乱之所存者，有人矣。（《非十二子》）

◎饰：粉饰，装点。文：文饰，美化。枭：通"挠"，扰乱。◎谲（jué）宇：诡诈虚夸。嵬（wéi）琐：险诈猥琐。

荀子生活在战国后期，"礼崩乐坏"的局面早已不可收拾。孔孟的仁爱思想、王道主张，也渐渐显得迂阔，赶不上"时代的脚步"——这"时代的脚步"，便是彻底打破复兴周礼的迷梦，听任强者为王！

与时势变化相呼应，荀子的文章里也隐隐透出一种睥睨一切、舍我其谁的"霸气"。在荀子眼中，百家言论中不乏诡诈虚夸、蛊惑人心的"邪说""奸言"，混淆了"是非治乱"的标准，不能不说道说道！

荀子批评的十二位学者，是它嚣、魏牟，陈仲、史鳅（qiū），墨翟、宋钘，慎到、田骈，惠施、邓析，子思、孟子。这些名字，有些在《庄子》《墨子》中提过，有些则显得陌生。

它嚣生平不详，魏牟是魏国公子，这两位属于道家人物。荀子对他们的批评是：纵情任性，举止放荡，行同禽兽，不合礼法；但说起话来又貌似"持之有故""言之成理"，所以能迷惑一般愚昧的大众。

在批判以下各家时，荀子也都用了"持之有故""言之成理"这样的评语。按荀子的意思，这正是他们能迷惑人的地方。

陈仲是齐国的贵族，为人清廉、一介不取，《孟子》中曾提过他。史鳅是卫国大臣，为人耿直，曾以死谏诤，孔子称赞他："直哉史鱼（史鳅字子鱼），邦有道如矢，邦无道如矢！"不过荀子却持相反意见，认为这两位违背人情，行为孤僻，脱离大众，不能有所作为。

接下来是墨家的墨翟和宋钘，荀子批评他们不懂天下，不重礼法；一味崇尚功用，过分强调节俭，滥用平等观念。——在《庄子·天下》篇中，宋钘是被归在名家学派的名单里。

慎到、田骈也曾出现在《庄子·天下》篇中，思想上与道家有共通之处。不过荀子认为他俩的主张接近法家，却又不够纯粹："尚法而无法"（崇尚法治却不讲法治），对上顺从君主，对下依从世俗，终日空谈，无所作为，因而也不值得肯定。

惠施、邓析是名家代表人物。后者是春秋时郑国人，是最早提倡"名辩之学"的学者。荀子批评他俩"不法先王，不是（肯定、赞成）礼义"，只喜欢钻研怪诞的学说，玩弄词汇、能言善辩而不切实际。

最后批评到子思、孟子头上。子思是孔子的孙子，孟子又师从于子思的弟子，因而这一派又称"思孟学派"。荀子批评说：他俩主张效法先王，却抓不住要领，只是一副志大才高、见闻广博的神态。还根据往古旧闻编造"五行"邪说，荒唐难解，却标榜"此真先君子之言也"！而"子思唱之，孟轲和之"（子思首倡，孟子应和），那些愚昧的俗儒跟在后面瞎嚷嚷，不知道的还以为他们得了孔子、子游（一说"子弓"）的真传呢，"是则子思、孟轲之罪也"！——这一回，荀子连"持之有故""言之成理"的套话都没说，可见他对思孟学派何等反感！

不过我们今天读《孟子》，里面并没有宣扬"五行之说"的内容。是荀子乱扣帽子，还是孟子另有著述，就不得而知了。

在儒家先贤中，荀子最推崇孔子和子弓。子弓即孔门弟子冉雍（字仲弓）；他为人宽厚，品学兼优，孔子认为他的才能足可当个诸侯。荀子如此推崇子弓，莫非他是子弓的传人吗？

除了子弓，荀子对孔门其他弟子似乎都不够尊重。在《非十二子》结尾处，他又捎带着把"子张氏之贱儒""子夏氏之贱儒""子游氏之贱儒"统统贬损了一番。——然而荀子最不满的仍是孟子，另撰《性恶》一篇，专门声讨孟子。

《性恶》篇：人性善恶，挑战孟子

"人之初，性本善。性相近，习相远。"这是蒙学课本《三字经》开篇的几句，是孔孟学说——更准确地说，是孟子学说的核心。

不错，人性相近的命题是孔子提出来的，他讲过"性相近也，习相远也"的话；不过他没说人性到底是善还是恶。孟子接过孔子的话头，做出"人性本善"的判断，这才有了《三字经》开头的"六字真言"。

《荀子》批判孟子，也正从这里开始。他针锋相对地指出：人性中哪儿来的善？"人之性恶，其善者伪也！"——他所说的"伪"，不是虚伪；是"人为"，跟孔子所说的"习"差不多，指后天的学习和熏染。也就是说，"恶"是人的本性，"善"则是后天学习修养的结果。

荀子这样说，自然要摆证据，他说：

今人之性，生而有好利焉，顺是，故争夺生而辞让亡焉；生而有疾恶焉，顺是，故残贼生而忠信亡焉；生而有耳目之欲，有好声色焉，顺是，故淫乱生而礼义文理亡焉。然则从人之性，顺人之情，必出于争夺，合于犯分乱理而归于暴。（《性恶》）

◎疾恶：嫉妒，憎恶。残贼：残害，戕贼。◎文理：条文。◎从：同"纵"，放纵。犯分乱理：打乱等级名分，扰乱事理。暴：极度混乱。

荀子的道理是：从今天的人性看，人的好利之心是与生俱来的，任由发展，便有了争夺之心，哪里还会谦让呢？而人的嫉妒、憎恶之心也是与生俱来的，任由发展，便会导致残杀戕害，哪里又有忠信可讲呢？同样，人的耳目之欲也是与生俱来的，人人喜欢听美声、看美色，任由发展，便会发生纵欲混乱的行为，又哪里有什么礼义条文呢？总之，放纵人的本性，顺从人的情欲，就一定会产生争夺，导致乱伦悖理，直至社会秩序彻底崩溃！

荀子对孟子的批判，无非认为孟子没能体察"人性"和"人为"的区别。孟子说：人性本善，之所以表现出种种恶行，是因为丧失本性。荀子反驳说：

> 今人之性，饥而欲饱，寒而欲暖，劳而欲休，此人之情性也。今人饥，见长而不敢先食者，将有所让也；劳而不敢求息者，将有所代也。夫子之让乎父，弟之让乎兄；子之代乎父，弟之代乎兄，此二行者，皆反于性而悖于情也。然而孝子之道，礼义之文理也。故顺情性则不辞让矣，辞让则悖于情性矣。用此观之，然则人之性恶明矣，其善者伪也。（《性恶》）
>
> ◎长（zhǎng）：长者。◎用此：因此，由此。

荀子讲的似乎不无道理：从今人的本性来看，饿了就想吃饱，冷了就想穿暖，劳累了就想休息，这是人之常情。可是眼下有人饿了，看见长者在身边，就不敢先吃，因为要谦让；累了却不敢休息，因为要替长者代劳。子弟的谦让代劳，固然符合孝悌之道、礼义规定，却是违背人性的。顺着人情人性就不会谦让，谦让就有悖于人情人性。可见"人之性恶"，一切善的表现都是人为（"伪"）的结果。

荀子这番论辩看似逻辑严谨、环环相扣，却也不是没有漏洞。例如"饥而欲饱，寒而欲暖，劳而欲休"的确是人情人性，但能说那是丑恶的吗？显然不能。过分放纵欲望有可能导致恶，但欲望本身并不等同于恶，荀子在这上面打了"马虎眼"！

以下荀子又设问说："人之性恶（è），则礼义恶（wū）生？"——既然人性本恶，那么礼义又是从何而来？荀子回答：礼义是圣人人为制定的，不是从人性中产生的（"凡礼义者，是生于圣人之伪，非故生于人之性也"）。

他打比方说：陶匠抟土制造陶罐，这陶罐是陶匠人为制作的，不是由人性中天然生成的；木匠砍削木材制成器具，这器具是木匠人为加工的，也不是由人性中天然生成的。同样道理，圣人千思万虑，总结人为的善行，创制了礼义规矩，可知礼义规矩也是出于人为的创制，不是由人性中天然生成的。

荀子的类比，有点不伦不类：陶罐是用泥土烧制的，器具是用木材打造的，当然不可能"生于人性"。只有礼义才能跟人性挂钩。——荀子的结论，也因此缺乏说服力。

对付"人性恶"的撒手锏

荀子针对孟子"人性本善"的批评，一波接着一波。他又说：古往今来所说的"善"，是指"正理平治"（端正合理，公平守序）；所说的"恶"，是指"偏险悖乱"（邪僻险恶，悖理混乱）。若真的认为人性本来便是"正理平治"，那又何用圣王出世，创制礼义、规范大众呢？而且即便有圣王礼义产生，对于本来就"正理平治"的人性，又有什么提升、补益呢？

荀子话头一转，说：正因为人性恶，所以圣人才有创制礼义的必要。不过在荀子接下来的论述中，却隐藏着危险的因素。他说：

> 故古者圣人以人之性恶，以为偏险而不正，悖乱而不治，故为之立君上之势以临之，明礼义以化之，起法正以治之，重刑罚以禁之，使天下皆出于治，合于善也。（《性恶》）
>
> ◎法正：法政，法度。

荀子一口咬定"人性恶"，未尝没有替君主强势统治寻找根据的动机。他说：正因为人性本恶，所以古代的"圣人"才创立礼义法度，替百姓树立君主的威势来统领他们，倡导礼义来教化他们，建立法规来治理他们，加重刑罚来禁制他们作恶，于是乎整个天下变得安定有序，人们也都改恶从善了。一句话，加强君主的严厉统治，是本于人性、合乎天理的事！

如果不这样做，又会怎样？

> 今当试去君上之势，无礼义之化，去法正之治，无刑罚之禁，倚而观天下民人之相与也，若是，则夫强者害弱而夺之，众者暴寡而哗之，天下之悖乱而相亡不待顷矣。（《性恶》）
>
> ◎倚：立，站在一旁。暴：欺凌。哗：喧哗，指众声呵

骂。不待顷：等不了一会儿。

荀子这是从反面推想：如果我们试着剥夺君主权势，取消礼义教化，去除政治法度，废止刑罚禁令，统治者只是袖手旁观，看着天下百姓随意相处，那样一来，强者就会损害弱者并劫掠他们，人多势重的族群就会欺凌人少势单的族群，众声呵骂、不准人家发言。天下秩序大乱，各国你攻我伐，这样一来，离人类的灭亡也就不远了！

由于对人性善、恶的基本判断不同，孟子和荀子的政治理想也产生了根本的分歧。我们还记得，孟子站在性善的立场，主张统治者施仁政、讲王道；要让百姓家家有屋室桑田，做到老有所养、壮有所为，再设立学校，教以"孝悌之义"，开掘人们隐藏于内心深处的善良本性……

而荀子的政治蓝图则基于"性恶"论，内中虽然也提到"礼义之化"，却又以浓重的笔墨强调"君上之势""法正之治""刑罚之禁"。在这样的体制下，百姓个个如潜在的罪犯，只能屈从于君主的绝对权威，受制于繁苛的法度和刑罚。我们看到的不再是儒家的伦常理想，而是法家的思想雏形。

在《性恶》篇中，荀子还有不少论述。例如说君子和小人、尧舜与桀跖的本性都是一样的。那么圣人又是怎样"炼"成的呢？不过是因为他"能化性，能起伪，伪起而生礼义"（能改变本性，能做出人为的努力，并因而创制礼义），如此而已。

当然，同属儒家，荀子与孟子也有相同的观点。如孟子曾说"人皆可以为尧舜"（《孟子·告子下》）；荀子也说"涂之人可以为禹"（路人都可以成为大禹）。按荀子的论说，禹之所以成为禹，是因为他能实行仁义法度；而仁义法度是可以了解学习的，普通人也都有这个潜质，当然也能成为禹那样的人。

不过荀子又说：人有脚，可以走遍天下，可是没见有谁真的走遍天下。所以说，"可以为，未必能也；虽不能，无害可以为。然则能不能与可不可，其不同远矣，其不可以相为明矣"。即是说，可以做到的，未必能去做；不能做的，也不妨可以去做。只是能不能做和可不可做大不相同，两者也很难调换。——这话的潜台词则是：人人都有圣人的潜质，但几乎没人能做到。

这个结论，可是有点泄气！

荀子骂谁"猪狗不如"

荀子是个"性情中人"，脾气一上来是要骂人，说有些人"曾狗彘之不若也"（连猪狗都不如）。此言出自《荣辱》篇，是从人们爱争斗的恶习说起：

> 斗者，忘其身者也，忘其亲者也，忘其君者也。行其少顷之怒，而丧终身之躯，然且为之，是忘其身也；家室立残，亲戚不免乎刑戮，然且为之，是忘其亲也；君上之所恶也，刑法之所大禁也，然且为之，是忘其君也。忧忘其身，内忘其亲，上忘其君，是刑法之所不舍也，圣王之所不畜也。乳彘不触虎，乳狗不远游，不忘其亲也。人也，忧忘其身，内忘其亲，上忘其君，则是人也

而曾狗彘之不若也。（《荣辱》）

◎畜：容留，允许。◎乳彘：哺乳的母猪。乳狗：喂奶期间的狗。

有人喜欢争斗，却不计后果，忘掉自身，忘掉亲人，忘掉了君主。——发泄片刻的愤怒，却搭上了一世的性命，这是忘掉自身；眼见家庭残破、亲人不免于刑杀，还是去做，这是忘掉亲人；明知争斗是君主所憎恶、刑法所厉禁的，还是去做，这就是忘掉君主！忧患当前而忘掉了自身，忘掉了亲人，忘掉了君主，这是刑法所不能赦免的，也是圣君所不能允许的！正在哺乳的母猪不会主动招惹老虎，正在哺乳的母狗不会离窝游荡，这是因为不忘血缘之亲的缘故。而作为人，忧患当前而忘掉了自身，对内忘掉了亲人，对上忘掉了君主，不是连猪狗都不如吗？

原来荀子不是凭空侮辱人，而是以猪狗为喻，说明人不可因一时之愤而丧失理智，否则智慧连动物都不如了！——然而争斗就一定要不得吗？孔子强调"智、仁、勇"，不争不斗何以体现"勇"？荀子说，勇也是分层次的：

有狗彘之勇者，有贾盗之勇者，有小人之勇者，有士君子之勇者。争饮食，无廉耻，不知是非，不辟死伤，不畏众强，恈恈然惟饮食之见，是狗彘之勇也。为事利，争货财，无辞让，果敢而振，猛贪而戾，恈恈然惟利之见，是贾盗之勇也。轻死而暴，是小人之勇也。义之所在，不倾于权，不顾其利，举国而与之不为改视，重死

持义而不桡，是士君子之勇也。（《荣辱》）

◎贾（gǔ）盗：商人和强盗。◎辟：同"避"。恀恀（móu）然：贪婪貌。◎振：当为"很"，即"狠"。戾（lì）：凶暴，乖张。◎倾：倒，趋向。桡（ráo）：屈从。

你瞧，荀子再次以猪狗为喻：有猪狗的勇敢，有商贾、盗贼的勇敢，有小人的勇敢，也有士君子的勇敢。争吃争喝，没有廉耻，不分是非，不避死伤，不顾对方势大力强，馋涎欲滴时眼里只有吃喝，这是猪狗的勇敢。做事唯利是图，争夺财货，不讲谦让，下手果断，贪狠乖张，对眼前小利垂涎三尺，这是商贾和盗贼的勇敢。看轻死伤，出手暴烈，这是小人的勇敢。而道义当前，不为权势所动，不顾个人利益，把整个国家送给他也不能让他改变主张，看重生命却又坚持道义，不肯屈服，这才是士君子的勇敢！

猪狗、贾盗、小人、士君子——从这个序列中，我们看出荀子对等级的重视以及对商人、平民的轻蔑。

"僧多粥少"怎么办

荀子在《荣辱》篇中谈争斗，言谈话语间流露出对君主权威的高度认同——"上忘其君"就会滑向"狗彘不若"的泥潭；这类言论，孔子孟子都没说过。

孔孟很少单独讨论"忠君"问题。说到"君"，总是跟"臣"并提。孔子说："君使臣以礼，臣事君以忠。"（《论语·八

俏》)孟子则说："君之视臣如手足，则臣视君如腹心；……君之视臣如土芥，则臣视君如寇雠。"（《孟子·离娄下》）

荀子不然，他的学说格外强调等级差别。如在《荣辱》篇结尾处，他勾画出"至平"之世的蓝图：

夫贵为天子，富有天下，是人情之所同欲也；然则从人之欲，则势不能容，物不能赡也。故先王案为之制礼义以分之，使有贵贱之等，长幼之差，知愚能不能之分，皆使人载其事，而各得其宜。然后使悫禄多少厚薄之称，是夫群居和一之道也。（《荣辱》）

◎赡（shàn）：赡养，供给。◎案：语助词。◎悫（què）：通"谷"，这里指俸禄。

荀子说：贵为天子，富有天下，这是人同此心、心同此理的事，谁不想爬上天子宝座呢？可是让人人如愿，又是势所不容，也是物质上没法儿满足的。所以先王为天下制定礼义，让人群分出贵贱、长幼有别。至于聪明的、蠢笨的、有能力的、没能力的，也都有所区分。于是每个人都有事干，人人都能得到适合于自己的位置，薪酬俸禄也有多有少，跟地位职事相称。——这便是使人们群居相处、和谐一致的最佳方案。

把社会人群划分等级，并不是荀子的独家观点。儒家重礼，礼的主要内容之一便是亲疏有别、尊卑有序。不过只有荀子指出划分等级的原因，那就是社会财富有限，"僧多粥少"，不能让所有"和尚"都吃饱，因而必须树立权威，人为地划分出贵贱等级，让某些人的"多吃多占"合法化，同时又避免因无序争夺造成社会混乱。

当然，荀子还要给制定规则的人戴上一顶"仁人"的帽子，说是由于"仁人在上"（也就是君主在上），于是乎农民都卖力种庄稼，商人都绞尽脑汁获取财富，工匠们都极尽工巧制造器具，从士大夫往上直至公侯，无不以其聪明仁厚而尽职尽责，这就可以达到"至平"（极端公平有序）的理想之境！

有了严格的等级制度，于是君子们拥有天下却不觉得自己占得多，小人们监管城门、迎送旅客，把守关卡、巡夜打更，也不觉得自己收入少。古话说得好：不齐才能大齐，受约束才能和顺，有不同才能统一。（文摘九）

荀子这话，君主们一定爱听：做君主的谁会认为自己占得太多？总以为国库的财货不够多、拥有的国土不够广。——看来，荀子的脚跟儿是牢牢站在了君主一边的。

【文摘九】

不同而一（《荀子》）

故或禄天下，而不自以为多；或监门御旅，抱关击柝，而不自以为寡。故曰：斩而齐，枉而顺，不同而一。夫是之谓人伦。（节自《荣辱》）

◎禄天下：拿整个天下当俸禄。◎监门御旅：守城门，迎宾客。抱关击柝：看门，打更。柝（tuò），打更用的梆子。

◎斩：通"儳（chán）"，不整齐。枉：曲，委曲，指受礼义约束。

荀子主张"法后王"

孔子和孟子不满于东周"礼崩乐坏"的现实，总认为当世的君主做得不够好，因而建议他们效法尧、舜、禹、汤、文、武、周公。有人给孔孟扣帽子，说他们"开历史倒车"；其实他们是打着复古的旗号宣扬"仁政"理想，哪里真的要回到古代呢！

荀子倒也不反对施仁政、法先王，但他认为三代太遥远，古礼太模糊，为什么不能"法后王"呢？在《非相》篇中，他说了这样一段话：

辨莫大于分，分莫大于礼，礼莫大于圣王。圣王有百，吾孰法焉？故曰：文久而灭，节族久而绝，守法数之有司，极礼而褫。故曰：欲观圣王之迹，则于其粲然者矣，后王是也。彼后王者，天下之君也；舍后王而道上古，譬之是犹舍己之君而事人之君也。故曰：欲观千岁，则数今日；欲知亿万，则审一二；欲知上世，则审周道；欲审周道，则审其人所贵君子。故曰：以近知远，以一知万，以微知明，此之谓也。（《非相》）

◎分（fèn）：名分。◎法：效法。◎文：礼仪制度。族（zòu）：通"奏"。守法数之有司：指掌管礼法的官职。极：远。礼：学者认为此字为衍文。褫（chǐ）：废弛。◎后王：指当代统治天下的君主。◎周道：周朝的治理之道。

话从名分说起：区别各种事物，没有比弄清名分更重要的了；弄清名分，没有比遵循礼义更重要的了；而遵循礼义，又没有比效法圣王更重要的了。

历代圣王上百位，效法哪位好呢？荀子说：礼仪制度年代久远就会湮灭，音乐旋律年代久远就会失传，掌管礼法条文的官职年代久远也会废弛。所以说，要想了解圣王的伟绩，就得考察那些事迹最彰显的，那当然就是时代最近的"后王"了。

荀子所说的"后王"，就是当今的君主。他说：放着后王不学，却去称道上古的帝王，这就像舍弃自己的君主，去侍奉别国的君主一样。有道是：要想了解千年历史，就要观察当下；要想知道亿万，就要审视一二；要想了解前代的情形，就得研究本朝的治理之道；而研究本朝的治理之道，就要深入考察当下所敬重的君子。所以说，由近可以知远，由一可以知万，由隐微的征兆可以知晓显明的后果，说的就是这个道理。

在《儒效》篇中，荀子还公开批评那些口称"法先王"、不知"法后王"的"俗儒"。他把世人分为俗人、俗儒、雅儒、大儒几类。俗人不必说了，只是些不学无术、不讲正义、只知追求铜臭的凡夫俗子。而儒者当中，则有一种"俗儒"最有害。

荀子为俗儒画了一幅肖像：穿着古人的宽大袍服，系着宽阔的腰带，戴着中间隆起的帽子，一副道貌岸然的样子。他们含混地主张效法先王，却足以扰乱当世的学术，只是胡乱提出些见解，却不知"法后王而一制度""隆礼义而杀《诗》《书》"

（效法"后王"，统一制度，推崇礼义，贬低《诗》《书》）。他们的衣冠行为混同于流俗，却不知厌恶；言谈话语跟墨子没啥两样，却不知分辨。他们一味称道"先王"来欺骗愚人，借此求衣求食，攒下"仨瓜俩枣儿"便洋洋得意。他们跟在太子身后，侍奉着君主的宠臣，吹捧着君主的贵客，心安理得，像是人家的家生奴隶，从不敢有异议。这样的人，就是"俗儒"了！（文摘一〇）

从这番议论中，我们不难看出荀子对"法后王"的推崇——他虽然没有公开反对"法先王"，却把主张"法先王"的儒者说成骗子，猛烈抨击，他的立场还用问吗？

【文摘一〇】

俗儒（《荀子》）

故有俗人者，有俗儒者，有雅儒者，有大儒者。不学问，无正义，以富利为隆，是俗人者也。逢衣浅带，解果其冠，略法先王而足乱世术；缪学杂举，不知法后王而一制度，不知隆礼义而杀《诗》《书》；其衣冠行伪已同于世俗矣，然而不知恶者；其言议谈说已无以异于墨子矣，然而明不能别；呼先王以欺愚者而求衣食焉，得委积足以掩其口，则扬扬如也；随其长子，事其便辟，举其上客，亿然若终身之虏而不敢有他志：是俗儒者也。（节自《儒效》）

◎雅儒：正儒。◎隆：重。◎逢衣浅带：蓬松的衣服，宽阔的衣带。解果（xièluó）：又作"蟹螺"，中间高两边低的帽子；或说"解果"为平正意。◎缪（miù）学杂举：学说荒谬，行为杂乱。一制度：统一制度。杀（shài）：降低，贬低。◎伪：通"为"。◎明：智慧。◎委积：积蓄。掩其口：自己糊口。扬扬如：得意的样子。◎长子：指太子。便辟（piánbì）：通"便嬖"，君主身边的宠信小臣。亿然：心安理得之貌。虏：奴仆。

荀子侃侃话秦国

荀子生活的战国（前475—前221）后期，经历长期兼并战争，周初的七十个诸侯国只剩了七个：秦、楚、齐、燕、韩、赵、魏，号称"七雄"。而地处西北的秦国历经四世经营，国力强盛，跃居七雄之首。荀子的学生李斯（约前284—前208）就前往秦国谋求发展，一直做到丞相。

李斯曾向老师讨教：秦国四代战无不胜，靠武力威震诸侯，可是秦人并未施行啥"仁义"，而是怎么便利怎么来，不也成功了吗？——显然，他是对老师的"仁义"之说提出质疑。

荀子回答：你所说的"便"，是"不便之便"；我所说的仁义，才是"大便之便"（最大的便利）。只有行仁义才能使百姓亲附，让他们乐于为君王去死。秦国眼下的情况则不同，四代都打了胜仗，却仍然提心吊胆，生怕天下诸侯联合起来攻打自己。所以说，秦人只是"末世之兵"，没能把握仁义这一根本。（《荀子·议兵》）

后来荀子亲自去了趟秦国，对秦国的印象似乎有所改变。《荀子·强国》篇中记述了荀子与范雎的一段对话——范雎是秦昭王的宰相，被封为应侯。他问荀子：你来秦国有什么观感啊？

荀子不吝赞美之词，说秦国关塞险固，地形有利，山林河谷美好，自然资源丰富，这是地理上的优越。进入国境，观察风俗，但见百姓淳朴，市井小调也不淫靡，人们的穿戴都很朴素，人人敬畏官吏，驯顺服从，跟古代百姓没啥两样。至于各级衙门中的官吏，也人人严肃，个个恭谨，忠信不懈，这又很像古代的官吏。及至进入国都，观察士大夫，只见他们出了家门踏入公门，出了公门又回归家门，没有个人私事，从不相互勾结、拉帮结派、洒脱超然、明通公正，也很像古代的士大夫。再看朝廷，退朝时，各种政事处理从无拖延，安闲自在如同没啥可治理的，这又很像是古代的朝廷！所以说，秦国四代战无不胜，并非侥幸，乃是理所必然！这就是我所看到的。所谓安逸而能治理，简要而又详明，不烦劳又有成效，这是治国的最高境界，秦国已经很接近了！（文摘一一）

那么秦国还有什么不足呢？荀子说：

虽然，则有其諰矣。兼是数具者而尽有之，然而县之以王者之功名，则偶偶然其不及远矣！是何也？则其殆无儒邪！故曰粹而王，驳而霸，无一焉而亡。此亦秦之所短也。（《强国》）

◎諰（xǐ）：忧惧。◎县：通"悬"，衡量。◎殆：表不肯定语气，大概。◎粹：这里指纯用儒术。驳：这里指用术驳杂。

兰陵荀子庙年年举行祭祀大典

荀子这里是说：尽管秦国已经具备以上种种优势，但仍有忧患，即用“王者”的功业名声来衡量，秦国还差着不少！差什么？就是没有儒者、没用儒术吧！荀子说：纯用儒术治国的，可以称王；用术驳杂的，犹可称霸；两者一样皆无的，就只好等着亡国了。这就是秦国的不足啊！

也就是说，秦国已经达到称霸的境界；若再能纯用儒术，便可上升到“王者”的境界。很明显，荀子这是拿实行王道当“诱饵”来自我推荐呢。——荀子一再标榜的“大儒”，大概便是指他自己吧？

【文摘一一】

荀子答范雎问（《荀子》）

应侯问孙卿子曰：“入秦何见？”孙卿子曰：“其固

塞险，形势便，山林川谷美，天材之利多，是形胜也。入境，观其风俗，其百姓朴，其声乐不流污，其服不挑，甚畏有司而顺，古之民也。及都邑官府，其百吏肃然，莫不恭俭、敦敬、忠信而不楛，古之吏也。入其国，观其士大夫，出于其门，入于公门；出于公门，归于其家，无有私事也；不比周，不朋党，倜然莫不明通而公也，古之士大夫也。观其朝廷，其朝闲，听决百事不留，恬然如无治者，古之朝也。故四世有胜，非幸也，数也。是所见也。故曰：佚而治，约而详，不烦而功，治之至也，秦类之矣。……"（节自《强国》）

◎固、塞（sài）：都是指险要的地方。便：有利。◎流污：淫邪污浊。挑：通"佻"，妖艳。◎楛（kǔ）：恶劣。这里指态度马虎。◎比周：私下勾结。朋党：结邦拉派。倜（tì）然：远离、超然貌。◎朝闲：退朝。◎四世：指秦孝公、秦惠文王、秦武王、秦昭王四朝。数：天数。◎佚：安逸。约：简要。

《成相》篇：打起"相"鼓唱起歌

《荀子》中有《成相》《赋》两篇，几乎可以看作纯粹的文学作品。——"成相"之"相"是一种击打乐器；"成相"便是一边击打乐器一边唱念有词的文艺形式。

《成相》篇中共有五十七段唱词，每段唱词句式整齐，差不多都是"三、三、七，四、七"的结构，并带有韵脚。这应该是当时流行的民间演唱形式吧。有人说它是后世弹词之祖，也有人说是唐宋曲子词的源头。善于学习的荀子便借鉴这种方式，用来宣传自己的政治观点。

选几段来看：

> 请成相，世之殃，愚暗愚暗堕贤良。人主无贤，如瞽无相何伥伥！（《成相》）

◎堕：毁弃。◎相（"如瞽无相"）：盲人的助手。伥伥：无所适从貌。

这是第一段，歌词里说：请听成相词，世间多灾殃，愚人心暗昧，诋毁害贤良。君主无贤臣，盲者无人帮，心中多迷茫！

再看两段：

> 曷谓罢？国多私，比周还主党与施。远贤近谗，忠臣蔽塞主势移。
>
> 曷谓贤？明君臣，上能尊主爱下民。主诚听之，天下为一海内宾。（《成相》）

◎罢（pí）：通"疲"，无能。◎还主：包围君主。还，借作"环"，惑乱。施（yí）：布满，一说环绕。◎爱下

汉代击鼓说唱俑

民：或作"下爱民"。◎宾：宾服，服从。

前一段解释国家疲弱的原因：啥叫国家疲？国人多私心。结党欺君主，满朝尽小人。贤士遭疏远，谗佞得近身。忠臣无出路，君主势沉沦。后一段称颂贤君贤臣：啥叫贤能士？君臣道分明。对上尊君主，对下爱黎民。君主听劝诫，四海来称臣。

也有讲说历史的：

武王怒，师牧野，纣卒易乡启乃下。武王善之，封之于宋立其祖。（《成相》）

◎易乡：转向，倒戈。启：微子启。下：投降。◎祖：祖庙。

这是讲说武王伐纣的史实：武王雷霆怒，兵发牧野间。殷兵尽倒戈，微子献城垣。武王善待启，封宋继香烟。——另外还有涉及当代史的篇章：

世之愚，恶大儒，逆斥不通孔子拘。展禽三绌，春申道缀基毕输。（《成相》）

◎逆：拒绝。斥：排斥，驱逐。孔子拘：指孔子受困陈蔡之间。◎展禽：即春秋时鲁大夫柳下惠。绌（chù）：通"黜"，罢免。春申：战国时楚相黄歇，号春申君。缀：通"辍"，停止。输：毁坏。

世人皆愚昧，无端厌大儒。堵塞求贤路，孔子困路途。展禽三遭斥，春申亦被诛，斩草连根除。——春申君是荀子的"伯乐"，曾委任他为兰陵令。春申君遇害后，荀子也被牵连罢官；这段"成相"词，应是荀子含着泪写下的！

《赋》：荀子的谜语你猜到了吗

我们读《诗经》时曾提到"赋"，那是一种诗歌修辞手法。到后来，"赋"又发展为一种文体样式——是一种介乎于诗歌和散文之间的文体，句多骈偶，时带韵脚，风格铺排，讲究辞采。赋与楚辞相衔接，在汉代最为盛行，因有"楚辞汉赋"之称。

其实最早拿"赋"做文体名称的，正是荀子。《荀子·赋》篇紧随《成相》之后，共收六篇文字；除一篇是诗外，其余五篇的结构形式都大同小异：开始是对某种事物的铺陈描述，之后以排比的形式提出问题，最后再给出答案。——五篇赋倒像是五则谜语。

看看第一篇：

爰有大物，非丝非帛，文理成章；非日非月，为天下明。生者以寿，死者以葬。城郭以固，三军以强。粹而王，驳而伯，无一焉而亡。臣愚不识，敢请之王。——王曰：此夫文而不采者与？简然易知，而致有理者与？君子所敬，而小人所不者与？性不得则若禽兽，性得之则甚雅似者与？匹夫隆之则为圣人，诸侯隆之则一四海者与？致明而约，甚顺而体，请归之礼。（《赋》）

◎爰（yuán）：于，在此。文理成章：花纹图案，暗喻礼节仪式、规章制度。◎"粹而王"三句：可参看"荀子侃侃话秦国"一节内容。伯，同"霸"。◎请：请问。◎文：文饰，花纹。采：华丽。◎不（"小人所不者与"）：同"否"。◎隆：尊崇。◎约：简约。体：得体。

赋中开头，以一位臣子的语气说道：这里有个大家伙，既非丝也非帛，却有图案、成纹理。它非日非月，却能照亮天下。活着的因它长寿，死去的靠它安葬。城郭有它便坚固，三军有它便强悍。一丝不苟地遵循，便可称王；若即若离，也能称霸；但完全抛弃，就会灭亡！恕臣愚昧，不得要领，还请大王指点教诲。

下面则假借君王口吻回答：它有花纹却不斑斓吧？它简明易晓又有条理吧？君子敬重它而小人否定它吧？人性中失了它便成禽兽，有了它就成为雅人君子吧？匹夫尊崇它可以成为圣人，诸侯尊崇它可以获得四海吧？极其明白而简约，十分顺畅而得体。归结起来，它就是——"礼"。

荀子真是位出色的宣传家！他能把枯燥的政治伦理以如此生动有趣的方式宣示出来。他又极富创造力，前头借用民间说唱创作《成相》多则，这里又发明谜语"赋"的体裁，可谓前无古人。赋中采用问答形式，被后来的汉赋多所借鉴。

除了这篇"礼赋"，还有"知（智）赋"，描绘的也是抽象概念。不过再往下，谜底中出现了实物，如"云""蚕"等。看看这一篇，猜猜它讲的是什么：

有物于此，生于山阜，处于室堂。无知无巧，善治衣裳。不盗不窃，穿窬而行。日夜合离，以成文章。以能合从，又善连衡。下覆百姓，上饰帝王。功业甚博，不见贤良。时用则存，不用则亡。臣愚不识，敢请之王。王曰：此夫始生钜，其成功小者邪？长其尾，而锐其剽者邪？头铦达而尾赵缭者邪？一往一来，结尾以为事。无羽无翼，反复甚极。尾生而事起，尾遭而事已。簪以为父，管以为母。既以缝表，又以连里：夫是之谓箴理。（《赋》）

◎山阜：山冈，铁矿石出自山中。◎穿窬（yú）：打洞，一般作为偷窃的代称。这里指穿针引线。◎文章：这里指衣服的花纹图案。◎合从（zòng）、连衡：本为战国时纵横家四处结盟的外交活动，这里喻指缝合衣物。◎始生钜、成功小：指制针用大铁块，而制成后针很小。◎尾：指线。剽（piáo）：末梢，针尖。◎铦（xiān）达：形容针尖很锐利。赵（diào）缭：形容线很长的样子。◎极：通"亟"，急。◎"尾生而事起"二句：尾巴长出就开始（指穿上线），尾巴打结就结束。遭（zhān），回旋，打结。已，结束。◎簪：一种大型铁针，可以制成缝衣针。管：盛针的管状容器。◎箴：同"针"。

这里仍是借臣子之口讲述：有一物在此，它生在山冈上，来到厅堂里。没智慧也没技巧，只是善于制作衣裳。它不偷不盗，却总要穿洞而行，夜以继日地撮合分离者，并生成各种图案花纹。它（如同奔走于诸侯间的谋士）既能"合纵"，又能

"连横"。在下可让百姓蔽体，在上则能美饰帝王。它功业广博，却从不显示自己的贤良。用它时它就出现，不用时它就潜藏。恕我愚昧，不得要领，还请大王指点教诲。

以下又是模拟君王口吻：这是那个开始制作时很大、制成后很小的物件吗？是尾巴挺长而头部很尖锐吗？是头部锐利无阻而尾巴长线缭绕吗？一来一去，尾巴打结就结束；没羽没翅，反复如穿梭。尾巴长长就开始，尾巴回旋就结束。簪子是它的父亲，管子是它的母亲。既可以缝面子，又可以连里子，这里讲的是"箴"的道理啊。——"箴"是一种告诫规劝的文体，同时又跟"针"字通用，亦即缝衣针。你猜对了吗？

辑五　法家流脉远，韩非集大成

儒家先生教出法家学生

前面说过，荀子是仅次于孔孟的儒家大师，不过他的主张跟孔孟又是有差异的。——时代不同，世事变易，也是很正常的。

汉代班固把儒家的核心主张概括成这样几句话："留意于仁义之际，祖述尧舜，宪章文武，宗师仲尼，以重其言，于道最为高。"也就是对"仁""义"格外推重，以古代圣君尧、舜的仁政理念为起点，拿周代文武、周公所制定的周礼当作宪章大法；尊孔子为儒家宗师，推重他的学说，认为它是天下最高的道！

拿这个来衡量，荀子显然没有背离儒家理念。不过他主张树立君主的绝对权威，对于"祖述尧舜，宪章文武"的"法先王"原则，也有微词；他还放大"礼"的尊卑等级观念，认为人性本恶，必须以法律、刑罚加以禁制，对"霸道"的兴趣显然大于"王道"。——这些已经带有明显的法家倾向。

再看班固是如何界定法家的。他说，法家思想乃出于"理官"，也就是刑狱之官。刑狱官的原则是厚赏严罚、说一不二，以此来辅助礼教。《易经》就有"先王以明罚饬法"（先代君王以严厉的惩罚整顿法令）的说法，这也是法家的优长之处。不过班固认为，法家的后继者爱走极端，不行教化，不讲仁爱，一味严刑酷法，常常搞得六亲不认、人性全无，显然是走了邪路（"汉志"）。

照《庄子·天下》篇的说法，儒学所宗为道术，而墨、道、名诸家的学说都为方术，全是道术的分支。——法家又何尝不是呢。荀子作为儒家学者，弟子韩非最终成为法家代表人物，似乎也印证了这一点。

当然，韩非（约前280—前233）的老师不只荀子一位，他还有不少私淑老师，多为前辈法家，如最早提倡以法治国的管仲（？—前645），他在先秦学者中"辈分"最高，比老子还早生百多年哩！此外，李悝（前455—前395）、商鞅（约前395—前338）也都是韩非未曾及门求教的老师。

在介绍韩非之前，我们先来看看这几位。

管子：仓廪实则知礼节

"管子"即管仲，字夷吾，比老子、孔子还要早生一个多世纪。那时属于春秋前期，管仲辅佐齐桓公成就霸业，名震一时。孔子对管仲十分钦佩，夸奖他"九合诸侯，一匡天下"，却很少使用武力。又说如果没有管仲，我们这些人早就变成外族奴隶了（"微管仲，吾其披发左衽矣"）！——这是因为管仲推行"尊王攘夷"的国策，尊崇周天子，抵抗北狄西戎等边鄙民族的侵扰，保卫了中原的安定。

不过据学者考证，流传至今的《管子》并非管仲亲笔所著，而是战国学者——很可能是稷下学宫的齐国学者们，追寻本朝贤相的伟业，总结他的治国经验，共同编纂而成，冠以"管子"的大名而已。

这部书后经西汉刘向编辑，有八十六篇，今存七十六篇。内中包括"经言"九篇、"外言"八篇、"内言"七篇、"短语"十七篇、"区言"五篇、"杂篇"十篇、"管子解"四篇、"管子轻重"十六篇。

由于编撰较迟，内中自然混杂了其他学派的思想见解，这让《管子》看起来更像是各派思想言论的"大杂烩"。儒家、道家、墨家、法家以及阴阳家、农家、名家、兵家的思想主张，在书中都能找到。

譬如管子提出"政之所兴，在顺民心；政之所废，在逆民心。民恶忧劳，我佚乐之；民恶贫贱，我富贵之"（《牧民》），便与《老子》的"圣人无常心，以百姓心为心"一致。此外，管子认为若刑罚繁而杀戮多，"则上位危矣"！这又让人想起《老子》所说的"民不畏死，奈何以死惧之"！——难怪"汉志"把《管子》列为道家著作。

不过后人并不赞同班固的意见，认为管仲实为法家鼻祖——《四库总目·子部》便将《管子》列入"法家"类。

《管子》中有两句话，常被人提起。一句是"仓廪实则知礼节，衣食足则知荣辱"，另一句是"四维不张，国乃灭亡"。这两句都出在《管子》首篇《牧民》。"牧民"便是管理百姓，从前的统治者把百姓看作羊，自己则是牧羊人。

《牧民》开篇就说：

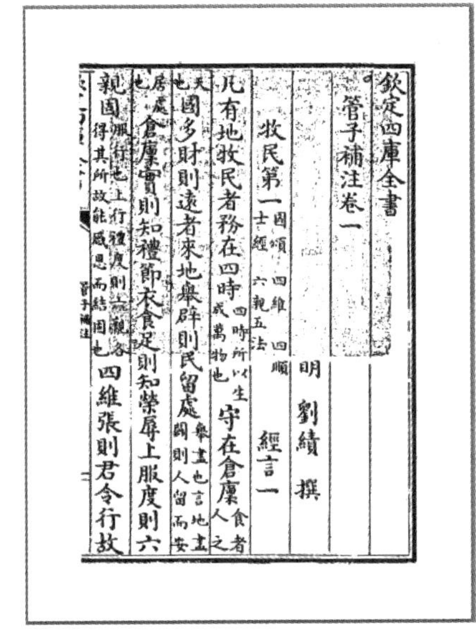

钦定四库全书

管子补注卷一

明　刘绩　撰

牧民第一　经言一

凡有地牧民者，务在四时，守在仓廪。国多财则远者来，地辟举则民留处；仓廪实则知礼节，衣食足则知荣辱；上服度则六亲固，四维张则君令行故

明人刘绩《管子补注》书影

凡有地牧民者，务在四时，守在仓廪。国多财则远者来，地辟举则民留处；仓廪实则知礼节，衣食足则知荣辱；上服度则六亲固，四维张则君令行。（《牧民》）

◎仓廪（lǐn）：粮仓。◎辟举：全部开垦。留处（chǔ）：久居。◎服度：服饰器物合于法度。六亲：指父、母、兄、弟、妻、子。四维：指礼、义、廉、耻四条纲领。维，绳索，喻纲领。

这是说，凡是拥有土地、统治百姓的君主，重要的任务是

注重农时，重要的职守是充实仓廪。只有国家财力雄厚，远方的人才会归附；只有广辟田土，百姓才能久居安处。粮仓充实了，国家才有余力提倡礼节；百姓丰衣足食，才会分清荣耀耻辱。在位者在衣着、器物上严守制度，百姓才能六亲有序、家庭和睦；礼义廉耻这四条基本道德得以张扬，国君的政令才能畅行无阻。

我们知道，儒家最重道德，孔子认为宁可饿肚子，也不能丢弃信用！可管子认为，经济才是道德的基石。国家没有足够的财富粮食，百姓饥寒交迫，又哪里谈得上道德荣辱呢？

那么，孔子的话难道不对吗？也不是。孔子实行的是君子教育，理论中带有几分理想色彩；而管仲身居相位四十年，直接要对国家和百姓负责，他的话是在更广阔的背景下讲的。可以说，两位圣贤各强调问题的一个侧面，都没错。

其实孟子也十分关注经济，他认为"有恒产者有恒心，无恒产者无恒心"，也是这个意思。孟子还主张给每家农户分上五亩宅院、百亩耕田，让他们衣食无忧，然后建立学校，向他们"申以孝悌之义"。这里应该就有管子的影响。

"四维不张，国乃灭亡"

管子并不轻视道德教育，他认为提升道德可使政令畅通，并说过"四维不张，国乃灭亡"的话！且看他如何表述：

国有四维，一维绝则倾，二维绝则危，三维绝则覆，

四维绝则灭。倾可正也，危可安也，覆可起也，灭不可
复错也。何谓四维？一曰礼，二曰义，三曰廉，四曰耻。
礼不逾节，义不自进，廉不蔽恶，耻不从枉。故不逾节，
则上位安；不自进，则民无巧诈；不蔽恶，则行自全；
不从枉，则邪事不生。(《牧民》)

◎维：大绳。◎复错：再造。错，通"措"。◎逾节：超
越节度。自进：不走正路，非分求进。枉：弯曲，不正。◎自
全：自求完美。

管子这是打比方：国家是由四条大绳子维系着——他大概
把国家看成一根擎天大柱吧。他说，如果这四条绳子断了一条，
擎天柱就歪斜了；若断两条，柱子就危险了；若是断掉三条，
柱子就倒下了；若四条全断，柱子就彻底完啦！歪斜还能扶正，
危险还可转安，倒下还能再立，彻底灭绝，也就不能再造了！

那么这四条绳子又是什么呢？分别是礼、义、廉、耻。人
有礼，做事就懂规矩，不出格；有义，就不会有非分冒进之
想；有廉，就不会隐瞒过恶；有耻，就不屑跟坏人同流合
污。——做事安分不出格，君主也便安心；不非分冒进，人心
就不会产生诈伪；不隐瞒过恶，人们自然会力求完美；不与坏
人同流合污，邪恶的事就不会滋生蔓延。

这里所谓"国有四维"，主要是针对在位者讲的。宋代学者
欧阳修撰写《新五代史》，在评价那位贪求富贵、丧失人格的三
朝元老冯道时，把管子这段话总结为十六个字："礼义廉耻，国
之四维；四维不张，国乃灭亡。"这四句话简明扼要，却包含了

儒家道德的核心理念，读起来朗朗上口，成为中国人立身行事的准则。你看，管仲的影响有多大！

点数管子的一生事业，辅佐齐桓公称霸是其巅峰。他的种种治国理念及主张，被后来的法家汲取最多。

《管子》一书有《法禁》《重法》《法法》等篇，看题目就知是谈法治的。在《法禁》中，管仲提出三条要素：

> 法制不议，则民不相私；刑杀毋赦，则民不偷于为善；爵禄毋假，则下不乱其上。三者藏于官则为法，施于国则成俗，其余不强而治矣。（《法禁》）
>
> ◎议：议论，非议。◎偷：怠惰，轻视。◎假：假手于人。

这是说，法制一旦订立就不容非议，这样百姓就不敢相与营私了；死罪一旦定案，就不容宽免，这样百姓就不敢忽视行善了；封爵赐禄的权力要由君主牢牢把握，不能假手于人，臣下就不会欺君罔上了。这三条施于官府，就是铁打的法律；推行到全国，就成为民风民俗。有了这三条，其他事项不必费力，国家自然走上正轨。

在《重令》篇中，管仲又格外强调对法令的重视——"重令"之"重"既是重视，也有加大力度的意思。他说："凡君国之重器，莫重于令。"并列举五种死罪："亏令（损害法令）者死，益令（妄自增添法令）者死，不行令者死，留令（扣压法令）者死，不从令者死。五者死而无赦，唯令是视！"如此一来，谁还敢违抗法令！

　　不过管仲对统治者也提出警告，说若不节制"三欲"，则在位者危矣。哪三"欲"呢？一是"求"，也就是向老百姓索取财物；二是"禁"，即发禁令不准百姓做这做那；三是"令"，也就是颁布法令。管仲说：对于君主而言，这三样固然是多多益善，可是你"求"的太多，得到的反而越少，你的威信反也日见减损；你"禁"的太多，结果是有禁不止，人们渐渐变得满不在乎；你的"令"颁布越多，能实施的就越少，结果只能收获反抗！

　　管子不愧是明智的统治者，他的法治心得多半为后来的法家所汲取。韩非便对管子思想多有借鉴。从这个意义上看，管仲同样是韩非的老师，而且是比荀子资格更老的老师。

"画卵雕薪"与"百年树人"

　　法家的终极目标是富国强兵。主张"仓廪实则知礼节"的管子，当然要把"富国"放在首位。《管子》中有"轻重"十六篇，便是讨论经济政策的专论。——所谓"轻重"，是关于货物、货币及价格关系的一套理论。

　　古人云："民以食为天。"可农民辛苦种田，打下的粮食卖不出好价钱，不劳而获的粮商反而赚得盆满钵满。齐桓公想要削减商人的利润以补助农夫，让管仲想办法。管仲说：抬高粮价好了，每釜粮食提高三百钱，人们就会争着去开荒，农夫也就安心种地了。

　　可是怎么抬高粮价呢？管仲自有办法。他提出，让大小官员都来储存粮食：卿和附庸的小诸侯每户储粮一千钟，令大夫、列大夫分别储粮五百钟和一百钟，富商大贾之家也要储粮五十钟。储存的粮多，市面上的粮价自然上去了。如此，在上可以增加国家储备，在下可以提高农民收益。桓公听从管仲的建议，齐国农业果然发展迅猛。

有一回，齐桓公跟管仲哭穷，说国家有四大功臣，我从他们那里收不到一斗一升的粮赋。齐国有大片不毛之地，同样征不到赋税。还有一些农民自行开荒种地，更是一文钱也不交。——我是空有万乘之君的虚名啊！

管仲说：你靠号令解决就是了。你先发出号令，征兵到边疆屯垦务农；不过家藏十钟粮以上的，不在征召范围之内。这样一来，能去的大概不过百分之一；而民间藏粮的数字，你也就大致摸清了。下一步，你再下令说，国家用度不足，需要平价征购存粮，比上报的数字只能多不能少；国家照价付款，不赊不欠。这样一来，全国的存粮就全都归你啦！

桓公说：你的建议挺好，可国家不打仗，要这么多粮食干吗？管仲说：你可以用来资助贫困农民啊；让他们去开垦不毛之地，扩大农业生产。"此之谓籍于号令。"（这就叫借助号令替国家谋利。）——今天看来，管仲这是利用国家权威搞"阴谋诡计"呢！

管仲另一种经济观点是鼓励消费。他说人人都有吃喝玩乐的欲望，投其所好，才更容易役使他们。假如人们都过苦日子：身披兽皮、头戴牛角，吃着野菜、喝着河沟里的水，人人心里憋屈，又怎么甘心供你役使呢？应该尽量让人们吃好玩好、听歌听到腻，甚至把鸡蛋画上图案再去煮，把柴火雕上花纹再去烧。社会也就有了更多需求。而富人奢侈地消费，穷人才有活儿干。这一切百姓自己做不到，消费环境是需要有人来培养的。

管仲不但是经济学家，还是教育家。他有一段名言，至今脍炙人口：

> 一年之计，莫如树谷；十年之计，莫如树木；终身之计，莫如树人。一树一获者，谷也；一树十获者，木也；一树百获者，人也。（《权修》）
>
> ◎计：计划，打算。树：种植，培育。

这是说，做一年的打算，不如种五谷；做十年的打算，不如种树木；做终身的打算，则不如培育人才。种一收一的，是五谷；种一收十的，是树木；种一获百的，是培育人才。——管仲站得高，目光自然远大。后人有诗云："计利应计天下利，求名应求万世名。"说的就是这种境界吧。

法家人物：从李悝到商鞅

活跃在韩非之前的法家代表人物，还有李悝、申不害、慎到、商鞅等。

李悝是战国时濮阳（今河南濮阳）人，曾在魏国为相。他主持变法，废除了贵族的世卿世禄制度，奖励那些替国家出力建功的人。他还编了一部《法经》，对捕盗、囚禁、维持治安等程序做了详细规定。后来商鞅在秦国变法，便全盘接受了李悝的理论和做法。——可惜这部《法经》及李悝的著作《李子》没能传下来。

另一位法家人物申不害（约前385—前337），本是郑国的"贱臣"。后来韩国兼并了郑国，申不害凭着自己的学问见识，渐渐得到韩昭侯的信任，最终登上相位。他主持韩国变法：整顿吏治、训练军队、发展农业。他还十分重视手工业，尤其是兵器制造业。当时韩国的宝剑、弓弩制作精良、驰名天下！申不害为相的十五年里，列国没有敢轻易犯境的。

跟管仲、李悝一样，申不害也重视法治，不过他更看重"术"——也就是君主驾驭臣下的权术。他认为，君主要独掌生杀予夺的大权，要学会不露声色，把真实想法深藏于心中。如此才能掌控局势，不被臣下所蒙蔽。

申不害的思想中还掺杂着道家思想。而另一位活跃于战国时期的法家人物慎到，早年也曾学习黄老之术。

慎到（约前390—前315）生于赵国的邯郸，后来在齐国稷下讲学，先后在齐、楚做官。他的法治学说特别强调"势"，说是君主若没有绝对的权势，推行法治就是一句空话。

后来韩非集法家思想之大成，便综合了申不害的"术"、慎到的"势"和商鞅的"法"，形成一套"法""术""势"三位一体的完整法家理论。

就说说大名鼎鼎的商鞅吧。商鞅本名公孙鞅，是卫国宗室，因此又称卫鞅。后因在秦国作战有功，被封在商地，又称商鞅或商君。

商鞅年轻时喜欢刑名法术之学，受李悝影响很大。他到秦国寻求官位，背囊里便带着一部李悝的《法经》。

经人引荐，商鞅见到了秦孝公。他对孝公大谈五帝的治理之道，听得孝公直打瞌睡。五天后他再次求见，又跟孝公谈论王道，孝公仍不感兴趣。第三次，商鞅向孝公谈霸道。这一回，孝公倒是听得津津有味，并主动约商鞅进一步深谈。

商鞅调动三寸不烂之舌，一连跟孝公谈了好几天。孝公听得入迷，不觉把座席往前挪了又挪。事后商鞅对推荐人说：我用帝道、王道游说君主，那是几十年、上百年的事业，他嫌时间长，等不及。我转而向他推销强国之术，他格外喜欢——可是在德行上，就难跟商、周王道相比了。

商鞅获得孝公支持，曾两次主持变法，一切从基层做起：他把百姓编为十家一"什"，五家一"伍"，让各家相互监督检举，一家犯法，十家连坐。知情不举者要处以腰斩酷刑，告发奸恶的跟杀敌斩首同赏。百姓建立军功的赐爵受赏，为私事斗殴的则要加重惩罚。努力生产的，可以减免劳役赋税；搞商品投机以及因懒惰而贫困的，则将妻儿籍没入官。新法还规定：王族人员没有军功的，照样不能列入贵族名册！

新法颁布前，商鞅怕百姓不信服，便在都城南门立了一根三丈长的木头，说是有人能把它搬到北门去，立赏十金。百姓不知他葫芦里卖的啥药，没人敢动。很快赏金增加到五十金。有个胆儿大的去搬木头，果然得到五十金。百姓这才信服。

不过新法颁布后的一年里，议论的仍然不少。有一回太子犯了法，商鞅不好惩治他，便把他的老师公孙贾施以墨刑——"王子犯法与庶民同罪"；这样一来，再也没人敢轻视法条了。

商鞅变法十年，大见成效："秦民大悦，道不拾遗，山无盗贼，家给（jǐ）人足。民勇于公战，怯于私斗，乡邑大治。"那些议论新法不好的，这时也转而称赞新法。商鞅说：这些都是捣乱分子，把他们发配到边远地区去！——从此再没人敢随便发议论，甭管说歹还是说好！

然而商鞅为相十年，也深深得罪了王公贵族。连孝公的哥哥、太子的另一位老师公子虔，也因犯法被商鞅割掉了鼻子。因此孝公一死，太子即位，头一件事便是派人捉拿商鞅。商鞅拒捕被杀，死后五马分尸，诛及家族。

不过，商鞅变法无疑为秦国的强盛打下了牢固的基础，拉开了秦国一统天下的大幕。——不过他主张严刑酷法，也为秦的灭亡埋下祸根。

重农愚民，君主至上

商鞅的著作《商君书》又称《商子》，原有二十九篇，今存二十二篇。据学者考证，里面有商鞅的文字，也有其他法家学者的学说。

"人是铁，饭是钢"；要想富国强兵，首先要充实粮库，让人吃饱肚子。翻开《商君书》的《垦令》篇，看看商鞅是如何以法令的形式驱使百姓垦荒辟地、发展农业的。

法令从好几个方面来讲。一是官吏不要盘剥农民、占用农时，让农民有时间去垦荒种地；二是国家统一政策，按农田产量收税，让农民感到公平，并乐于去垦荒种地。

商鞅发展农业，搞的是"人海战术"，即驱使更多的人去开荒种粮。譬如士夫贵族俸禄丰厚，养着一大批食客，给农民增加了负担。这就要对贵族征以重税，逼着他们少养食客。食客没地方混饭吃，只好去务农开荒。

再如，商鞅下令不准商人随便卖粮，也不准农户随便买粮。这就逼着懒惰的农民努力生产，自食其力；而商人不能卖粮牟利，也只好去务农开荒。此外，一般士夫之家不准随便雇人兴土木、盖厅堂，城里靠出卖劳力的人没饭吃，也只好去务农开荒。

商鞅还下令取缔旅店，让那些心思奸诈、心浮气躁、到处乱窜、不喜务农的家伙无处栖身；开旅店的也无法谋生，自然也都去务农开荒。国家再把山林、湖泽统统收归国有，让打猎捕鱼的人没饭吃，也只好去务农开荒。国家再加重刑罚，建立连坐制度，使百姓中脾气暴躁的不敢争吵，刚强尚勇的不敢私斗，怠惰懒散的不敢四处游荡，奢侈靡费的不敢挥霍浪费，心思不正的也不敢四处欺诈。这五种人也只好老老实实去务农开荒……

此外，商鞅还大搞愚民政策，如不准百姓随便迁徙，让他们株守一地，没有"外交"（与邻国交游），"不贵学问"（不以学问为贵），只知闷头种地。——《商君书》中有《去强》《弱民》两篇，表达的也是这个意思。

所谓"去强"，是指百姓不服上命，跟官府对抗；这就需要去其强悍，让他们变得服服帖帖。"弱民"自然也是这个意思，"弱"在这里是动词，有弱化之意。

要想"去强""弱民"，就要加重刑罚、减少赏赐。商鞅说："王者刑九赏一，强国刑七赏三，削国刑五赏五。"这是说，若想成就王业，就得把刑罚力度提高到九分，奖赏只占一分。一般强国的刑、赏比例是七比三；如果刑、赏力度相当，就只能甘当弱国（"削国"）了。商鞅在这方面心狠手辣，据说有一回同时处决了七百人，渭水都给染红了！

一味崇尚强力镇压，自然也就谈不上仁义礼智。《商君书》中不止一次提到"六虱"，就是像虱子一样附着在人身上的弊病。如在《弱民》篇中，商鞅说社会由农民、商人、官吏构成，"六虱"便附着在这三种人身上，是"岁""食""美""好""志""行"。

"岁""食"是指农民有了余粮，终岁享乐；"美""好"是指商人获得厚利，奢华无度，制造出不合常度的器具；"志""行"指官员占据职位，不肯为国出力，所言所行成为病害。商鞅说，这六种病害一旦形成风气，军队出征，必败无疑！

在《靳令》篇中，商鞅再次提到"六虱"，说法又有变化。他说："六虱：曰礼、乐，曰《诗》《书》，曰修善，曰孝弟，曰诚信，曰贞廉，曰仁、义，曰非兵，曰羞战。"——这十二种"祸害"，几乎都是儒家理念，全被商鞅归入"六虱"之中。商鞅认为，国家有这十二种祸害，便无法驱使百姓"农战"（耕种、作战），国家则贫弱无疑。

总的说来，商鞅之法是"国家至上""君主至上"的法度，几乎完全改变了诸子对仁义礼智的一致认同；愚民弱民，把百姓变成只知服从、毫无个人权利和尊严的农奴、兵奴！

商鞅的下场十分悲惨。他被朝廷通缉，逃到边境小客栈，店主人说：商君有令，店主不能收留没有凭证的旅客，否则要连坐！商鞅仰天长叹道："嗟乎！为法之蔽（弊病）一至此哉！"商鞅虽然身死，但他所制定的法度，仍被秦国所尊奉。后来秦始皇收缴全国兵器，"焚书坑儒""以愚黔首（黔首即百姓）"，用的也还是商鞅的办法。

然而商鞅的极端手段可以收效于一时，却很难令国家长治久安。秦统一中国仅仅十四年，便失去了江山。那是秦始皇的失败，也是商鞅酷法的失败！

韩非的悲剧人生

韩非约生于公元前 280 年，比荀子年轻三十几岁。他本是韩国的贵族，脑瓜聪明，博览群书。可惜落了个口吃的毛病，心里有话说不出，这一来反而锻炼了他的笔杆子，著书立说，下笔千言。

韩非师从儒家大师，却又喜欢"刑名法术之学"，对"黄老"之说也很感兴趣——"刑名法术之学"就是指以管仲、商鞅、申不害等为代表的法家学派；至于"黄老"，则是指道家思想。另外，韩非还吸收了墨家、阴阳家的观点。

当时的韩国虽然厕身"七雄"，但国力较弱。韩非

韩非雕像

曾多次上书提出治国良策，全被韩王当成耳旁风。韩非痛心疾首，只有埋头著书。他一生所写文章极多，最有名的是《孤愤》《说难》《五蠹》《内外储说》《说林》等，内容大半为治国理政的真知灼见，说理爱用寓言。

真金不怕沙埋，这些不被韩王"待见"的文章传到国外，引起一位君主的极大兴趣，此人便是秦王嬴政。他读了《五蠹》等篇，大为赞叹，说：唉，我若能跟这位作者见见面，死而无憾啊！

李斯当即告诉秦王：这位作者是我的师弟韩非。秦王听了，即刻发兵攻打韩国。韩王本来没把韩非当回事，知道秦兵是为韩非而来，便顺水推舟，派韩非出使秦国。秦王反倒心生疑虑，失去了对韩非的兴趣。

李斯对这位老同学本来就心怀嫉妒，担心韩非的到来，会影响到自己的仕途。于是他伙同姚贾等人给韩非"穿小鞋"，向秦王进谗言说：韩非是韩国贵族，哪有不偏向本国之理？他向你建议放过韩国，先打赵国和齐国，就藏着私心呢！你若不用他，也别放虎归山，不如找个茬儿除掉他算了！

秦王一时糊涂，果然把韩非投入监狱。李斯还怕韩非不死，又派人送去毒药，逼他自尽。等秦王"纳过闷儿"来，想要赦免韩非时，韩非已自杀身亡！那年他还不到五十岁！

人死了，著作却留下来了。韩非的传世文章有五十五篇，编为一书，最初称《韩子》。唐宋时，为了跟另一位"韩子"（古文家韩愈）相区别，书名改称《韩非子》。

附录：

《韩非子》目录

一、初见秦，二、存韩，三、难言，四、爱臣，五、主道，六、有度，七、二柄，八、扬权，九、八奸，一〇、十过，一一、孤愤，一二、说难，一三、和氏，一四、奸劫弑臣，一五、亡征，一六、三守，一七、备内，一八、南面，一九、饰邪，二〇、解老，二一、喻老，二二、说林上，二三、说林下，二四、观行，二五、安危，二六、守道，二七、用人，二八、功名，二九、大体，三〇、内储说上七术，三一、内储说下六微，三二、外储说左上，三三、外储说左下，三四、外储说右上，三五、外储说右下，三六、难一，三七、难二，三八、难三，三九、难四，四〇、难势，四一、问辩，四二、问田，四三、定法，四四、说疑，四五、诡使，四六、六反，四七、八说，四八、八经，四九、五蠹，五〇、显学，五一、忠孝，五二、人主，五三、饬令，五四、心度，五五、制分。

《五蠹》: 揭开"禅让"的秘密

若了解韩非的核心主张，还要读读他的《五蠹》《孤愤》《内外储说》《说林》《说难》等篇。

"蠹"是专门蛀蚀器物的蛀虫；书籍、木器等生了蛀虫，早晚会被蛀空的。自然，这里的"五蠹"是指五种蛀蚀社会的

"蠹虫"，分别是学者（儒家）、言谈者（纵横家）、带剑者（侠客）、患御者（逃避兵役的人）和工商之民（商人、工匠）。

韩非批判儒者，先从儒家的历史观说起。他说：上古之世，百姓少，禽兽多。百姓不堪禽兽之扰，于是有圣人出来，发明在树上搭巢，让百姓安居避害。百姓拥护他为王，号称"有巢氏"。百姓生吃瓜果蚌蛤，腥臭伤胃，又有圣人出来钻木取火，让百姓吃上熟食。百姓拥护他为王，号称"燧人氏"。中古之世洪水泛滥，鲧、禹父子挖掘河道，制服洪水；近古之世夏桀、商纣残暴昏乱，便有商汤、周武前去征伐，同样受到百姓拥护。

韩非话头一转说：

今有构木钻燧于夏后氏之世者，必为鲧、禹笑矣；有决渎于殷、周之世者，必为汤、武笑矣。然则今有美尧、舜、汤、武、禹之道于当今之世者，必为新圣笑矣。是以圣人不期修古，不法常可，论世之事，因为之备。（《五蠹》）

◎构木：以树枝搭建住所。钻燧（suì）：钻木取火。燧，古代取火的工具。夏后氏之世：夏朝。◎决渎：疏通水道。渎（dú），水沟，河川。◎美：赞美。◎期：期许，羡慕。修古：远古。法：效法。常可：永恒不变的常规。备：应对之策。

韩非说：如果到了夏代（有房子住、有火种用），有人还在树上筑巢并钻木取火，就一定会被鲧、禹所耻笑；到商、周时

（没有洪水）还要效仿大禹疏通河道，也一定会被商汤、周武耻笑。然而到了今天，竟有人还一个劲儿赞美尧、舜、汤、武、大禹的做法，就一定会被新时代的圣人所耻笑。所以说，真正的圣人不羡慕远古时代，不效法"永恒不变"的常规，总是根据当世的情形采取新办法来应对。

说到这儿，韩非讲了个寓言：

宋人有耕田者，田中有株，兔走触株，折颈而死，因释其耒而守株，冀复得兔，兔不可复得，而身为宋国笑。今欲以先王之政，治当世之民，皆守株之类也。（《五蠹》）

◎株：树。释：放下。耒（lěi）：古代翻土的农具。冀：希望。

宋国有个农夫，他的田里有棵树。有一回一只兔子跑得急，一头撞在树上，撞断脖子死掉了。农夫于是放下农具，整天在树旁守着，期待再有兔子送上门来。——然而兔子再也不曾出现，农夫的行为却被宋国人传为笑柄。韩非说：如今那些想用先王之政来治理当世百姓的，不是跟这位守株待兔的农夫一样愚蠢吗？

说到这儿，韩非大概认为道理还没讲透，又说：古代人少，男人不用耕田，摘些野果子就够吃了；女人不用纺织，禽兽的皮毛就穿不完。人少财货多，所以人们不用争夺，管理者也不必奖赏惩罚，社会自然安定。如今则不然，一家生五个儿子也不算多，每个儿子再生五个，爷爷没死，已经有了二十五个孙子！人多了，财货却不见多，人们辛苦劳动，所得甚微，因而起了争夺之心，即便加倍赏罚，社会仍不免于混乱。

韩非又解释为什么古人搞禅让，现在却行不通。他说：尧统治天下时，自己生活艰苦，住在茅草房里，房顶不修剪，椽子不砍削，吃粗粮，喝野菜汤，冬天披兽皮，夏天穿粗葛，生活质量还赶不上今天一个看大门的！禹也如是，亲自拿着农具走在大伙儿前头，累得大腿没肉、小腿没毛，现在的奴隶也没这么苦！

所以说，古代圣君让出天子之位，不过是让出了看门人的口粮、脱离了奴隶的苦海罢了，有什么可赞扬的？看看今天，一个小小的县官死了，留下的财富，也足够让子孙几代吃香的喝辣的，出门能坐上马车。所以说，辞让古代的天子"宝座"容易，辞掉今天的县官位子难啊！这都是历史变迁、利益变化的缘故。

烈火熔金，大盗缩手

为了说明经济对道德、制度的影响，韩非还举了不少例子：住在山上的人吃水困难，遇上年节，甚至拿水当贵重的礼物送人。可是住在低洼地的人，却要花钱雇人挖沟排涝。遇上荒年灾月，连亲弟弟都没饭吃；可是到了丰收的秋季，对远来的陌生人也会热情款待。

这么看，古人看轻财物，不是有仁心，而是物质丰富的缘故；今人相互争夺，也不是贪吝，而是物质匮乏的缘故。同样，古人辞掉天子，不是道德高尚，而是因为天子权小利薄；今人争夺官位、依附权贵，不是道德卑下，而是因为当官的权重利多。

因此，圣人制定政策，一定要考虑财富多少、权势轻重。"事因于世，而备适于事。"（政事要随着时代而变化，措施要适应变化着的政事。）

出身儒门的韩非，对儒家思想的批判毫不留情。他说，古今社会变化了，政治措施也要改一改。如果仍用儒家的"宽缓之政"来治"急世之民"（动荡时代的百姓），就如同没有笼头、马鞭却要驾驭烈马一样，一准儿会招致灾祸！

以下韩非又直接抨击儒、墨两家"称先王兼爱天下，视民如父母"的主张。他反问：君王对待百姓像父母疼爱子女，就一定能治理好国家吗？父母疼爱亲骨肉是天经地义的，然而还不见得家家和睦呢；君主爱百姓能超过父母爱子女吗？又怎么能保证百姓不叛逆呢？因此说，治理国家只能靠法制，该用刑就得用刑，仁慈和眼泪没用！

韩非的见解是："民者固服于势，寡能怀于义。"（百姓只屈服于权势，很少有人能被仁义感化。）这回他直接

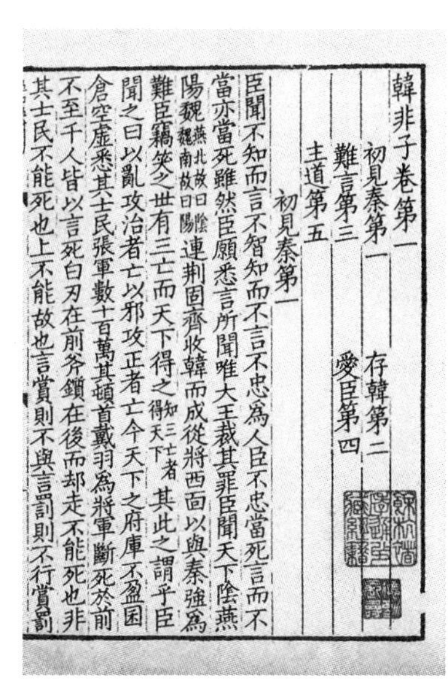

《韩非子》书影

拿孔子举例，说孔子是天下的大圣人，以仁义来号召天下，可是跟随他的也只有七十人。看起来，"能仁者寡，能义者难"，真正能秉持仁义的，说来说去也只有孔夫子一位。

可权势的力量却大得多。就说跟孔子打交道最多的鲁哀公吧，韩非称他是"下主"（不高明的君主）。可就是这位"下主"占据国君的位子，鲁国没人敢不服的。看来"民者固服于势"，连伟大的孔子也要向这位"下主"称臣。孔子是服从哀公的"义"吗？显然不是，是服从他的"势"啊！孔子尚且如此，又何况他人！

韩非又举例说：如今有个"不才子"（不成器的孩子），爹妈发怒训斥，他不改；乡亲们责骂讥诮，他无动于衷；老师苦口婆心地教诲，他依然故我。父母之爱、乡亲之德、师长之智，这三者加起来，都不能让他改变分毫。可是地方官带着家伙来执行法令、搜拿奸人，这小子怕得要命，顿时改变了恶习恶行！看来父母的慈爱只会让他更骄横，只有威权最管用！

为了说明严格执法的重要性，韩非还有更精彩的比喻：

布帛寻常，庸人不释；铄金百溢，盗跖不掇。不必害则不释寻常；必害手则不掇百溢。故明主必其诛也。是以赏莫如厚而信，使民利之；罚莫如重而必，使民畏之；法莫如一而固，使民知之。（《五蠹》）

◎寻常：古代长度计量单位，八尺为一寻，两寻为一常。庸人：常人。◎铄（shuò）金：熔化的黄金。溢：通"镒"，重量单位。掇：拿，夺。◎必其诛：诛罚坚定。

这里打比方说：一块一两丈的布头儿，一般人拿了就不肯放手；可是两千两正在熔化的黄金搁在那儿，就是大盗也不敢下手盗取！肯定无害时，一块布也不愿放过；注定伤手时，两千两黄金也没人敢要。所以说，英明的君主一定要坚定地执行刑罚，让刑罚像熔化的金块一样令人缩手！

韩非的结论是：君主的奖赏要优厚而守信，让百姓向往；君主的刑罚要严厉而果决，令百姓畏惧。法令要始终如一、固定不变，让百姓深信不疑！再让舆论称赞受赏的，抨击挨罚的，"则贤不肖俱尽力矣"（于是无论贤能的还是不成器的，全都拼命向前）。

驱除儒侠，以法为教

在做了一番铺垫之后，文章才进入"五蠹"正题，先说儒（学者）和侠（带剑者）对社会的蠹害：

> 儒以文乱法，侠以武犯禁，而人主兼礼之，此所以乱也。夫离法者罪，而诸先生以文学取；犯禁者诛，而群侠以私剑养。故法之所非，君之所取；吏之所诛，上之所养也。法、趣、上、下，四相反也，而无所定，虽有十黄帝，不能治也。（《五蠹》）

◎文：文学，这里指儒家推崇的诗书礼乐等。侠：游侠，即带剑者。禁：禁令，法令。礼：以礼相待。◎离法：触犯法律。离，通"罹（lí）"，触犯。取：录取，录用。◎私剑：不遵国家法令，仗剑为非。养：供养。◎趣：通"取"。

韩非说：儒者以"文学"扰乱法治，游侠靠武力干犯禁令，然而君主对这两种人却都待遇优厚，这正是造成社会混乱的原因啊！按说呢，触犯法律就该治罪，而儒生们却凭借着乱法的"文学"当上了官；干犯禁令就该处罚，但游侠们却因仗剑逞凶而受到供养。这么一看，法律禁止的，恰恰是君王任用的；官吏惩罚的，恰恰是君主供养的。禁止与录用、上级和下级，这四者刚好拧着干，没有固定标准，就是有十位黄帝再世，也不能让天下太平啊！

以下韩非又连举了两个例子，用以反驳儒家的主张：楚国有个叫"直躬"的少年，因告发父亲偷羊，被令尹杀掉了；理由是：他对君王忠心，对父亲却忤逆不孝。在另一个例子中，有个鲁国人跟着国君去打仗，却三番两次临阵脱逃，自称家有老父，自己死了没人赡养。孔子认为他是个孝子，还提拔他当了官。

韩非说：君主的直臣却是父亲的逆子，而父亲的孝子却是君主的叛臣。国家利益跟个人利益如此不同，"而人主兼举匹夫之行而求致社稷之福，必不几矣"（君主既要顾及个人品行，又要求取国家利益，肯定没有成功的可能）！

以下韩非又说："古者仓颉（jié）之作书也，自环者谓之私，背私谓之公，公私之相背也，乃仓颉固以知之矣。今以为同利者，不察之患也。"这是换个角度，从造字法的角度来解释"公""私"相悖的道理。原来古文字中的"私"像个倒置的问号，围绕自我画个圈；而"公"字则是在"私"字上加个"八"（即古"背"字），表示与私相背。由此可见，创造文字的圣人早就明白公私不能兼顾的道理；而今妄言公私兼顾者，是犯了没有深察的错误。

韩非因此说：

> 国平养儒侠，难至用介士。所利非所用，所用非所利；是故服事者简其业，而游学者日众，是世之所以乱也！（《五蠹》）
>
> ◎平：太平。难（nàn）：祸难，战争。介士：披甲之士，将士。◎服事者：指农民、士兵。简其业：对待本职工作不尽心。游学者：指儒者、游侠等到处碰机会的人。

国家太平时供养儒者、游侠，国难当头时，真正管用的却是披甲的将士。平时得好处的，国难当头却用不上；而用得上的，平时又得不到好处。于是乎，干实事的（农夫、士兵）都无心打理他们的本业，而游侠和儒生却一天天多起来。世道混乱的原因也正在这里！

对于百姓，韩非的策略是"重赏之下必有勇夫"。农夫辛苦种田能致富，士兵英勇杀敌能获赏，自然国富而民安。而韩非的理想之国也正是这个样子：

> 故明主之国，无书简之文，以法为教；无先王之语，以吏为师；无私剑之捍，以斩首为勇。是境内之

民，其言谈者必轨于法，动作者归之于功，为勇者尽之于军。是故无事则国富，有事则兵强，此之谓王资。既畜王资，而承敌国之衅，超五帝侔三王者，必此法也。（《五蠹》）

◎书简：书籍、文献。这里专指儒家的诗书之类。◎捍：通"悍"，强悍。斩首：指在战场上斩杀敌人，为国效力。◎轨于法：合于法，以法为轨。◎王资：统一天下的资本。◎衅（xìn）：同"衅"，缝隙，引申为弱点。侔（móu）：等同。

韩非说：明主的国度没有繁多的文献典籍，只拿法令当教材；没人谈论先王的教导，只拿官吏当老师。没有私人仗剑斗狠，人们只把为国杀敌当作勇敢。凡是境内百姓，发表言论的必须合于法度，从事劳作的必须回归农业，表现勇敢的全都归入军中。这样一来，和平时期则国家富有，发生战事则兵力强盛，这便是称王天下的资本。积累了雄厚的资本，再抓住敌国的弱点，要想超过五帝、赶上三王，就一定得这么办！

韩非所描绘的治国蓝图，后来被秦王采纳。秦始皇焚书坑儒、以吏为师的举措，应即源于这篇《五蠹》。

"五蠹"不除，后果严重

儒者和游侠是内部的"蠹虫"，"言谈者"则是外部的"祸水"——言谈者即纵横家。战国时期，各国之间除了兴兵动武，还借助外交手段相互结盟；后来形成"合纵""连横（又作'连衡'）"两大联盟。

"合纵"是指燕、齐、赵、韩、魏、楚等六国为了抗击日渐强大的秦国而结盟，由于这些国度是南北走向的，所以称合纵。"连横"则指秦国为了对付合纵，与六国分别结盟，因位置为东西方向，故称连横。

所谓纵横家，即指一批职业外交家，他们或主合纵，或主连横，四处游说，巧舌如簧；在为"雇主"效力的同时，也为个人牟取金钱、官位。最有名的纵横家是苏秦、张仪。然而在韩非眼里，他们也是"五蠹"之一。

韩非说，由于言谈者的游说、搅扰，朝中群臣也分成合纵、连横两派，争论不休。实则各怀鬼胎，没人真替国家考虑。言谈者夸大外交的作用，说什么"外事大可以王，小可以安"。韩非则认为，称王的前提是打败别人，安邦的前提是不被人打败。要使国家强大安定，光靠外交绝对不够，只有搞好内政才行。"今不行法术于内，而事智于外，则不至于治强矣"——而今不推行法治，不提高操纵群臣的能力，只在外交上耍小聪明，就达不到安定强盛的目标。

韩非又引用"鄙谚"说："长袖善舞，多钱善贾。"（袖子长，好跳舞；银钱多，好经商。）这是说条件优越、资本雄厚才容易把事做好。国家富足强大了，想怎么干都行。而类似周、卫那样的小国、弱国，不在治理内部下功夫，今天搞合纵、明天搞连横，最终也难逃亡国的命运！

"五蠹"中所谓"患御者"，是指追求个人利益而逃避兵役的人。当兵确实没啥好处，前进可能亡于刀剑，后退又会死于军法；抛家舍业去从军，家里就会穷困，因此人们避之唯恐不及。于是有人便依附权贵，替权贵修房子、服劳役，借此躲避兵役，获得安全。甚至不惜花费钱财贿赂当权者。这样一来，"公民"少而"私人"多，受损失的当然是国家。——这里的"公民"可不是现代意义上的公民，而是指为国家服役纳粮的在册之民。

那么"商工游食之民"怎么也成了蠹虫了？法家重耕、战，以农夫、士兵为正业；鄙视商人、工匠及流民。韩非说：明君治国，总希望商人、工匠、游手好闲的越少越好，因而极力贬低他们的身份。然而现在，商人、工匠有钱也能买到爵位，提升社会地位；奸商搜刮聚敛，收入是农夫的好几倍，尊荣超过了战士。结果经营耕、战正业的"耿介之士"越来越少，而从事工商"末业"的人却越来越多！

《五蠹》末尾，韩非又把五种人的危害做了归纳总结：儒者只会称颂先王，凭借仁义学说四处说教，衣冠楚楚、雄辩滔滔，质疑当代法律，动摇君主信心。纵横家则危言耸听，借助外国势力谋求个人私利，把国家利益抛于脑后。游侠剑客则聚集徒众，标榜节操，扬名立万，不惜触犯国家禁令。逃避兵役者则聚集在权贵门下，行贿舞弊，靠贵人的庇护逃避服役的劳苦。从事商业、手工业的，则靠着制造粗劣器具，积聚大量财富，囤积求售，从农夫身上牟取暴利。这五类人，都是国家的蠹虫。君主若不驱除这五类，不培养从事耕、战正业的正直之士，那么海内出现残破之国、灭亡之朝，也就不足为怪了。（文

摘一二）

这话措辞委婉，内涵却再尖锐不过。——"五蠹"不除，那"破亡之国，削灭之朝"就是你韩国、秦国啊！

【文摘一二】

五蠹之害（《韩非子》）

是故乱国之俗，其学者则称先王之道，以籍仁义，盛容服而饰辩说，以疑当世之法，而贰人主之心。其言古者，为设诈称，借于外力，以成其私，而遗社稷之利。其带剑者，聚徒属，立节操，以显其名，而犯五官之禁。其患御者，积于私门，尽货赂，而用重人之谒，退汗马之劳。其商工之民，修治苦窳之器，聚弗靡之财，蓄积待时而侔农夫之利。此五者，邦之蠹也。人主不除此五蠹之民，不养耿介之士，则海内虽有破亡之国，削灭之朝，亦勿怪矣。（节自《五蠹》）

◎籍：通"借"，依托，凭借。疑：质疑。贰：动摇。◎为（"为设诈称"）：通"伪"，假。遗：抛弃。◎五官之禁：泛指国家法令。五官，司徒、司马、司空、司士、司寇。◎积：聚集。私门：指权贵之门。货赂：贿赂。重人：权势者。谒（yè）：请托。退：逃避。◎苦窳（yǔ）之器：粗劣的器物。弗靡：奢侈。弗，通"费"。侔：谋取。

《韩非子》里"数字"多

先秦学者的文章各有千秋：孔子的话语简练而亲切，孟子的文章气势如虹，庄子的文字汪洋恣肆，墨子的语言朴实无华。而韩非的文章则显示着很强的逻辑性，看问题往往有多个角度——这从文章题目也能看出：《八奸》《十过》《三守》《六反》《八说》《八经》……全都带着数目字。

《八奸》揭示奸臣哄骗君主、篡夺君权的八种手段，即"同床""在旁""父兄""养殃""民萌""流行""威强""四方"。总起来，就是提醒君主警惕无孔不入的奸邪小人。

《十过》则提示君主要时时反省自身的十种过错。例如行"小忠"而违背"大忠"，顾"小利"而损失"大利"，刚愎自用而无礼于诸侯，不务政事而沉溺于靡靡之音，离朝远游而不听劝谏……

能察知臣下的忠奸，了解自身的不足，君主还要掌握三条治国驭下的原则，即所谓"三守"。在《三守》篇中，韩非提出："人主有三守。三守完，则国安身荣；三守不完，则国危身殆。"——"守"即把握、控制。"完"是完备、完全。

"三守"中的第一"守"是这样的：

人臣有议当途之失、用事之过、举臣之情，人主不心藏而漏之近习能人，使人臣之欲有言者，不敢不下适近习能人之心，而乃上以闻人主。然则端言直道之人不得见，而忠直日疏。（《三守》）

◎当途：当道，当权大臣。用事：执政者。举臣：群臣。举，全部。近习：左右亲信。能人：指善于钻营得到重用的人。适：顺从。◎端言直道：讲真话，行为正直。疏：疏远。

这是说，有臣子向君主陈说当权者的失误、执政者的过失以及群臣的实情，君主不能藏之于心，随便泄露给身边亲信及得势之人。时间一长便造成这样的局面：想要进言的臣子向君主报告时，不敢不顺从众亲信及得势者的心意。如此一来，说话公正、做事正直的人就见不到君主，忠诚耿介之士也一天天被疏远。——这里讲的便是君主的驭人之术，强调君主应高高在上、掌控一切，一些绝密信息决不能跟臣下分享，不能让臣下猜透自己的心思，哪怕是心腹之人。

"三守"中的第二"守"是：

爱人，不独利也，待誉而后利之；憎人，不独害也，待非而后害之。然则人主无威而重在左右矣。（《三守》）

◎誉：这里指有人称誉。◎非：这里指有人否定、非议。

君主喜爱一个人，不能自作主张地奖赏他，非要等左右的人都夸奖他再去奖赏；君主痛恨一个人，不能自作主张地惩罚他，非要等左右的人都非议他再去惩罚。这样一来，君主便会失去权威，让左右亲近之人得势专权。——这里讲的仍然是"术"，然而其中又有造"势"的成分，即君主要把奖惩之权牢牢掌握在自己手中。

第三"守"仍强调"术""势"兼顾：

> 恶自治之劳惮，使群臣辐凑之变，因传柄移藉，使杀生之机、夺予之要在大臣，如是者侵。(《三守》)
>
> ◎恶（wù）：厌恶。惮：通"瘅（dān）"，劳累。辐凑：向中心聚拢。变：权变。传柄移藉：转移权柄和势位。藉，通"阼"，势位。夺予之要：剥夺与给予的决定权。

这是说，君主厌恶亲自处理政务，怕劳累、嫌麻烦，让群臣商量着办。这样一来，君主倒是落得清闲，然而权柄转移、势位颠倒，生杀予夺之权渐渐转移到大臣手中，这是对君权的严重侵害。——韩非再度指出"势"的重要，强调君主要不惜一切代价，把权力牢牢抓在自己手心里，这也是帝王之"术"的核心。

以下又说到"三劫"：大臣结党营私、公然篡权，这叫"明劫"；臣下通过独揽政事来篡权，这叫"事劫"；臣下专揽刑罚之权，则叫"刑劫"。韩非认为："三守不完则三劫者起；三守完则三劫者止。三劫止塞则王矣。"——原来"三守"和"三劫"有着因果关系，把握"三守"原则，就能防止"三劫"危险，君主就可以统一天下了！

《六反》《八说》两篇，仍是对儒家仁政主张的批判。韩非认为身处"大争之世"，唯有搞法治才能富国强兵；施仁政只会损害国家，其结果跟搞暴政没啥两样！

在韩非看来，搞法治才是"圣人之道"；只要法度严明，使

韩非故里新郑，相传又是黄帝故里

百姓人人畏法守法，有功必赏、有过必罚，哪怕"君不仁，臣不忠"，也不难成就王霸之业！

至于《八经》，则相当于八条"君主治国须知"；其中包括"因情""主道""起乱""立道""类柄""参言""听法""主威"，所谈也仍是法、术、势那一套。

自汉武帝"废黜百家，独尊儒术"，历代帝王无不把儒家经典高置于龙书案上。然而在帝王的座席、卧榻之侧，大概也少不了一部《韩非子》——揣摩韩非的"三守""六反""八经"之类，成为帝王们驭下治国的必修课。

《说林》：韩非的"卡片箱"

韩非不仅擅长说理，还很会"讲故事"。《韩非子》中的《说林》二篇及《内储说》《外储说》等六篇，汇集了大量历史故事、民间传说及寓言小品，差不多占了全书篇幅的三分之一。

这些带"说"字的篇章，如同韩非的"卡片箱""素材库"。大概他读书时遇到有意思的历史材料或故事传说，便把它记录并储备起来，于是便有了《说林》《储说》等篇。——"说"是一种叙事文体，后世的"小说"，不也是以"说"命名的吗？

就来看几则《说林》故事：

> 汤以伐桀，而恐天下言己为贪也，因乃让天下于务光。而恐务光之受之也，乃使人说务光曰："汤杀君而欲传恶声于子，故让天下于子。"务光因自投于河。（《说林上》）

◎以：通"已"。务光：夏末隐士高人。◎说（shuì）：劝说。

商汤讨伐暴君夏桀，又怕天下人议论自己贪图君位，于是做个样子，要把天下让给务光；却又怕务光真的接受，便派人私下对务光说：汤杀掉了国君，想把这恶名转嫁到你身上。务光信以为真，便投河自杀了。

务光是传说中的高士，《庄子》中也提过他，说汤伐桀之前曾向他请教，还请他推荐人才，他都拒绝了。汤建立商朝后又想让位给他，务光推辞不受，后来干脆背着块大石头自沉于庐水。——韩非跟老师荀子一样，秉持"性恶论"；在他看来，一切美好的历史传说背后，总有不为人知的隐秘，反映着人性的丑恶。

再如"子圉见孔子"：

子圉见孔子于商太宰。孔子出，子圉入，请问客。太宰曰："吾已见孔子，则视子犹蚤虱之细者也。吾今见之于君。"子圉恐孔子贵于君也，因谓太宰曰："君已见孔子，亦将视子犹蚤虱也。"太宰因弗复见也。（《说林上》）

◎子圉（yǔ）：宋人，生平不详。见：引荐。商：宋。太宰：官名，相当于相。◎蚤虱：跳蚤，虱子。

子圉把孔子介绍给宋太宰。孔子离开后，子圉入见太宰，问起对客人的印象。太宰说：我见过孔子后，再看你，就像跳蚤、虱子那样渺小！我打算把他介绍给国君。子圉唯恐孔子受宋君重用，于是对太宰说：国君见了孔子，也会把您看成跳蚤、虱子的。太宰于是打消了引荐孔子的念头。跟前一则一样，韩非洞察人性的阴暗，并要借此总结出驭人之术。

韩非推崇智谋，特别关注那些利用人性弱点以应对危机的例子，譬如这一则：

子胥出走，边候得之。子胥曰："上索我者，以我有美珠也。今我已亡之矣。我且曰子取吞之。"候因释之。（《说林上》）

◎边候：守卫边界关卡的小吏。◎亡：丢失。

子胥即楚人伍员，这里说他遭受楚王迫害而出逃，被守边的小吏抓获。子胥镇定地说：君王搜拿我，是因为我手里握有一颗贵重的宝珠。但宝珠已被我弄丢了。我若见到君王，就一口咬定那珠子被你吞到肚子里了。守边小吏害怕被剖腹寻珠，只好把他放了。这显然是一则传说，它给人的启示是如何利用他人的惧祸心理，来实现自己的利益。

在另一则故事里，也涉及吞吃宝物的情节：

有献不死之药于荆王者，谒者操之以入。中射之士问曰："可食乎？"曰："可。"因夺而食之。王大怒，使人杀中射之士。中射之士使人说王曰："臣问谒者曰可食，臣故食之，是臣无罪，而罪在谒者也。且客献不死之药。臣食之而王杀臣，是死药也，是客欺王也。夫杀无罪之臣，而明人之欺王也，不如释臣。"王乃不杀。（《说林上》）

◎谒者：宫廷中负责通报传达的官吏。◎中射之士：君主的武职侍从。

有个人声称有"不死之药"，拿来献给楚王。传递官把药送进宫内，一名侍卫问：可以吃吗？传递官说：可以。侍卫一把夺过来吞进肚里。楚王闻听大怒，要把侍卫杀掉。侍卫托人向楚王申辩说：我问传递官可以吃吗，他说可以吃，所以我吃掉了，我是无罪的，罪在传递官。而且客人献不死之药，我吃后如果被王杀死，那就证明它不是不死之药，是客人欺骗了大王。大王杀掉无罪的我，只为证明客人欺骗大王，有什么意义呢？不如饶了我吧！楚王听他讲得有理，于是免他一死。

侍卫显然是在偷换概念：不死之药的效用是延年益寿，并不代表吃了可以刀枪不入。

"纣为象箸"与"隰子止伐"

韩非的寓言，大半依附于历史人物。"纣为象箸"便是借昏君商纣来讲说"见微知著"的道理：

> 纣为象箸而箕子怖，以为象箸不盛羹于土簋，则必犀玉之杯；玉杯象箸必不盛菽藿，则必旄象豹胎；旄象豹胎必不衣短褐而舍茅茨之下，则必锦衣九重，高台广室也。称此以求，则天下不足矣。圣人见微以知萌，见端以知末，故见象箸而怖，知天下不足也。（《说林上》）
>
> ◎象箸：象牙筷子。土簋（guǐ）：陶制食器。◎菽藿（huò）：菽，豆类总称。藿，豆类的叶。旄：牦牛。豹胎：母豹所怀胎仔。◎衣：穿。茅茨（cí）：茅草屋顶，也指茅屋。◎称（chèn）：相称。

商纣王用贵重的象牙制作了一副筷子，他的叔叔箕子见了，心生忧惧。他想：使用象牙筷子，就一定不会再拿陶罐盛肉汤，肯定要换成犀角碗、美玉杯。而玉杯牙筷也肯定不会拿来盛豆羹、搛豆蔓，一定要跟牛筋、象肉、豹胎之类的山珍野味相配。吃这样的美味，一定不甘心穿粗布短衣、坐在茅草屋下，肯定会穿上九层锦绣的华服，住进高台广厦。要想达到这样的标准，天下的财货可就不够用了。——圣人总是能从微小的征兆看到显著的后果，从不起眼的开端预测到事情的结局。所以箕子见到象牙筷子就忧惧，知道天下的财货已填不满纣王的欲壑！

见微知著的道理，我们在《易经》《春秋》等儒家经典里已屡次领教。韩非则用寓言形式说出，则更为生动形象。

另一则寓言仍以纣和箕子为主角：

纣为长夜之饮，欢以失日，问其左右尽不知也。乃使人问箕子。箕子谓其徒曰："为天下主而一国皆失日，天下其危矣。一国皆不知而我独知之，吾其危矣。"辞以醉而不知。（《说林上》）

◎失日：忘记了日期。

纣王饮酒通宵达旦，喝得昏天黑地，竟忘记了"今夕何夕"。问问身边的侍者，也没人知道。于是又派人去问箕子。箕子当然知道，不过他对身边随从说：做了一国之主，竟让全国都忘记日期，天下危险了！一国都不知道，唯独我知道，那么我也危险了！于是对来人说自己也醉了，不知道准确日期。箕子说了谎。不过在一群醉汉中，一个清醒者也只能装醉来保护自己。

《说林》中还有不止一则故事教人如何跟权势者打交道，以保护自己；如"隰（xí）斯弥伐树"：

隰斯弥见田成子，田成子与登台四望。三面皆畅，南望，隰子家之树蔽之。田成子亦不言。隰子归，使人伐之。斧离数创，隰子止之。其相室曰："何变之数也？"隰子曰："古者有谚曰：'知渊中之鱼者不祥。'夫田子将有大事，而我示之知微，我必危矣。不伐树，未有罪也；知人之所不言，其罪大矣。"乃不伐也。(《说林上》)

◎离：通"罹"，遭受。创：创伤。◎相室：家臣，管家。数：通"速"，快。

隰斯弥是齐国大夫，田成子即齐国权臣田常。隰斯弥陪田成子登上高台四处眺望——这高台大概是田成子新建的吧。只见三面视野开阔，一览无遗，只有南面，被隰斯弥家的树木挡住了视线。田成子倒没说什么，隰斯弥却已猜透他的心思，回到家中，隰斯弥命人砍树；刚砍了几斧子，又吩咐停止。管家问他为啥，他说：古人有谚语说，能看到深渊里的鱼是不吉利的。田成子是干大事的人，我若表现出察觉他的隐秘，我就危险了！不砍树算不了什么罪过；察知别人没说出口的心思，这个罪过就大了。于是不再砍伐。

春秋战国是"大争之世"，社会环境日益复杂险恶，身处其间的人不得不动脑筋、长心眼儿，相互算计又彼此提防，这一切磨炼了人们的思维能力。读《韩非子》，你处处能感觉到这一点。

"伯乐授徒"与"三虱争讼"

韩非已注意到事物因果关系的复杂性，一种后果可能是由多种原因导致的。在《说林》中，他讲了伯乐授徒的故事。

伯乐教两个学生如何相"蹏（dì）马"，也就是常用后蹄踢人的烈性马。学生甲相中一匹，学生乙从后面去摸马屁股，连摸三次，马都没踢人。甲以为自己相错了。乙说：你没错，但这匹马的前腿关节受伤肿大，无力支撑整个身体，因此后腿抬不起来。——同样的结果，原因可能有多种，可惜这个道理至今还有很多人不清楚。

有关伯乐的寓言，还有一则：

> 伯乐教其所憎者相千里之马，教其所爱者相驽马。千里之马时一，其利缓；驽马日售，其利急。此《周书》所谓"下言而上用者惑也"。（《说林下》）
>
> ◎时一：少见。利缓：获利慢。◎日售：每天都有售卖。◎《周书》：当为《逸周书》。下言：适用于一时一事的话。上用：用作普遍原则。

伯乐以善于识别千里马闻名，但他教人相马，总把识别千里马的技术教给他不喜欢的学生，而把识别普通马的技术教给他钟爱的学生。这又是为什么？原来，千里马不常有，学会识别千里马，很难靠这个赚钱发财。而普通马的交易多得很，学会识别普通马，也便吃穿不愁。韩非借用《周书》上的话

伯乐相马

说：把适用于一时一事的话当作普遍原则来使用，那简直是糊涂！——识别千里马的高端技术只能偶然一用，靠它谋生，只会饿死。

《说林》中还有一则"海大鱼"的故事，展示了一位舌辩者的风采：

靖郭君将城薛，客多以谏者。靖郭君谓谒者曰："毋为客通。"齐人有请见者，曰："臣请三言而已。过三言，臣请烹。"靖郭君因见之。客趋进曰："海大鱼。"因反走。靖郭君曰："请闻其说。"客曰："臣不敢以死为戏。"靖郭君曰："愿为寡人言之。"答曰："君闻大鱼乎？网不能止，缴不能缴也。荡而失水，蝼蚁得意焉。今夫齐

亦君之海也。君长有齐，奚以薛为？君失齐，虽隆薛城至于天，犹无益也。"靖郭君曰："善。"乃辍，不城薛。（《说林下》）

◎城薛：在薛邑修建城墙。◎缴：带丝绳的箭。绖（guà）：通"挂"。◎荡：放纵。◎隆：加高。◎辍（chuò）：停止。

靖郭君即齐国贵族田婴，他想给薛邑筑城墙，门客们纷纷劝止。靖郭君不耐烦，吩咐传达官：别给他们通报！有个齐国客人求见，说我只说三个字，多一个字你就烹杀我好了！靖郭君答应了。

客人快步上前，只说了"海大鱼"三个字，回头就走。靖郭君好奇，叫住他。客人故意拿捏说：我不敢拿性命开玩笑啊！得到靖郭君的特许，他才缓缓说：你听说过一种大鱼吗？它在海里游，网罗罩不住它，绳箭也拖不动它。但如果它忘情一跳，离水上岸，连蝼蛄、蚂蚁都能对付它！如今齐国就是你的大海，你长久保有齐国，还要筑薛城干啥？你失掉齐国，就是把薛邑的城墙筑得比天高，也毫无用处！靖郭君听了，恍然大悟，立刻停止了筑城计划。

齐客的比喻生动易晓，能一下子抓住要害、说服对方。他的求见方式更有意思：利用人的好奇心理，拿意义难明的半句话钩住对方，使自己获得陈说的机会。——那个时代重视人的智慧，因而诞生了一批洞悉人心又精于论说的士人，齐客便属此类。

《说林》中的寓言不全是借重人物说理，也有以动物为主角的，像"三虱争讼"：

三虱相与讼，一虱过之曰："讼者奚说？"三虱曰："争肥饶之地。"一虱曰："若亦不患腊之至而茅之燥耳，若又奚患？"于是乃相与聚嘬其母而食之。彘臞，人乃弗杀。(《说林下》)

◎讼：这里指争吵。◎若：你，你们。腊：祭祀名，于周历十二月（夏历十月）举行，要杀猪祭神。◎嘬（zuō）：吸吮，吸血。◎臞（qú）：瘦。

有三只虱子依附在猪身上，相互吵了起来。另一只虱子从旁路过，问：你们吵啥呢？三只虱子回答：我们在争肥美的地盘儿！过路虱子说：你们难道不怕腊祭的日子一到、烤猪的茅草连你们一同烧死吗，怎么还有心争地盘？三只虱子恍然大悟，赶忙聚在一块儿，猛嘬母猪的血。母猪因而消瘦，人在腊祭时放过这口瘦猪，选择了更肥的。

这里是借虱讽人，讥笑那些目光短浅、只争小利而不识大体的统治者。这类以动物为主角的寓言，庄子曾写过不少。例如《庄子·徐无鬼》中就写了一只在猪身上安家的"豕虱"，它自以为找到安乐窝，其结果则是在屠夫燃起的柴草火光中，跟猪肉一同被烧焦。——韩非对《庄子》的借鉴是显而易见的。

梦见灶头是啥征兆

《说林》的编排比较散乱，仿佛一堆未经整理的资料卡片。而以"储说"为名的六篇，则排列有序，条理井然。这六篇分别是《内储说上七术》《内储说下六微》《外储说左上》《外储说左下》《外储说右上》《外储说右下》。

"储说"仍有"素材库"的意思。它是由"经"和"说"组成的。"经"文一般只有寥寥几句，重在阐说道理；"说"则以讲故事的形式，对"经"加以佐证。

那么"储说"为何又分内、外呢？原来"内"是指君主的"内谋"，也就是君主的内心盘算：如何提防被臣下哄骗，如何察觉臣下的奸术奸谋。"外"是指君主的外谋：怎样对臣下实施驾驭、控制。

就来看看《内储说上七术》吧。"上"是上篇，"七术"指君主的七种权术，分别是"众端参观"（多方验证臣下言行）、"必罚明威"（对有过错者坚决惩罚，以显君主之威）、"信赏尽能"（对臣下有功必赏，鼓励他们尽心竭力）、"一听责下"（一一听取臣下言论，以督责他们的行动）、"疑诏诡使"（用可疑和诡诈的使令来考察臣下）、"挟知而问"（明知故问，来考验臣下的真伪）和"倒言反事"（故意反着说或做，以测试臣下的忠诚度）。

且看第一条"众端参观"。其"经"为：

观听不参则诚不闻，听有门户则臣壅塞。其说在侏儒之梦见灶，哀公之称"莫众而迷"。故齐人见河伯，与惠子之言"亡其半"也。其患在竖牛之饿叔孙，而江乞之说荆俗也。嗣公欲治不知，故使有敌，是以明主推积铁

之类，而察一市之患。（《内储说上》）

◎参：参验，验证。听有门户：只听信某一人的话。臣壅（yōng）塞：被臣下蒙蔽。◎"其说在"数句：意谓对这一"经"文的解说，在以下几则"说"文中。

这是说，君主听取臣下的言辞，若不加以参验，就不能得到实情。君主如果只听信个别人的话，就会被臣下所蒙蔽——有关的"说"（例证），可参看下面的"侏儒之梦见灶""鲁哀公之称'莫众而迷'""齐人见河伯""惠子之言'亡其半'""竖牛之饿叔孙""江乞之说荆俗""嗣公欲治不知，故使有敌""明主推积铁""察一市之患"等。这些"说"共同证明着"经"中的观点。

譬如"侏儒之梦见灶"这一则：

卫灵公之时，弥子瑕有宠，专于卫国。侏儒有见公者曰："臣之梦践矣。"公曰："何梦？"对曰："梦见灶，为见公也。"公怒曰："吾闻见人主者梦见日，奚为见寡人而梦见灶？"对曰："夫日兼烛天下，一物不能当也；人君兼烛一国人，一人不能壅也。故将见人主者梦见日。夫灶，一人炀焉，则后人无从见矣。今或者一人有炀君者乎？则臣虽梦见灶，不亦可乎！"（《内储说上》）

◎侏儒：古代宫廷中身材矮小、专陪君主笑乐的弄臣。践：实践，应验。◎烛：照亮。壅：阻挡，遮挡。◎炀（yáng）：烘烤东西，烤火。

弥子瑕是卫灵公的宠臣，在朝中一手遮天、说一不二。有个侏儒见到灵公说：我昨晚的梦应验了！灵公问：你梦见啥？回答：我梦见了炉灶，预示着能见到你，今天果然见到了。灵公发怒说：我听说梦见太阳预示见到君主，你见寡人怎么梦见炉灶呢？侏儒回答：太阳能普照天下，没有东西能挡住它的光亮；国君如太阳，同样能照耀所有国人，没人能遮住他的光辉。因而将要见到君主，就会梦到太阳。至于炉灶，只要有一个人在灶头烤火，背后的人就见不到火光了。眼下大概正有一个人在您跟前烤火呢，（所以大家都见不到光亮。）如此说来，我梦见炉灶见到您，有啥不对啊？

这个侏儒胆子真大，敢于当面讥讽灵公，灵公的恼怒是可想而知的。然而事后他也一定会想想：那个挡住灶口的人是谁，莫非是弥子瑕？

"亡其半"与"三人成虎"

有关"众端参观"的"经"文中，还提到"惠子之言'亡其半'"，讲的是这样一则故事：张仪是战国时有名的纵横家，持"连横"之说，替秦国奔走。他来到魏国，劝说魏王联韩而攻齐、楚。魏相惠施是主和派，坚决反对跟齐、楚开战。他与张仪争论，而朝中大臣们全都偏向张仪，没人帮惠施说话。

眼看事情就要定下来，惠施还要做最后的努力。他进宫去见魏王，魏王说：先生不要再说了，攻打齐、楚肯定对我们有利，全国人都这么认为，哪里会错呢？惠施听了，说了下面这番话：

> 惠子因说："不可不察也。夫齐、荆之事也诚利，一
> 国尽以为利，是何智者之众也？攻齐、荆之事诚不可利，
> 一国尽以为利，何愚者之众也？凡谋者，疑也。疑也者，
> 诚疑：以为可者半，以为不可者半。今一国尽以为可，是
> 王亡半也。劫主者固亡其半者也。"（《内储说上》）

◎荆：这里指楚国。◎亡半：丢掉了一半。这里指有一半
人的意见被遮蔽了。◎劫主者：挟持君主的人。

惠施说：大王不能不深思明察啊！或许攻打齐楚确实有利，
可是全国的人都认为有利，这事就怪了：怎么聪明人一下子这
么多啊？或许这事明明对我们不利，而全国的人却都认为有利，
这同样奇怪：怎么蠢人一下子这么多啊？但凡谋划一件事，多
因存在疑问才要讨论。有疑虑就会摇摆，认为行或不行的，往
往各占一半。如今全国人一致认为可行，那说明大王至少失掉
了一半人的真实意见！是谁让您失掉了一半？便是那挟持君主
的奸贼啊！

诸位还记得，惠施是庄子的朋友，曾为魏相，又是位"名
家"学者，最善辩论。他的这番话说理透辟、含义深刻——凡
是"举国一致"的事，往往包含着祸因，可惜后人不曾接受惠
子（实为韩非）的忠告，总在犯同样的错误！

"经"文中所谓"竖牛之饿叔孙"，讲的是一出因偏听偏信
而导致家破人亡的悲剧。叔孙豹做鲁国国相，宠爱一个年轻侍

者竖牛——"竖"即小厮，"牛"是他的名字。竖牛野心勃勃，想要侵夺叔孙豹的财产，又忌惮叔孙豹的两个儿子孟丙和仲壬。于是他处心积虑离间叔孙豹父子，施展种种手段，使得叔孙豹先后杀掉了两个儿子。当叔孙豹病重时，竖牛又支开众人，独自"侍奉"叔孙豹，最终将叔孙豹活活饿死。竖牛又秘不发丧，将叔孙家的财物席卷一空，逃到齐国去了。

韩非发议论说："夫听所信之言而子父为人僇（同'戮'，杀），此不参之患也。"—— 一味听信所宠信者的话，导致父子被杀，这就是对人言不加验证招来的祸患啊！

有些时候，消息来自多方面，如果不加参验，同样受蒙蔽。例如这个故事：

> 庞恭与太子质于邯郸，谓魏王曰："今一人言市有虎，王信之乎？"曰："不信。""二人言市有虎，王信之乎？"曰："不信。""三人言市有虎，王信之乎？"王曰："寡人信之。"庞恭曰："夫市之无虎也明矣，然而三人言而成虎。今邯郸之去魏也远于市，议臣者过于三人，愿王察之。"——庞恭从邯郸反，竟不得见。（《内储说上》）
>
> ◎质：这里指君主将自己的亲人送往别国做人质。

魏国大臣庞恭陪着太子一同到赵都邯郸做人质，临行时对魏王说：如今有一个人说集市上有老虎，大王相信吗？魏王说：不信。庞恭又问：如果有两个人说呢？魏王仍说不信。再问：如果有三个人说呢？魏王说：那寡人就信了。庞恭说：集市上不可能有虎，这是明摆着的事；可是有三个人说，这事也变成"真"的了。如今我们要去的邯郸，比集市要远得多，议论我的人，肯定也不止三个，望大王详察，不要轻信啊。

尽管庞恭事前打了"预防针"，可他从邯郸返回魏国后，魏王竟不肯见他。他还是被小人们算计了！——有个"三人成虎"的成语，就是由此派生出来的。

"掩袖工谗"与"炙上绕发"

《内储说下六微》开列了六种隐微情况，认为那是有害于君主权威的。其中第三种是"托于似类"，简称"似类"，即借用似是而非的手段欺骗人主、谋害他人。见于"说"中的有这样两件事。

一是齐国中大夫夷射一次在国宴上喝得大醉，走出来靠在廊门上。有个受过刖足之刑的看门人请求说："足下无意赐之余沥乎？"（先生不想赏我一点剩酒吗？）看门人说得挺客气，可夷射却喝骂道："去！刑余之人，何事乃敢乞饮长者！"（滚！你这受过刑的家伙，怎敢向长官讨酒喝！）看门人啥话没说，退了下去。

等夷射走后，看门人故意在廊门屋檐下洒了些水。第二天，齐王见到地上的水迹，呵斥看门人：谁在这里撒尿？看门人说：我没看见。不过，昨天中大夫夷射曾在这儿逗留。齐王大怒，立刻命人把夷射抓起来杀掉了！

这个被砍了脚的看门人，并未直指夷射做过此事，却制造了似是而非的"证据"，使用了模棱两可的言语，最终将侮辱自己的中大夫置于死地。这个例子，对傲慢的贵族、糊涂的君主，都发出了警告。

另一件事发生在女人之间：

荆王所爱妾有郑袖者。荆王新得美女，郑袖因教之曰："王甚喜人之掩口也，为近王，必掩口。"美女入见，近王，因掩口。王问其故，郑袖曰："此固言恶王之臭。"及王与郑袖、美女三人坐，袖因先诫御者曰："王适有言，必亟听从王言。"美女前近王甚，数掩口。王悖然怒曰："劓之。"御因揄刀而劓美人。（《内储说下》）

◎诫：嘱咐。亟：急，立刻。◎悖然：勃然，大怒貌。◎揄（yú）刀：随手抄起刀。劓（yì）：割鼻。

郑袖是楚王的爱妃，为人妒忌，工于心计。楚王新得一美女，郑袖做出关心的样子，对她说：楚王最喜欢女人用衣袖掩着口的样子，你接近楚王时，一定要做出这样姿势，才能讨他喜欢。于是美女每回见到楚王，总要用手掩着嘴。楚王很奇怪，私下问郑袖。郑袖说：这明明表示讨厌你的气味啊！

后来有一回，楚王、郑袖跟美女一块坐着，郑袖事先嘱咐侍从：大王有什么命令，一定要赶快执行。美女坐在楚王跟前，又几次掩口，楚王勃然大怒，吩咐：把她的鼻子割掉！侍从立刻操刀动手，没等楚王醒悟就把美女的鼻子割掉了。——唐代骆宾王在《讨武曌（zhào）檄》中抨击武则天"掩袖工谗，狐媚偏能惑主"，用的就是这个典故。

这个美女真可怜，直到遭受劓鼻酷刑，也不知自己错在哪里。——不过在尔虞我诈、钩心斗角的恶劣环境里，有人却能在灾祸来临时保持冷静，据理力辩，并终能摆脱困境。

"六微"之四为"有反"，也叫"利害有反"，是说要善于从反面考察谁得利谁受害。"说"中有一则"炙上绕发"，记述了一位沉着自救的厨师：

文公之时，宰臣上炙而发绕之。文公召宰人而谯之曰："女欲寡人之哽耶，奚为以发绕炙？"宰人顿首再拜请曰："有死罪三：援砺砥刀，利犹干将也，切肉，肉断而发不断，臣之罪一也；援木而贯脔而不见发，臣之罪二也；奉炽炉，炭火尽赤红，而炙熟而发不烧，臣之罪三也。堂下得无微有疾臣者乎？"公曰："善。"乃召其堂下而谯之，果然，乃诛之。（《内储说下》）

◎宰臣：管理君王膳食的官员。炙（zhì）：烤肉。发：头发，发丝。◎宰人：厨师。谯（qiáo）：通"诮"，责问，责怪。哽（gěng）：噎住。◎砺：磨石。砥：磨。干将：古代著名的宝剑。◎木：这里指穿肉的木棍。贯脔（luán）：穿肉。贯，穿。脔，切成块的肉。◎奉：捧。炽炉：炽热的烤炉。◎堂下：指立于堂下的侍从。疾：恨。

晋文公在位时，有一回膳食官捧上烤肉来，肉上竟缠着头发！文公大怒，把厨师叫来骂道：你要把寡人噎死吗？为啥把头发缠在烤肉上？厨师伏地叩头拜了两拜，不慌不忙地说：我自知有三桩死罪——把刀磨得飞快，如同干将宝剑一样锋利，能轻易切断肉，却没能切断头发，这是我第一桩罪；拿木条穿肉块时，竟没有发现头发，这是我第二桩罪；我捧着炽热的烤炉，炭火烧得通红，肉烤熟了，头发竟没有烧断，这是我第三桩罪！您堂下的侍从中，该没有人暗中嫉恨我吧？——文公恍然大悟，召堂下侍从一审，果然是侍从暗做手脚，嫁祸于人。于是文公把侍从杀掉了。

这位厨师真是好口才，他那种临危不乱的沉着劲儿，尤其令人佩服。这个故事是对"六微"中"有反"（"利害有反"）的说明，意思是，当一件事发生时，不要相信"眼见为实"，要深入考察、清醒思考：如果国家受害，就要考察哪国将从中得利；如果臣下受害，就要考察谁是利害相反的人。——了解世道人心，不但要靠眼，更要靠脑！

"皇帝新衣"有中国版

《外储说》又分左上、左下，右上、右下四篇。如前所说，内容主要讲解君主之"外谋"。我们熟知的不少成语典故，如"买椟还珠""良药苦口""郢书燕说""郑人买履""曾子杀猪"等，便都出自这里。

"买椟还珠"故事是齐人田鸠在评价墨子时说的。楚王问田鸠："墨子者，显学也。其身体则可，其言多而不辩，何也？"——墨子是声名显赫的大学者，他身体力行，干得很不错；他的话也讲了不少，却缺乏文采，这是为什么？

田鸠回答说：从前秦伯把女儿许给晋国的公子，还陪嫁了七十个小妾。结果晋公子喜欢小妾，对秦伯的女儿反而不理不睬。这叫"善嫁妾"，不能叫"善嫁女"。田鸠讲的另一件事，便是"买椟还珠"：

楚人有卖其珠于郑者，为木兰之椟，薰以桂椒，缀以珠玉，饰以玫瑰，辑以翡翠。郑人买其椟而还其珠。此可谓善卖椟矣，未可谓善鬻珠也。(《外储说左上》)

◎木兰：一种名贵树木。椟（dú）：匣子。薰：通"熏"。桂椒：两种香料。缀：与下文的"饰""辑"都有装饰的意思。玫瑰：红色的玉石。◎鬻（yù）：卖。

有个楚人在郑国卖宝珠，用贵重的木兰木制成匣子，拿桂、椒等香料熏过，再用珠子玉石装点匣子，又是玫瑰石，又是绿翡翠。结果郑人买去后留下漂亮的匣子，把宝珠还给了楚人。这叫善于卖匣子，不能叫善于卖宝珠。

田鸠接着说：如今世人的言论，净说些夸夸其谈的漂亮话，君主们喜欢文章的辞采，却忘记它的功用。至于墨子的学说，传播先王之道，论说圣人之理，并广为宣传；如果辞藻太华丽，只怕人们记住辞藻却忘记内容。因文辞而损害功用，这跟楚人卖珠、秦伯嫁女类似。墨子的言论朴实无华，道理就在这儿。

这则寓言意在告诫君主，不要被漂亮的言辞所迷惑。而另一则寓言则警示君主要分辨有用无用的话语。

　　燕王好微巧。卫人曰：“能以棘刺之端为母猴。”燕王说之，养之以五乘之奉。王曰：“吾试观客为棘刺之母猴。”客曰：“人主欲观之，必半岁不入宫不饮酒食肉。雨霁日出，视之晏阴之间，而棘刺之母猴乃可见也。”燕王因养卫人，不能观其母猴。郑有台下之冶者谓燕王曰：“臣，削者也。诸微物必以削削之，而所削必大于削。今棘刺之端不容削锋，难以治棘刺之端。王试观客之削，能与不能可知也。”王曰：“善。”谓卫人曰：“客为棘刺之母猴也，何以理之？”曰：“以削。”王曰：“吾欲观见之。”客曰：“臣请之舍取之。”因逃。（《外储说左上》）

　　◎微巧：精巧细微的小玩意儿。◎棘刺：酸枣树上的刺。母猴：又称“沐猴”，即猕猴。◎五乘之奉：五乘土地的赋税。一乘为六里见方。◎霁（jì）：雨住转晴。晏：阳，引申为晴。◎冶者：铁匠。削：刻，也指刻刀。削者是打制刻刀的人。◎理：治理，这里指雕刻。

　　燕王喜欢小巧的玩意儿，有个卫国人说：我能用酸枣刺的尖尖儿刻个猕猴。燕王听了很高兴，用五乘土地的税收供养着他。过了一阵子，燕王对客人说：我想看看你刻的猕猴。客人说：君王要看也行，但必须做到半年不进后宫，不跟后妃来往，不饮酒、不吃肉。还要等到雨停日出、半晴半阴时，才能见到。——燕王哪里做得到？只好养着卫客。

　　郑国台下地方有个铁匠给燕王出主意说：我是打刻刀的，

我知道，微雕一定要用刻刀，而所刻的材料，肯定要比刻刀大。如果酸枣刺的尖尖儿容不下刀锋，就难以雕刻。你看看客人的刻刀，就知道他能不能做到了。于是燕王提出要看刻刀，卫人说等我给你回屋去取，却头也不回地逃走了！

看来燕王是位糊涂君主，竟分辨不出骗子的花言巧语，智商还不如"台下之冶者"。不过这个故事有点眼熟：愚蠢的君主花重金供养狡猾的骗子，期待着那看不见的"宝贝"。而最终揭穿骗术的，则是身份微贱的人。——丹麦童话大王安徒生笔下的《皇帝的新衣》，讲的不是同样的故事吗？只是安徒生生活于19 世纪，比韩非足足晚生了两千年！

18、19 世纪，欧洲一度掀起中国文化热。安徒生是否受过中国文化的启发呢？这还有待于学者的深入探查。

公仪休的"吃鱼哲学"

《外储说左上》还有一则"虞庆为屋"的寓言：

> 虞庆将为屋，匠人曰："材生而涂濡。夫材生则挠，涂濡则重，以挠任重，今虽成，久必坏。"虞庆曰："材干则直，涂干则轻。今诚得干，日以轻直，虽久，必不坏。"匠人诎，作之成。有间，屋果坏。（《外储说左上》）

◎虞庆：虞卿，是战国时赵国的上卿。材生：木材没干透。涂濡：泥土是湿的。◎挠：弯曲。◎诎（qū）：没话说。

◎有间：过了一阵子，不久。

虞卿准备盖房子，匠人说：木材没干透，容易弯曲；泥巴是湿的，分量重。用弯曲的木材承受湿重的泥巴，今天勉强盖起来，日久必坏。虞庆却说：木材干了能挺直，泥巴干了会变轻。只要今天干了，以后只会更轻更直，哪里坏得了！匠人无言以对，只好照办。屋子盖成不久，果然坏掉了。——此事告诫君主：讲得头头是道的，不一定就是真理。这故事的另一个启示是：外行领导内行，难免要"盖塌房"的！

另一则寓言讲述了大致相同的道理：有个叫儿说的宋国人，能言善辩，跟人家辩论"白马非马"的论题，整个稷下学宫的学者全不是他的对手。可是他骑着白马过关卡时，还得老老实实替白马纳牲口税。他的言谈可以对付一国的学者，可是到了税吏那儿，人家可不听你这一套！

《外储说》中还有不少有意思的寓言。像"画鬼容易画马难"、"郢书燕说"（文摘一三）、"郑人买履"（文摘一三）、"曾子杀猪"、"夔一足"、"举贤不避亲仇"、"薛公献珥"、"宋人酤酒"（文摘一三）、"吴起出妻"、"公仪休不受鱼"等。

"薛公献珥"（《外储说右上》）讲的是薛公（即孟尝君田文）的故事。齐威王的夫人死了，威王有十个宠姬，该选哪一个填补夫人的空缺呢？薛公作为宰相，有责任就新的人选提出建议。这事很重要，如果建议被驳回，不但很丢脸，而且直接影响到薛公的官位。

薛公于是制作了十对玉珥献给威王，并把其中一对制作得格外精美。第二天，薛公见最精美的玉珥被其中一位姬妾佩戴，便毫不犹豫地建议让她做夫人。这则寓言意在警告君主：臣下对君主的窥测无所不在，千万别让臣下猜中你的心思！

有个"公仪休不受鱼"的故事，至今还有教育意义：

> 公仪休相鲁而嗜鱼，一国尽争买鱼而献之，公仪子不受。其弟谏曰："夫子嗜鱼而不受者，何也？"对曰："夫唯嗜鱼，故不受也。夫即受鱼，必有下人之色；有下人之色，将枉于法；枉于法，则免于相。虽嗜鱼，此不必致我鱼，我又不能自给鱼。即无受鱼而不免于相，虽嗜鱼，我能长自给鱼。"此明夫恃人不如自恃也，明于人之为己者不如己之自为也。（《外储说右下》）
>
> ◎下人之色：迁就他人的态度表情。◎致：送。

公仪休在鲁国为相，特别喜欢吃鱼。人们都争着买鱼送给他，可他一条也不肯收。弟弟劝他说：你那么爱吃鱼，为什么不接受呢？公仪休回答说：正因我特别爱吃鱼，所以才拒绝接受。假如我接受了，"吃了人家嘴短"，就要迁就人家。一迁就，就要违法替人办事。而违法就难免被罢官。我那么爱吃鱼，可罢了官，谁还会送鱼给我？到那时，我又没钱自己买，想吃也吃不上。而今我不收别人送的鱼，便不会被罢官，也就总有鱼吃了！

韩非子评论说：公仪休是个明白人，知道靠别人不如靠自己的道理。——可惜如此浅显明白的道理，至今还有许多人不懂。真希望那些握有大大小小权力的人，在罢官或入狱之前，能读到这则寓言。

【文摘一三】

郢书燕说（《韩非子》）

郢人有遗燕相国书者，夜书，火不明，因谓持烛者曰"举烛"云而过书"举烛"。举烛，非书意也。燕相受书而说之，曰："举烛者，尚明也；尚明也者，举贤而任之。"燕相白王，大说，国以治。治则治矣，非书意也。今世举学者多似此类。（节自《外储说左上》）

◎郢（yǐng）：楚国都城，位于今湖北荆州城北。过书：错误地书写。◎说（"燕相受书而说之"，音 shuì）：解释。下文中的"说"（"大说"），通"悦"。尚明：崇尚光明。

郑人买履（《韩非子》）

郑人有且置履者，先自度其足而置之其坐，至之市，而忘操之。已得履，乃曰："吾忘持度。"反归取之。及反，市罢，遂不得履。人曰："何不试之以足？"曰："宁信度，无自信也。"（节自《外储说左上》）

◎置（"置履"）：购置。度（duó）：量。坐：座位。操：拿。◎市罢：市场关门，交易停止。

宋人酤酒（《韩非子》）

宋人有酤酒者，升概甚平，遇客甚谨，为酒甚美，县帜甚高著，然不售，酒酸。怪其故，问其所知。问长者杨倩，倩曰："汝狗猛耶？"曰："狗猛，则酒何故而不售？"曰："人畏焉。或令孺子怀钱挈壶瓮而往酤，而狗迓而龁之，此酒所以酸而不售也。"夫国亦有狗，有道之士怀其术而欲以明万乘之主，大臣为猛狗迎而龁人，此人主之所以蔽胁，而有道之士所以不用也。（节自《外储说右上》）

◎酤（gū）：买酒，卖酒。升概：这里指量具。遇：对待。谨：恭谨。县：通"悬"，挂。帜：酒旗。著：显著，鲜明。不售：卖不出去。◎挈（qiè）：带着，拿着。瓮：盛酒瓦器。迓（yà）：迎着。龁（hé）：咬。◎蔽胁：（被）蒙蔽和挟持。不用：不被任用。

辣手撰文抒"孤愤"

汉代司马迁在《史记》中为韩非立传，说到著述时，特别提到《五蠹》《孤愤》《说难》及《说林》、内外《储说》等篇。

《孤愤》意在总结"法术之士"失败的原因。——"法术之士"即聪明有本领的人，又称"智术能法之士"或"智法之士"。韩非说：法术之士最大的敌人，就是朝中一手遮天的"大臣""重人"。他们掌控着国家大权，别国的诸侯有求于他，也要奉承他；朝中百官要升官，也都来依附他；君主的亲信也替他们隐瞒罪行；学者也都为他们唱赞歌。这样一来，法术之士就很难接近君主了。

况且法术之士也有很多弱点：你跟君主关系疏远，又怎能争得过君主的亲信？你是新来的客卿，又怎能争得过君主的旧人？你的主张多半违背君主的心思，又怎能争得过那些阿谀逢迎的小人？你地位低微，又怎能争得过官高爵显之辈？你只凭一张嘴，又怎能争得过上上下下众口一词？

韩非还不忘打比方，说中原的君主固然控制不了千里之外的越国，可是由于大臣弄权，你自己国家的权力，跟越国一样不受你的控制啊！韩非这里举齐、晋两国的例子来说明：

人之所以谓齐亡者，非地与城亡也，吕氏弗制而田氏用之；所以谓晋亡者，亦非地与城亡也，姬氏不制而六卿专之也。今大臣执柄独断，而上弗知收，是人主不明也。与死人同病者，不可生也；与亡国同事者，不可存也。今袭迹于齐晋，欲国安存，不可得也。（《孤愤》）

◎吕氏：齐在周初是吕尚（姜姓）的封国，子孙世袭，故称吕氏。弗制：不能控制。田氏：本为春秋时陈国公子，后到齐国，称田氏。公元前481年，田氏杀死齐简公吕壬，掌握了政权。前386年田和立为齐侯，取代了吕氏。◎姬氏：晋国周初是周成王之弟唐叔虞的封国，姬姓。六卿：春秋末年，晋国有六家掌权的贵族，分别是范氏、中行氏、知（智）氏、赵氏、韩氏、魏氏。◎执柄：把持权柄。◎同事：同样的作为。

人们之所以说齐国灭亡了，不是说齐国的土地、城镇不存在了，而是说吕姓国君不能控制国家，大权被田姓篡夺了。人们之所以说晋国灭亡了，不是说晋国的土地、城镇不存在了，而是说姬姓国君不能控制国家，大权被六卿把持了。如今大臣专权独断，而君主不懂得收权，这就要怪君主不明智了。跟死人得同一种病的，不可能活命；跟灭亡之国国情相似的，也不可能独存。而今的君主踩着齐、晋的脚印走，要想让国家平安稳定，那是不可能的！

不过韩非坚信，那些篡权者早晚要垮台，因为"智士"和"贤士"知其必败，是不会依附他们的。

韩非此文写于何时，至今仍是个谜。文中所说的"大臣""重人"又是指谁，也难做判断。有一种说法，认为韩非此文写于秦国狱中，所谓"大臣""重人"，当指李斯之辈。面对李斯的妒忌、陷害，韩非辣手撰文，迎头痛击！他多希望能唤醒秦王，及早识破李斯的面目。——只是不知这篇文章能否被送到秦王手中？

韩非的另一篇文章《说（shuì）难》，论述说服君主的种种困难。韩非用大半生研究如何向君主推销自己的主张；他在文中把君主的心理揣摩得那么透彻，把说服者与被说服者的关系剖析得入情入理。这不但可以看作最早探讨论辩之术的文章，也可看作最早的心理学论文。——这篇《说难》，被司马迁一字不漏地抄入《史记·老子韩非列传》中。

《韩非子》收于《四库总目·子部》"法家"类，题为《韩子》。这一类共收法家著作八部，包括《管子》《商子》《邓析子》等。——《邓析子》在"汉志"中被列入名家。

辑六　杂家推《吕览》，兵书地位高

名家惠施多怪论

咱们前面说过，"汉志·诸子略"的"十家"中有名家。怎么叫"名家"呢？据班固在"汉志"中解释说：名家是从礼官中派生出来的。古人最重名位，名位不同，礼数也有差异。孔子说过：一定要纠正名不副实的问题。名分不正，就不能理直气壮、言通意顺，事情也就办不成。而辨正名、实，正是名家的专长。

名家又称"辩者"，他们热衷于讨论一些怪异的命题，相互纠缠论辩，乐此不疲。听听惠施（约前370—约前310）的"怪论"吧——他是庄子的朋友，是名家的代表。他的论题是：大到极点而没有外围的，叫"太一"；小到极点而没有内核的，叫"小一"（"至大无外，谓之大一；至小无内，谓之小一"）。有一种物质，没有厚度，不可累积，却有千里之大（"无厚，不可积也，其大千里"）。天可以跟地一样低，山可以跟泽一样平（"天与地卑，山与泽平"）。太阳刚升到中天就偏斜，万物刚一出生就踏上死亡之路（"日方中方睨，物方生方死"）；今天才踏上越国土地，其实昨天就到了（"今日适越而昔来"）；我知道天下的中央在哪儿，是在北方的燕国以北、南方的越国以南（"我知天下之中央，燕之北、越之南是也"）。

这些论题看似荒谬，然而从科学的角度分析，有的却又讲得通，例如"今日适越而昔来"，便可从地球不同部位存在时差来解释：如果一个人在星期一到达东方的越国，远在西方的人会认为他是在"昨天"（星期日）到达的——因为西方此刻还是星期日。

至于"天下之中央，燕之北、越之南是也"，则可用地球是球体来解释：一人从燕地向北进发，另一人从越地向南进发，两人背道而行，总有一天会碰面，那里便可看作"天下之中央"了。

惠施有著作《惠子》，已经失传，我们所了解的惠施论辩内容，记录在《庄子·天下》篇中。不过《天下》篇对惠施的评价并不高，说他空有雄心，不懂道术，其行为不过像只蚊子嗡嗡叫，无益于世。并说：可惜啊！惠施才华横溢，却无益于世；一味追求名实之辩而难以自拔。试图提高嗓门来消除回声，用快跑来甩掉影子，又怎么做得到呢？可悲啊！

"白马非马"说公孙

至清代，《四库总目·子部》取消了"名家"的独立地位，把名家著作归入"子部"其他门类，如《邓析子》入"法家"，而《尹文子》和《公孙龙子》则入了"杂家"。

邓析（前545—前501）是春秋时郑国人，对刑法很有研究，喜欢替人打官司——他应当是今天律师的祖师爷吧。

邓析有个"两可"理论，也就是这么讲也通，那么讲也行。相传有一年发大水，有个富翁淹死在水里。有人捞起富翁的尸体，向富翁家要高价。富翁家属来向邓析请教。邓析说：你回去安心等着吧，除了你家，谁还会花钱赎尸呢？捞尸的见富翁家没动静，也来向邓析讨主意。邓析说：你回去安心等着吧，这尸体除了他家赎，还有谁会来赎？邓析的两番话听着都有理，可这事却结了"死扣"。

邓析与子产同朝为官。子产有一套刑法条文，铸在鼎上。邓析有所不满，自己也编了一套刑法，写在竹简上，因称"竹刑"。他还聚徒讲学，扩大影响。这让子产十分恼火，终于找借口把他杀掉了。

邓析有《邓析子》传世，应是后人托名之作。——而《尹文子》据考也是伪托之作。比较可靠的作品，大概只有公孙龙的《公孙龙子》了。

公孙龙（约前320—前250）是赵国人，比惠施、庄子都要晚生半个世纪。他撰有《公孙龙子》十四篇，今存六篇。其中《白马论》和《坚白论》尤其著名，分别讨论"白马非马"和"离坚白"的观点。

怎么叫"白马非马"呢？公孙龙借主客辩论的形式，做出陈述：

（客曰：）"白马非马，可乎？"（主）曰："可。"（客）曰："何哉？"（主）曰："马者，所以命形也；白者，所以命色也。命色形者，非命形也。故曰：白马非马。"（《白马论》）

关于"白马非马"，公孙龙子的解释是这样的："马"是用来称呼马的形体的，"白"是用来指示马的颜色的。颜色和形体相结合，才可称作"白马"，跟单单用来称呼形体的"马"，当然不是一回事，所以说"白马非马"。

以下主、客你来我往，还有好几番争辩，最后占上风的当然是公孙龙。不过公孙龙有偷换概念之嫌："马"固然可以理解为"命形"（对其形体的称呼），然而它同时又是马这个种类的总称，因此"白马"当然属于"马"的范畴。

至于"离坚白"，是这样一番理论：

（客曰：）"坚白石三，可乎？"（主）曰："不可。"（客）曰："二，可乎？"（主）曰："可。"（客）曰："何哉？"（主）曰："无坚得白，其举也二；无白得坚，其举也二。"（《坚白论》）

◎坚白石：这里指石头和它的两个属性——坚硬，白色。三：指三个概念同时存在的情况。◎无坚得白：指在看到白色时，不能同时知道它是坚硬的。下文中的"无白得坚"与之相反。举：这里指得悉，知道。

客问：石头的属性有三条——坚硬、白色、石形。这三种特性者，人能同时感受到吗？主人回答：不可以。客又问：其中两者可以同时感受到吗？主人回答：可以。客问：为啥？主人解释说：当你看见石头时，不知道它是坚硬的，只看见它是白色的，这就是说，你只能同时知道"石、白"这两项。当你伸手摸石头时，你只知道它是坚硬的，却不知它是白色的，因而也只知道其中两项。

在以下的辩论中，公孙龙又提出"藏"的概念，认为"坚"与"白"呈分离状态（要不怎么叫"离坚白"呢），当你感知其中一项时，另一项则隐藏起来。

关于"离坚白"的讨论，让人们联想到"盲人摸象"的故事。我们对事物的总体认识，往往是个别认知的综合。公孙龙恰恰讲出这个道理。有的学者评价说，从"白马非马"来看，公孙龙是"唯心"的；可是从"离坚白"来看，他又是"唯物"的。

《公孙龙子》中另有《指物论》《通变论》《名实论》，也都是公孙龙的重要辩题，只是没有"白马非马"及"离坚白"那么有名罢了。

阴阳家：邹衍创立"五行"说

庄子对公孙龙的评价是"能胜人之口，不能服人之心"。各位还记得，在《庄子·秋水》篇里，庄子通过魏牟之口讲了个"井底之蛙"的寓言，把公孙龙羞辱了一番。看来庄子对公孙龙的学说很不"感冒"。不过公孙龙的"诡辩"功夫确实了得，据说整个稷下学宫无人能敌，只输过一场，那对手，便是讲究"阴阳""五行"之说的邹衍——他代表的流派又称"阴阳家"。

邹衍（约前324—前250）是土生土长的齐国人，老家在今山东章丘。他最早也师从儒家，大概当时儒生太多吧，没有哪位君主肯重用他们。后来他从儒家学说中获得启示，创立了"阴阳五行"之说，居然一举成名。

"阴阳"之说起于《易传》："是故《易》有太极，是生两仪，两仪生四象，四象生八卦。"（《周易·系辞》）——这里的"两仪"便是指相互对立依存的阴、阳两极。

至于"五行"的概念，乃出自《尚书·洪范》。《洪范》"九畴"第一条便是"五行"，也就是水、火、木、金、土。古人认为，世界便是由这五种物质构成的。只是《洪范》并未深究五行之间的关系，邹衍在此基础上，创造出一套"五行相克""五德终始"的理论来。

照邹衍的说法，五行之间存在着相生相克的规律（"五行生克""五行生胜"）。从相克这一面讲，土克水、木克土、金克木、火克金、水克火。想想不无道理：水来土掩，故土克水；而木生于土，乃是对土的利用。此外，金属工具可以加工木材，火又能熔化金属，水则能灭火，如此循环往复，相克相生。

五行存在于天地之间，自然也影响到人类社会。邹衍说，历史上每一朝代都秉承着某种"德性"，或为土德，或为木德，或为火德……某一朝的"德"衰败了，便有相克的"德"去取代它，人间朝代的更替，早由老天注定！

可惜邹衍的著作《邹子》没能流传下来。不过据学者考证，《吕氏春秋》中还保存着邹衍的学说片断：

> 凡帝王者之将兴也，天必先见祥乎下民。黄帝之时，天先见大螾大蝼。黄帝曰："土气胜！"土气胜，故其色尚黄，其事则土。及禹之时，天先见草木秋冬不杀。禹曰："木气胜！"木气胜，故其色尚青，其事则木。及汤之时，天先见金刃生于水。汤曰："金气胜！"金气胜，

故其色尚白，其事则金。及文王之时，天先见火赤乌衔丹书集于周社。文王曰："火气胜！"火气胜，故其色尚赤，其事则火。代火者必将水，天且先见水气胜。水气胜，故其色尚黑，其事则水。水气至而不知数备，将徙于土。（《有始览·应同》）

◎祥：祥瑞，好的兆头。◎蟥（yǐn）：蚯蚓。蝼：蝼蛄。◎事：这里指奉祀。◎杀：衰谢。◎金刃：兵器。◎火赤乌：传说中的神鸟，由火幻化而成的赤色乌鸦。丹书：这里指天赐祥瑞之书。集：止，栖。周社：周朝的社木。◎数备：气数具备。

这是说，一位帝王将要兴起，老天一定要向人间降下祥瑞。譬如黄帝将登基时，天下出现了形体很大的蚯蚓和蝼蛄，黄帝便说：这是土气胜出。土色为黄，所以黄帝时旗帜礼服都以黄色为尚，祭祀则重土德。大禹时代将临时，天下的草木秋冬不败，大禹说：这是木气胜出。木色为青，夏朝旗帜服饰以青色为尚，祭祀重木德。同样，商汤尚金德，旗帜服饰用白色；周文王尚火德，旗帜服饰用红色。

邹衍还预测说：将来取代火德者，一定是崇尚水德的民族，旗帜用黑色。——后来秦始皇接受邹衍的学说，果然崇水德，打黑旗。

天下九州：足不出户的"地理大发现"

邹衍的"五德终始说"一开始只是闭门自纂，算不上什么大学问。可后来竟打动了诸侯，纷纷请他去讲学。试想在那个弱肉强食、列国混战的时代，哪家诸侯不想借助超自然的力量争霸称雄呢？而邹衍的"学说"，刚好为君主们提供了诱人的理论根据。

在齐国，宣王、闵王相继在位，爷儿俩都野心勃勃。邹衍这套方案，刚好契合了他们的心思。齐闵王不满足诸侯的位子，妄想做天子。他自封"东帝"，要跟"西帝"秦昭王平分天下。邹衍也因此名重一时，当上齐国的上大夫。

后来燕昭王招贤纳士，也请邹衍前往。燕王还"拥彗先驱"，就是抱着扫帚走在前面，表示亲自扫除迎接之意。燕王还为邹衍建造宫室，拜他为师。那是邹衍一生中最光辉的日子。

据说邹衍有一回巡游至渔阳郡，一时兴起，吹起律管。——渔阳位于今天北京的密云、怀柔一带，此地有寒谷，冰封雪盖、五谷不生。然而邹衍一吹律管，顿时暖风融融，冰雪消融。百姓们及时播种，经夏历秋，竟然五谷丰登！后来唐代大诗人李白游历至此，听到这段传说，即兴赋诗道："燕谷无暖气，穷岩闭严阴，邹子一吹管，能回天地心。"诗题即《邹衍谷》。据说邹衍遭人诬陷而下狱，他仰天大哭，五月盛夏竟然天降寒霜！

邹衍常常谈天说地，很少有人能跟他搭上话，因此人送外号"谈天衍"。不错，邹衍考虑的都是大问题，他还有个"大小九州"的学说，也是一般人想不到的。——"九州"的概念，是儒家经典《尚书·禹贡》中提出来的。传说大禹治水时，把中国分为九州，乃是冀、兖（yǎn）、青、徐、扬、荆、豫、梁、雍。

然而据邹衍讲，这还只是"海内九州"的情形，海外还有大九州。司马迁《史记》转述了邹衍的"九州"观念：

儒者所谓中国者，于天下乃八十一分居其一分耳。中国名曰赤县神州。赤县神州内自有九州，禹之序九州是也，不得为州数。中国外如赤县神州者九，乃所谓九州也。于是有裨海环之，人民禽兽莫能相通者，如一区中者，乃为一州。如此者九，乃有大瀛海环其外，天地之际焉。（《孟子荀卿列传》）

◎序：排列次序。◎裨（bì）海：小海。"人民禽兽"三句：元代张㶄《岛夷志略·序》引此文作"人民禽兽莫能相通如一区中者，乃为一州"，似更清楚。◎大瀛海：大海。

按这个说法，中国只占天下的八十一分之一。中国的别称为"赤县神州"，赤县神州内分为九州，即大禹所分的九州，然而这些都不算数。在中国以外，还有九个像中国赤县神州这么大的州，这才是邹衍所说的"九州"。这九州中的每一州都有小海环绕，各州之间的人和禽兽不能相互流通。九州合在一起，又形成一大州。而这样的大州又有九个，每大州又有大海环绕；再往外就是天地相接之处了。

有人指出，邹衍的描述中有数学错误：赤县神州以外的州不应是九个，而是八个，连同赤县神州才是九个。——其实何必较真呢，把"九"看作虚数好了。重要的是，在交通、通信极不发达的古代，邹衍坐在屋子里，竟能想象出中国以外还有广阔的海洋洲陆，各洲间又有大海相隔，百姓、禽兽难以流动沟通。这跟世界的真实模样已相差无几了！

直至两千年后，愚蠢而傲慢的清朝统治者还认为中国是天下的中心，硬说许多外国国名是跨海而来的红毛"夷人"随口编造，好向中国皇帝讨赏的。——你看这差距有多大！

邹衍的阴阳五行说还影响到哲学、医学、历法、建筑风水等领域。汉代盛行的"谶纬"之学，便是以阴阳五行为基础的。董仲舒"废黜百家，独尊儒术"，却对邹氏之学情有独钟，并借此鼓吹君权神授。——然而流传至今，《四库总目》中竟没有"阴阳家"的专著，如此大起大落，邹衍生前肯定没有想到。不过他的观点，却广泛存在于儒、道家著作中。

合纵连横，苏秦、张仪

在"九流十家"中，纵横家也占着一席之地。前面说过，所谓纵横家便是韩非《五蠹》中所说的"言谈者"，又称"策士"。他们奔走于列国之间，全力推销自己的外交、军事理念。他们不属于哪个国家，谁肯用我就替谁出力——这种机制脱离了"从一而终"的传统忠君模式，很有几分"现代"风范。

别小看这些纵横家，他们是些智慧超群、能言善辩的智者，能做到大局在胸、随机应变，又擅长揣摩君主心思，凭着一条三寸不烂之舌，便能打动君主、求取富贵！主张"合纵"的苏秦与主张"连横"的张仪，便都是著名的纵横家——"纵横"的名称也由此而来。

有关苏秦、张仪的言行事迹，《战国策》及《史记》中多有记述。就说说苏秦（？—前284）吧。他字季子，是雒阳（洛阳）人，那里属于东周管辖。他本来力主"连横"，跑到秦国游说秦惠王。那时商鞅刚死，秦王对这类策士很反感。苏秦十次上书都不见回应。眼看身上的皮袍子磨破了，随身携带的百金盘缠也花光了，他只好打道回府。

嫂子见他灰溜溜地回来，饭都懒得给他做；妻子在织机上织布，好像没瞧见他似的。爹娘也都绷着脸不跟他讲话。——苏秦受了刺激，发愤苦读。他从书箱里翻出一卷《太公阴符》，日夜揣摩，废寝忘食。困得不行，就用锥子扎自己大腿，血一直流到脚跟儿。他发狠说：我就不信不能说服君主，让他们高官厚禄地礼聘我！

一年以后，苏秦再度出发。这一回他选择了赵国，对赵王大谈他的合纵设想。赵王大为高兴，封他为武安君，让他当了相国，还赐他大量车马财富；派他去游说各国。最终合纵成功，苏秦被推举为"从（纵）约长"，佩戴六国相印，好不威风！

他前往楚国路经洛阳时，周天子命人扫洒道路迎接他。家人待他的态度也大变样：妻子仍然不看他——是不敢正眼儿看他。嫂子匍匐在地，拜了又拜。苏秦明知故问："嫂！何前倨（倨傲，傲慢）而后卑也？"嫂子说："以季子之位尊而多金。"苏秦感叹说："嗟乎！贫穷则父母不子（不拿自己当儿子），富贵则亲戚畏惧。人生世上，势位富贵，盖（hé，通'盍'，何）可忽（忽视，小看）乎哉！"这话说得直白，却又满含辛酸！——苏秦有《苏子》三十一篇，已经失传。

张仪（？—前309）是魏国贵族后裔，据说曾跟苏秦是同学。他游说诸侯，开头也不顺利。一次他陪楚相喝酒，事后楚相丢了一块玉璧，怀疑是他偷的，把他痛打了一顿。他被人抬回家，妻子抱怨他不务正业。张仪张嘴问："视吾舌尚在不？"妻子说：还在。张仪说："足矣！"——他有足够的自信：只要舌头还在，就不怕诸侯不听从！

后来他果然受到秦王信任，被任命为相，施展连横策略，不断欺骗拉拢列国，让他们相互攻伐。例如他曾向楚王许诺，如果楚齐断交，秦国愿将商于之地六百里割给楚国。贪婪的楚王果然跟齐国断交，可张仪口中的六百里这时却变成了六里。张仪还收买楚国的奸臣、宠妃，排挤忠臣屈原。——这些事都熟在人耳，无需多说。张仪撰有《张子》十篇，也已失传。

苏秦跟张仪都曾师从鬼谷子。鬼谷子（约前400—前320）是春秋时人，姓王名诩（xǔ），因隐居清溪鬼谷，人称"鬼谷先生"。他有《鬼谷子》十几篇传世。书中也谈阴阳张弛之道，看似道家，实则讲说权谋、研讨舌辩，尽是些"阴谋诡计"，素来被排斥于正统文化之外。——也有人说《鬼谷子》就是失传的《苏子》。总之，它是一部纵横家的典籍，在《四库总目》中收于"子部·杂家·杂学"之属。

班固认为纵横家乃出于"行人之官"。"行人"即使者、外交官，他们身负国家重托，出使四方，因头脑敏捷、口齿伶俐，故能维护国家利益与尊严。后因"邪人"滥用诈术、背信弃义而变得声名狼藉——苏秦、张仪的名声及结局就都不大美妙！

杂家名著《吕氏春秋》

再来看看杂家吧。班固认为，杂家出于"议官"——议官应即史官。为什么叫"杂家"呢？是因为这类学问主张"兼儒、墨，合名、法"（"汉志"），也就是杂凑百家，兼收并蓄，"于百家之道无不贯综"（颜师古）。现代学者胡适认为杂家跟道家关系密切，说杂家是道家的前身，道家是杂家的新名。

"汉志"中的杂家著作不多，只有二十部，代表作为吕不韦的《吕氏春秋》和刘安的《淮南子》。《四库总目·子部》将杂家的范围大大扩展，充分体现了杂家兼收并蓄的特点。"杂家"下分六属，为"杂学""杂考""杂说""杂品""杂纂""杂编"；连收录带存目，足有八百多部。

照《四库总目》解释，"以立说者（自创学说的）谓之杂学"；因而《吕氏春秋》《淮南子》以及墨家的《墨子》、名家的《公孙龙子》《尹文子》和纵横家的《鬼谷子》，都包括在"杂学"之内。

就说说《吕氏春秋》的编纂者吕不韦（约前292—前235）吧，他本是卫国人，在赵都邯郸经商，买卖做得很大，然而他总想做更大的买卖。他见秦国的公子异人（又名子楚）在赵国当人质，认为奇货可居——异人是秦国太子安国君的儿子，在国内外都不受"待见"。于是吕不韦花重金到秦国游说，说服安国君的宠姬华阳夫人，立异人为嫡嗣，也就是太子的太子。

后来安国君继位为王，不上一年就死了。太子异人登上王位，是为秦庄襄王。吕不韦的"投资"有了回报，理所当然地当上了秦国的丞相。

三年以后，庄襄王驾崩，太子嬴政继位，也就是后来的秦始皇。吕不韦仍为相国，号称"仲父"，很有点"天老大，我老二"的意思！他手下有食客三千、家僮上万。秦国一切政事都要听命于他。他派兵东征西讨，不断扩大疆土，并灭掉早已名存实亡的东周小朝廷。

吕不韦野心勃勃，还想在文化上搞点儿名堂。他对秦国百年来贯彻的法家方略并不认同。他认为，统一天下，先要建立一种包容百家的思想体系。他亲任"主编"，组织手下门客共同编纂一部大书，以道家思想为基础，汲取诸子百家的思想精华，想以此作为秦国的治国指南，同时奠定自己在思想文化上的"导师"地位。——这部书便是《吕氏春秋》，又称《吕览》。

以前的诸子著作多为诸子门徒及后学编纂而成，难免篇章杂乱，不成体系。《吕氏春秋》则经过精心编排和统一设计，结构体系十分完备。

全书分为"纪""览""论"三部分。"纪"按四季十二个月，分为十二纪，每纪又含五篇文章，总共六十篇。"览"则按内容分为八览，每览八篇，共六十四篇。"论"则分为六论，每论六篇，六六三十六。总括起来，全书共有文章一百六十篇，约二十万言，可谓鸿篇巨制，前无古人！

据说书成之日，吕不韦命人把书稿悬于咸阳城门，说是谁能增减一字，便赏他千金；结果竟没人做到！——哪

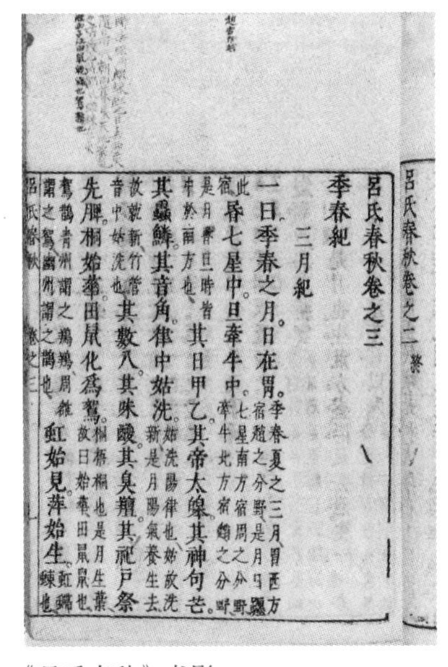

《吕氏春秋》书影

里是做不到，吕丞相势焰熏天，谁又敢去捋他的虎须？

秦王嬴政登基时只有十三岁，不得不事事听命于"仲父"。待他亲政后，便借端免去吕不韦的相国职位，让他回封地养老；不久又命他举家迁蜀。吕不韦见大势已去，没等新诏令到来，便饮鸩自尽了。

半抄半纂的《吕览》

《吕氏春秋》的编纂，其实就是"抄书"。譬如纪分为四季十二个月：春季为《孟春》《仲春》《季春》，夏季为《孟夏》《仲夏》《季夏》……每月又含有五篇文章，其中第一篇，便几乎全抄《礼记·月令》。不过也有人说，《月令》原是阴阳家的著作，倒是《吕氏春秋》抄袭在前，《礼记》抄袭在后。

试看《吕氏春秋·孟春纪》第一篇《孟春》，大意是说：春天头一个月，太阳在营室（星宿名，后面的"参宿""尾宿"同为星宿名）的位置上。傍晚时参宿在天空正南，早上尾宿在天空正南。这个月，太阳在东方，本月"值班"的天帝是太皞，陪伴的神灵是句（Gōu）芒。本月的代表动物是鳞族，代表的音声是五音中的角，测量气候的律管为太蔟，代表数字是八，对应的味道是酸味，气息是膻气。家中的祭祀对象是门户，祭祀时应献上动物的脾脏。

以下对气候风物的描写颇有诗意："东风解冻，蛰虫始振。鱼上冰，獭祭鱼，候雁北……"——春风东来，吹融冻土。蛰伏一冬的小虫开始振作，潜藏水底的鱼儿也游到冰层下，水獭开始抓鱼，大雁也启程北还……

自然界迎来欣欣向荣的春天，天子自然也要顺应天时，搬到明堂左边的房子居住。出行乘坐鸾鸟装饰的车子，用黑马驾车，车上插着青旗。天子身着青衣，腰配青玉；用餐以麦子、羊肉为主，祭祀的器具花纹简朴疏朗。天子率领众臣举行盛大典礼，到东郊去迎接春天的到来……一切都井然有序，这应当便是儒家构建的礼制理想吧！

《孟春纪》第二篇为《本生》，意为保全生命是天子和百官的根本任务：

> 始生之者，天也；养成之者，人也。能养天之所生而勿撄之谓天子。天子之动也，以全天为故者也。此官之所以立也。立官者，所以全生也。（《孟春纪·本生》）
>
> ◎撄：触犯。◎全天：保全（上天赋予的）生命。故：根据。

这是说，最初创造生命的，是天；而养育生命使之成长的，是人。能保育天所创造的生命而不去摧残他们，这样的人就叫天子。天子的一切举动就是为了保全人们的生命，这又是天子设立百官的初衷。

下面接着说：那些糊涂君主滥设官职、荼毒生灵，这就失去了它的本来意义。如同操练军队本来是为了防寇，结果反而用来镇压自己人！在执政理念上，吕不韦的主张跟儒家近似，与"九罚一赏"、严刑治国的法家大相径庭！

在《季春纪·论人》篇中，作者还指出君主应"反诸己"。这同样是典型的儒家观念。文中又说：前世的亡国之君，总认为罪在别人，因而每天杀戮不止，直到亡国还不醒悟；三代的君主则认为罪在自己，因而每天勤奋施政、不知懈怠，所以最终成就王业。

吕不韦还提出治国要"法天地"，主张君道虚，臣道实。他说："古之善为君者，劳于论人而佚于官事，得其经也。"（《仲春纪·当染》）好的君主，把精力用在识别、任用臣子上，不必操心具体政务，这便是抓住要领了。

这话本是道家的老生常谈，但出自吕不韦之口，又另有含义，似乎在说：秦王自管当"甩手掌柜"，一切国事交给我"仲父"全权办理就是了！——不知嬴政读懂其中含义没有？如果读懂了，又该做何感想？

吕氏与你探讨养生之道

既然是指导社会的全面纲领，《吕氏春秋》的内容可谓包罗万象。除了哲学思想、政治理念，还包括大量史料及科学文化方面的内容，如天文、历法、音乐、教育、医疗、养生、农业技术等等。

即如《孟春纪·本生》篇中，便提到养生问题。说是有一万人张弓搭箭射一个目标，这目标肯定会被射中！世上万物那么繁盛，如果都集中去伤害一个人，这人肯定"没跑儿"；但若万物都被利用来养育一个人，这人准定能长命百岁！

所以圣人就要制约万物，以保全自己的生命（"故圣人之制万物也，以全其天也"）。这样一来，人的天然生命得以保全，精神和谐、目明耳聪、嗅觉灵敏、口齿伶俐，浑身三百六十个关节都畅通舒泰。如此身心健康的人，不说话就能获得别人信任，不思虑就能处事得当，"精通乎天地，神覆乎宇宙"，对于外物也无不承受、无不包容，就像天地一样。他上做天子而不骄傲，下当百姓也不忧闷。这就是所谓"大写的人"吧？文中称之为"全德之人"！

吕不韦又说：一个人如果"不知道"（不了解养生之道），那么与其富贵，还不如贫贱：

贵富而不知道，适足以为患，不如贫贱。贫贱之致物也难，虽欲过之，奚由？出则以车，入则以辇，务以自佚，命之曰"招蹷之机"。肥肉厚酒，务以自强，命之曰"烂肠之食"。靡曼皓齿，郑卫之音，务以自乐，命之曰"伐性之斧"。三患者，贵富之所致也。故古之人有不肯贵富者矣，由重生故也；非夸以名也，为其实也。（《孟春纪·本生》）

◎致物：获取物质（指衣食财富等）。◎辇（niǎn）：车的一种，多为贵族所乘。佚（yì）：安逸。招蹷（cù）之机：导致人跛脚瘸腿的机具。◎强（qiǎng）：勉强。◎靡曼皓齿：指美色。靡曼，皮肤细腻。郑卫之音：指靡靡之音。伐性之斧：伤害性命的利斧。

这段文字明白如话：人若身处富贵而不懂养生之道，这富贵便足以变成祸患，还不如贫穷微贱的好。穷人很难获得衣食钱财，想要过度享用，又如何获取？富贵人则不同，出来进去不是乘车就是坐轿，务求安逸，这车轿就是招瘸找病的器具啊！肥肉醇酒，已经醉饱还要强塞，这些都是烂肠子的毒药啊！明眸皓齿、靡靡之音，极尽声色之乐，这都是砍伐性命的利斧啊！这三种祸患都因富贵而招致。因而古人不求富贵，是珍视生命而非图虚名，完全出于实在目的！

这段"贫富养生论"讲得何等通俗明白！可两千年来痴迷不悟、争蹈覆辙者，仍大有人在！

《季春纪·尽数》篇也讲养生——"尽数"就是要活够寿数、终其天年的意思。若要"尽数"，先要"去害"。哪些"害"呢？在食物上，要忌"大甘（甜）、大酸、大苦、大辛（辣）、大咸"。在情感上，要忌"大喜、大怒、大忧、大恐、大哀"。这五种情绪都会对生命产生危害。至于外界环境，则"大寒、大热、大燥、大湿、大风、大霖（接连不断的雨）、大雾"，也都对人体有害。

《尽数》篇中还有一句尽人皆知的话，即"流水不腐，户枢不蝼，动也"［户枢：门轴。蝼：蝼蛄，秦晋间称为"蠹（dù）"，这里指遭虫蛀蚀］。这是说，流动的水不会腐臭，经常开合的门轴不会生蛀虫，这是因为不断运动的缘故。

人的形体精气也是要不断活动的。精气不流动，就会造成"气郁"，郁积到头部、耳部、眼部、鼻部、腹部、脚部，就会造成各种病痛。——这已经从养生之道深入到医学的致病原理了。

曲歌"候人"，琴听山水

儒家崇礼重乐，因而《吕氏春秋》还收有一些专讲音乐的篇章。像《仲夏纪》的《大乐》《侈乐》《适音》《古乐》，《季夏纪》的《音律》《音初》《制乐》《明理》等，都是讨论音乐的专文。

这些篇章，同样有抄撮《礼记》的痕迹。如将音乐分为"治世之音""乱世之音""亡国之音"，便是《礼记·乐记》的文字，只是小有出入而已。

另外，《吕览》还从地域角度评价音乐差异，说东、西、南、北的乐调各有不同。就说"南音"吧，《音初》是这样说的：

> 禹行功，见涂山之女。禹未之遇而巡省南土。涂山氏之女乃令其妾候禹于涂山之阳。女乃作歌，歌曰："候人兮猗！"实始作为南音。周公及召公取风焉，以为"周南""召南"。（《季夏纪·音初》）
>
> ◎行功：巡行治水。功，事。涂山：地名，一说为会稽（今浙江绍兴西北），一说为今安徽怀远之当涂山。◎妾：侍女。阳：山的南坡为阳。◎猗（yī）：语助词，相当于"兮"。◎取风：采风，即到民间搜集民歌民谣。

原来，大禹治水到处巡视，偶遇涂山氏之女，竟一见钟情。可是大禹忙于治水，没等成亲就又到南方去巡视。这位涂山氏的姑娘派了侍女到南坡上等候禹归来。侍女等得久了，就唱起来："等人啊（等得太久啦）！"——这就是南方音乐的起源。后来周公和召公派人到那里采风，所采民歌都收进《诗经·国风》的《周南》《召南》里。而这句"候人兮猗"，恐怕是中国最古老的诗歌了，比《诗经》还要早得多！

"北音"的创始也有个故事：生活在北方的有娀（sōng）氏头领有两个漂亮姑娘，族中特意为她俩筑起九层高台，两人吃饭时都有音乐伴奏。

乐声惊动了上天，天帝派了燕子前去探看。两姐妹见了燕子，争着去扑，用玉筐把燕子罩住。可玉筐揭起，燕子竟一下子朝北飞去，只留下两枚燕子蛋。于是姑娘们作歌一首，歌尾唱道："燕燕往飞！"（燕子燕子飞走了）——这就是最早的"北音"了。

我们还记得有娀氏女子简狄吞吃燕卵生下契（Xiè）的传说，这两则故事应当有着一定联系。

有美好的音乐，还得有懂音乐的人，楚人钟子期就是著名的音乐鉴赏家。《吕氏春秋》有不止一则故事讲到他。如《季秋纪·精通》篇里便有这么一段：钟子期半夜听人击磬，听了一会儿，把击磬人叫来问："子何击磬之悲也？"击磬人回答：我爹爹不幸杀了人，只好给人家偿命；我娘跟我都被没（mò）为官奴。娘给公家造酒，我替公家击磬。我有三年没见到娘啦。昨晚在人家里见到娘，我想把她赎出来，却又没钱，况且连我自己也是身不由己呢，因此心中悲苦。

钟子期叹道："悲夫，悲夫！心非臂也，臂非椎非石也。悲存乎心而木石应之！"——太悲惨了，太悲惨了！心不是手臂，手臂不是木槌不是石磬。可是悲哀存于心中，就能在木槌、石磬上反映出来！

故事的寓意是：君子内心诚恳，自会显现于外；自己有所感，便能影响到别人，哪里用得着絮絮叨叨地去说教呢。

钟子期的好友伯牙是个有名的音乐家，最擅长弹琴。两人之间有着这样一段佳话：

> 伯牙鼓琴，钟子期听之。方鼓琴而志在太山，钟子期曰："善哉乎鼓琴！巍巍乎若太山！"少选之间，而志在流水，钟子期又曰："善哉乎鼓琴！汤汤乎若流水！"钟子期死，伯牙破琴绝弦，终身不复鼓琴，以为世无足复为鼓琴者。(《孝行览·本味》)
>
> ◎伯牙：春秋时楚国人，善弹琴，相传有名曲《高山》《流水》。鼓：弹奏。◎太山：大山。一说泰山。◎少选：一会儿。汤汤（shāng）：水大流急貌。◎破、绝：都用作动词。

高山流水听琴图

你看，伯牙在琴声中表现出大山的意象，钟子期马上就能听出来，说：弹得好啊，好一座巍峨的大山！伯牙的琴声又表现出流水的意象，钟子期立刻察觉，说：弹得好啊，好一派奔腾的流水！后来钟子期死了，伯牙把琴一摔，拉断琴弦，终身不再弹琴：他认为世上再没有值得为之弹琴的人了！

寓言结尾处点明寓意："非独琴若此也，贤者亦然。虽有贤者，而无礼以接之，贤奚由尽忠？犹御之不善，骥不自千里也。"——不但弹琴赏琴是这样，对待贤者也如是。即便有贤者，统治者不能以礼相待，贤者又如何能尽忠效力？这又像驾车人不能识马用马，良马不能自己日行千里啊。

在寓言中，作者借此喻彼，意在说明君主应如何对待贤者；可真正打动读者的，仍是伯牙、子期相敬相知、生死不渝的友谊！

《吕览》中的寓言

《吕氏春秋》中还有不少为人熟知的寓言，如"疑人偷铁""刻舟求剑""掩耳盗钟"（文摘一四）和"掣肘"等。

"掣肘"出于《审应览·具备》，说鲁君派宓子贱去治理亶父那地方。宓子贱深知鲁君"耳根子软"，常因听信谗言而干涉官员执政。于是他请鲁君派两名亲信跟他一同前往。到任后，宓子贱让鲁君的两个亲信抄写公文，却不时在旁拉拉他们的胳膊——也就是所谓"掣肘"。这样一来，公文的字迹自然抄得歪七扭八，宓子贱又借机训斥两人，两人受不了，跑回去向鲁君告状。

鲁君一听就明白了，叹息说：这是宓子贱在讽劝我呢！我总爱瞎指挥，干扰官员推行政令。不是你俩提示，我差点又犯了老毛病。于是派人告诉宓子贱：从今以后亶父全归你管，只要有利于亶父，你可自作主张，五年后再向我汇报就是了。——三年以后，有人到亶父暗访，发现治理得非常好。人们在夸奖宓子贱时，也不忘称赞鲁君知错能改。而"掣肘"一词，也便由此而来，意谓有人从旁干扰、难以开展工作。

"荆人涉澭"的寓言，出自《慎大览·察今》。荆人（即楚人）想要偷袭宋国，事先派人在澭水水浅处做了标记。哪知赶上澭水暴涨，楚人不知，夜间仍从标记处蹚水过江，结果淹死一千多人，楚军哗然，响动如同房倒屋塌一般！

作者想借此说明："今世之主法先王之法也，有似于此。其时已与先王之法亏（通'诡'，不同）矣，而曰此先王之法也，而法（效法）之，以此为治，岂不悲哉？"——如今的时势已经有所不同，却偏要用过时的法度来治理国家，不是太可悲了吗？这则寓言体现的，显然是法家的主张。

看问题不但要注意时势的变化，还要从细微处着眼，预见久后的效果。《察微》中有这么一则寓言：

鲁国之法，鲁人为人臣妾于诸侯，有能赎之者，取其金于府。子贡赎鲁人于诸侯，来而让，不取其金。孔子曰："赐失之矣。自今以往，鲁人不赎人矣。"取其金，则无损于行；不取其金，则不复赎人矣。子路拯溺者，其人

拜之以牛，子路受之。孔子曰："鲁人必拯溺者矣。"孔子见之以细，观化远也。（《先识览·察微》）

◎臣妾：这里指男女奴仆。府：公家府库。◎行：品行，德行。◎溺者：落水的人。

原来，鲁国制定了这样的法规：凡有鲁国男女被卖到别国当奴仆的，有人能将他们赎回，可以由国库补给金钱。孔门弟子子贡是个道德高尚的人，从别国赎了鲁人回来，却谦让推辞，不肯去领金钱。孔子说：端木赐（子贡名）做得不对啊，从今往后，鲁国没人再肯赎人了！

孔子的意思是：你拿了金钱，合理合法，也无损你的品行；你不拿金钱，倒是挺高尚，可此风一开，那些出于获利目的拯救奴仆的人就失去了积极性，结果鲁人奴仆没人拯救，不是更糟吗？

孔子的另一个弟子子路就做得很好，他救了个溺水的人，人家送他一头牛表示感谢，他坦然接受了。孔子判断说：今后鲁国人一定还会勇于拯救溺水者。——孔子能从眼前的细微小事，观察到民风教化的长远趋势，自然比弟子们智高一筹。

《吕氏春秋》中的寓言故事，还有"三豕涉河""荆人遗

《吕氏春秋》的德文译本

弓”“子罕之宝”（文摘一四）等。此外如“伊尹空桑”，是关于圣贤伊尹的民间传说；“黎丘丈人”则记述了“奇鬼”如何捉弄醉汉，简直就是一篇志怪小说了。——《吕氏春秋》的可读性，也因此超过其他诸子著作。

【文摘一四】

疑人偷铁（《吕氏春秋》）

人有亡铁者，意其邻人子。视其行步，窃铁也；颜色，窃铁也；言语，窃铁也；动作态度，无为而不窃铁也。扣其谷而得其铁。他日，复见其邻之子，动作态度，无似窃铁者。其邻之子非变也，己则变矣。变也者无他，有所尤也。（节自《有始览·去尤》）

◎亡铁（fū）：丢了斧子。铁，同“斧”。◎扣（hú）：挖掘。谷：坑。◎尤：这里有局限的意思。

刻舟求剑（《吕氏春秋》）

楚人有涉江者，其剑自舟中坠于水，遽契其舟，曰："是吾剑之所从坠。"舟止，从其所契者入水求之。舟已行矣，而剑不行，求剑若此，不亦惑乎？以故法为其国，与此同。时已徙矣，而法不徙，以此为治，岂不难哉！（节自《慎大览·察今》）

◎遽（jù）：速，赶紧。契：刻。◎故法：旧法。为（"为其国"）：治理。◎徙：改变。

掩耳盗钟（《吕氏春秋》）

范氏之亡也，百姓有得钟者。欲负而走，则钟大不可负。以椎毁之，钟况然有音。恐人闻之而夺己也，遽掩其耳。恶人闻之可也，恶己自闻之，悖矣。为人主而恶闻其过，非犹此也？恶人闻其过尚犹可。（节自《不苟论·自知》）

◎范氏：春秋末年晋国上卿范昭子。亡：逃亡。◎负：背，扛。◎椎：锤子。况然：形容巨大的声响。◎恶（wù）：怕。悖（bèi）：谬误，不合理。◎"为人主"三句：君主讨厌听到自己的过错，不是跟这个一样吗？讨厌别人知道自己的过错，倒还可以理解。过，过错。

三豕涉河（《吕氏春秋》）

子夏之晋，过卫，有读史记者曰："晋师三豕涉河。"子夏曰："非也，是己亥也。夫'己'与'三'相近，'豕'与'亥'相似。"至于晋而问之，则曰"晋师己亥涉河"也。（节自《慎行论·察传》）

◎己亥：己亥日，这是干支纪日的表达方式。

荆人遗弓（《吕氏春秋》）

荆人有遗弓者，而不肯索，曰："荆人遗之，荆人得之，又何索焉？"孔子闻之曰："去其'荆'而可矣。"老聃闻之曰："去其'人'而可矣。"故老聃则至公矣。（节自《孟春纪·贵公》）

◎遗：遗失。索：寻找。◎"故老聃则至公"句：这句是对这则寓言的总结。荆人很豁达，说荆人丢了弓，必定是荆人捡到，谁用不是用？孔子去掉"荆"，只留"人"，意思是何必荆人捡到，谁都可以捡来用。老子干脆去掉"人"，认为人以外的动物及大自然都可以拥有这张弓，因此说老子"至公"。至公，最无私。

子罕之宝（《吕氏春秋》）

宋之野人耕而得玉，献之司城子罕，子罕不受。野人请曰："此野人之宝也，愿相国为之赐而受之也。"子罕曰："子以玉为宝，我以不受为宝。"故宋国之长者曰："子罕非无宝也，所宝者异也。"（节自《孟冬纪·异宝》）

◎野人：山野之人，老百姓。司城：官名，即司空。子罕：春秋时宋国的执政大臣，相当于相国。◎赐而受之：赏脸接受。◎我以不受为宝：我拿不随便接受财物这种高尚品行当作宝贝。◎异：与众不同。

《淮南子》：汉代的杂家典籍

杂家的另一部名著，是西汉淮南王刘安领衔编纂的《淮南子》。刘安（前179—前122）是汉高祖刘邦的孙子，十六岁袭封淮南王。按辈分，是汉武帝刘彻的叔叔。

刘安喜欢读书，多才多艺，不但文章写得漂亮，琴也弹得很好；对声色犬马那一套，他却毫无兴趣，在贵族里，也算是个异类吧。

刘安门下聚集着几千门客，其中有不少文学之士。大概想模仿吕不韦编纂《吕氏春秋》，刘安也组织一班门客，编撰一部大书，题名《鸿烈》，又称《淮南鸿烈》或《淮南子》。——"鸿"为大，"烈"为明，而刘安编书，就是要阐述宏大而光明的"道"啊。

西汉前期，统治者对黄老之术很感兴趣，秉承"无为而治"、与民休息的治国方略，于是才有了"文景之治"。《淮南子》便是在这样的背景下产生的。此书以道家思想为底色，又融合了儒、墨、名、法等思想观念，这一点也跟《吕氏春秋》十分近似。

《淮南鸿烈》原本部头很大，有内篇二十一卷，外篇三十三卷。不过今天只有内篇保存下来。单看各篇标题，已能感觉其内容的丰富：《原道训》《俶真训》《天文训》《地形训》《时则训》《览冥训》《精神训》《本经训》……其中涵括天文、地理、时序以及幽冥变化、人文精神、神话传说、历史教训……

至于编写的方法，仍不免"千古文章一大抄"。譬如宣扬道家思想，也仍是那几句老生常谈："是故清静者，德之至也；而柔弱者，道之要也；虚无恬愉者，万物之用也。肃然应感，殷然反本，则沦于无形矣……"（《原道训》）——不同的是，在抽象论述之外，书中还列举了不少生动的小故事，用来印证哲人的思想。

看看《道应训》中的一则寓言：赵简子立儿子无恤为继承人，大臣董阏（è）于表示担忧：无恤是庶出，立他合适吗？简子说：立无恤，是因他能为社稷而忍辱。

简子死后，无恤继位，是为赵襄子。一次他跟晋国权臣智伯一道喝酒，智伯喝醉了，打了他几巴掌。有人建议襄子杀掉智伯，襄子说：先君立我为嗣，是因为我能为社稷忍辱，可不是因为我能杀人啊。

后来智伯勾结韩、魏，攻打赵都晋阳。襄子派兵出击，大败联军，擒杀智伯，还拿智伯的头骨做了酒器。讲罢这个故事，作者总结说："故老子曰：'知其雄，守其雌，其为天下溪。'"——这样的讲述，生动地解释了老子的"雄""雌"观念。赵襄子的忍辱负重、能屈能伸，也给人留下深刻印象。

另一则故事同样是用寓言印证老子的名言：

　　昔者，司城子罕相宋，谓宋君曰："夫国家之安危，百姓之治乱，在君行赏罚。夫爵赏赐予，民之所好也，君自行之；杀戮刑罚，民之所怨也，臣请当之。"宋君曰："善。寡人当其美，子受其怨。寡人自知不为诸侯笑矣。"国人皆知杀戮之专，制在子罕也，大臣亲之，百姓畏之，居不至期年，子罕遂却宋君而专其政。故老子曰："鱼不可脱于渊，国之利器，不可以示人。"（《道应训》）

◎相：用作动词，做国相。◎期（jī）年：一年。却：赶走，废黜。

子罕做了宋国的国相，对宋君说：国家的安危、百姓的治乱，都取决于在位者赏罚分明。而赐爵行赏是人人欢迎的事，就由国君你亲自主持；杀戮刑罚是百姓所抱怨的，就由我来承担好了。宋君说：好啊，我来承受美誉，让你承担埋怨，我知道诸侯不会耻笑我了！

事情结果如何？国人都知道生杀大权掌握在子罕手中，于是大臣亲附他，百姓畏惧他，不上一年，子罕就废掉宋君，自立为君。

作者仍引老子的话说：鱼儿不可离开深渊，国家的利器不能轻易拿给人看——更何况拱手送给别人！

兼容百家，颇多神话

《淮南子》崇尚道家，也不排除儒、墨。书中有这样的论述：

孔子弟子七十，养徒三千人，皆入孝出悌，言为文章，行为仪表，教之所成也。墨子服役者百八十人，皆

可使赴火蹈刃，死不还踵，化之所致也。……古者设
法而不犯，刑错而不用，非可刑而不刑也；百工维时，
庶绩咸熙，礼义修而任贤德也。故举天下之高，以为
三公；一国之高，以为九卿；一县之高，以为二十七
大夫；一乡之高，以为八十一元士。故智过万人者谓
之英，千人者谓之俊，百人者谓之豪，十人者谓之杰。
（《泰族训》）

　　◎还踵："旋踵"，转身、退缩。化：教化。◎错：措，设
置。◎维时：按时。庶绩咸熙：百业振兴。庶绩，众行业。
咸，都。熙，振兴。◎三公：中央朝廷中最为尊显的三个官职。
一说指司马、司徒、司空；一说指太师、太傅、太保。◎九
卿：三公之下具体职掌政事的高级官员，历代九卿名目不同。
◎元士：低级官吏。

　　这里肯定了儒、墨两家对道德教化的重视，表达了任人唯
贤的政治理想。先说孔子、墨子都重视教化；又说圣王在位时，
虽然也设置刑法，只是摆个样子，不是非用不可，就尽量不用。
重在教育百姓顺应时序，振兴百业；同时推行礼治、任用贤人。
例如推举天下的高人任命为三公，再将国内的高人任命为九卿，
又把一县中的高人任命为二十七大夫、一乡中的高人任命为
八十一元士。文中还定义所谓"英""俊""豪""杰"，分别是
指万里挑一、千里挑一、百里挑一、十里挑一的智者贤才。——
当然，这一切显然只是理想。

　　《淮南子》包罗万象，堪称秦汉（主要是先秦）人文思想的

百科全书。其中《天文训》《览冥训》等篇还记录了几则神话，如"共工触山""女娲补天""后羿射日"等，几乎是尽人皆知。

不知是否巧合，这几则神话几乎都是灾难题材的。看看"共工触山"吧：

> 昔者共工与颛顼争为帝，怒而触不周之山，天柱折，地维绝。天倾西北，故日月星辰移焉；地不满东南，故水潦尘埃归焉。（《天文训》）
>
> ◎不周之山：传说中的神山，相传在昆仑山西北。地维：维系大地的绳索，亦指大地四角。◎水潦（lǎo）：过多的积水。

共（Gōng）工相传是炎帝后裔，颛顼（Zhuānxū）则是黄帝后裔，又是五帝之一。共工与颛顼争当天帝，结果共工战败。一怒之下，他用头猛撞不周山——不周山原是"擎天柱"，一旦被撞折，顿时天塌地陷。天空塌了西北角，所以日月星辰也都向西北移动；大地陷了东南角，陆地上的江河泥沙也都流归东南。

这个神话巧妙解释了日月东升西落及水向东流的自然现象。而"女娲补天"又像是这个神话的延续："往古之时，四极废，九州裂；天不兼覆，地不周载……"你瞧，"四极"就是"四维"，"天不兼覆，地不周载"便是"天倾西北""地不满东南"。于是大神女娲"炼五色石以补苍天，断鳌足以立四极"（熔炼五彩的石块修补天空，斩断大海龟的四足当柱子，支撑天空四角），还杀死发动水患的黑龙，用芦草灰止住洪水。百姓也终于得救！（文摘一五）

至于"羿射十日"的事，发生在尧的时代，时间应在女娲补天之后。那时天空中"十日并出"——这应该是对大旱之灾的夸张描写吧。尧于是派神射手羿去射太阳，连同各种害人的怪兽也一同消灭掉。当天地恢复正常时，"万民皆喜，置尧以为天子"。在这则神话的结尾，羿的功劳反被人遗忘了。

中国神话在先秦早期文献中并不多见，倒是从战国后期开始，渐渐多起来。这或许是受楚文化影响的结果吧。南方的楚文化带有浓郁的浪漫色彩，在其影响下，汉代文化也染上浪漫的色调——神话的繁盛是这种影响的一个方面。

古代画家笔下的女娲

【文摘一五】

女娲补天（《淮南子》）

往古之时，四极废，九州裂，天不兼覆，地不周载，火爁炎而不灭，水浩洋而不息。猛兽食颛民，鸷鸟攫老弱。于是女娲炼五色石以补苍天，断鳌足以立四极，杀

黑龙以济冀州，积芦灰以止淫水。苍天补，四极正，淫水涸，冀州平，狡虫死，颛民生。（节自《览冥训》）

◎四极：天空四角。不兼覆：不能完全覆盖。不周载：不能全部承载。爁（làn）炎：大火延烧状。浩洋：水势很大的样子。◎颛民：善良无辜的百姓。鸷（zhì）鸟：猛禽。◎鳌：大海龟。淫水：洪水。

"杂家"一门笔记多

"杂家"六类中的"杂考"之属，所收是带有考证性质的作品。如宋人吴曾的《能改斋漫录》、赵与峕（shí）的《宾退录》、洪迈的《容斋随笔》、王应麟的《困学纪闻》以及清人顾炎武的《日知录》等。

"杂说"是指"议论而兼叙述者"，有汉代王充的《论衡》、应劭的《风俗通义》，宋代宋敏求的《春明退朝录》、沈括的《梦溪笔谈》、苏轼的《仇池笔记》《东坡志林》、赵彦卫的《云麓漫钞》、陆游的《老学庵笔记》、罗大经的《鹤林玉露》、周密的《齐东野语》，明代叶子奇的《草木子》，清代王士禛的《居易录》《池北偶谈》等。

"杂品"是指"旁究物理、胪陈（罗列展示）纤琐"之作。这里的"品"，有品鉴之意。所涉内容，多为生活中的"赏心悦目之具"。举明人文震亨的《长（zhàng）物志》为例，全书分为"室庐""花木""水石""禽鱼""书画""几榻""器具""位置""衣饰""舟车""蔬果""香茗"十二类，展示了一幅士大夫高雅生活的全景图。这一类书籍，还有宋人周密的《云烟过眼录》，明代高濂的《遵生八笺》等。

"杂纂"则指"类辑旧文，途兼众轨"（辑录前人文字，兼收并蓄）之作。有宋人曾慥的《类说》、江少虞的《事实类苑》，元末明初陶宗仪的《说郛》，明人陆楫的《古今说海》、徐应秋的《玉芝堂谈荟》等。

至于"杂编"，则指"合刻诸书，不名一体者"，在《四库总目》中有明代陆深的《俨山外集》、胡应麟的《少室山房笔丛》和清代冯班的《钝吟杂录》，都是作者本人的著作汇编。

以上所举"杂家"著作，除《吕氏春秋》《淮南子》《墨子》《公孙龙子》等"杂学"之属，多半是以笔记形式呈现，且带有学术色彩。而笔记作品中还有一些故事性较强、类似野史传闻的作品，则收入"子部·小说家类"，也就是人们常说的"笔记小说"了，后面还要提到。

农家著述有残篇

"农家"也是"九流十家"之一，代表人物是楚人许行。有学者说他是墨家禽滑厘的弟子，按辈分应属墨子的徒孙。墨子门徒以工匠、武士居多，许行则代表着农民。这一派尊奉神农氏——也就是传说中的炎帝，相传炎帝发明了耒耜（lěisì）等农具，同时还是医药之神。

许行带着几十个弟子过着简朴的生活，穿着粗麻衣，靠打草鞋、织席子过活。滕国国君收留了他们，拨给土地，让他们从事农耕生产。可许行仍对滕君有意见，说他不劳而获，还拥有大量财富；真正的明主应当跟农民一道下田劳作，余下时间再治理国家。

许行的主张很能打动人。儒门弟子陈相、陈辛兄弟便转投他的门下。为此孟子跟陈相有一番辩论，我们在《讲给孩子的国学经典·儒家经典》中已有介绍。

只是许行的主张具体是啥，今人已无从了解。"汉志"中著录的农家著作有九部，像《神农》《野老》《宰氏》《尹都尉》等，可惜一部也没传下来。

不过据考证，农家的一些主张保存在《管子》的《地员》篇及《吕氏春秋》的《上农》《任地》《辩土》《审时》等篇中，又分为理论和技术两部分。

例如《吕氏春秋·士容·上农》说，古代圣王引导百姓，把农业放到了第一位。这除了是让百姓土里刨食、填饱肚子，更重要的是让百姓变得心思淳朴，便于役使。百姓一旦专心务农，就会思虑持重、少发议论，国家的政令也便容易推行。百姓拥有土地，则安土重迁、不愿挪窝，这样一来，国家征税征兵，也就更方便。

而弃农经商者到处游走，国家有难他们就远走高飞；又因这些人走南闯北、见多识广，变得心思诡诈，很难管理。总之，引导百姓务农，好处多多。——你读着这些，对古代君主为何重农轻商，也便明白了大半。据说这篇《上农》是根据农家著作撰写的，但你读一读却发现，作者几乎完全站在统治者的立场上。

倒是《管子·地员》篇，看起来更像是农家著作。篇中对土地做了分类，指出何种土地适合种植何种植物，讲得十分详细。

班固在"汉志"中说，农家出自"农稷之官"，其主张则是"播百谷，劝耕桑，以足衣食"。并说农家末流不尊奉"圣王"，主张"君臣并耕"，扰乱了"上下之序"。——这显然是站在儒家立场讲话，对农家而言，有欠公平。

《四库总目·子部》"农家"收书还不到二十部（连同存目）。后魏贾思勰的《齐民要术》、明徐光启的《农政全书》，是农书中的经典之作。

"医家"属子部，"类书"卷帙繁

《四库总目·子部》尚有兵家、医家、天文演算法、术数、艺术、谱录、类书、小说家、释家诸类。

其中"医家"所收医学典籍约两百部（包括存目），称得上经典的有汉代张仲景的《金匮要略》和《伤寒论》、晋代葛洪的《肘后备急方》、唐代孙思邈的《千金方》、明代李时珍的《本草纲目》等。另有少量兽医之书如《马经》《水牛经》等，也附于"医家"之后。

"天文演算法"类则包括算术及天文历法书籍——前人多把《周髀（bì）算经》《九章算术》等算学书籍归入"小学"；至《四库总目·子部》，则与"天文"合并，大概因为天文历法的推算少不了算学吧。

中国古人对天文历法早有研究，儒家六经中便有不少相关内容，宋人王应麟撰有《六经天文编》，加以总结。宋代学者积累了丰富的天文历法知识，还制造浑仪，以水力推动，模拟天体的运行，并撰有《新仪象法要》。

古代学者在天文历法的研究上，抱着开放的态度。如明代学者贝琳的《七政推步》，便是在西域"回回历"的基础上编著的。今天的年轻人喜欢谈星座，但很少有人知道，像"巨蟹""狮子""天秤""天蝎"等这些星座名称，正是由贝琳翻译，并首次介绍到中国来的。此外，明人徐光启还与外国传教士龙华民、汤若望等合编了"西洋新历"《新法算书》。

"术数"类则收录算命、相面、阴阳风水等书。这类书原属阴阳家范畴，与《周易》联系密切。又分"数学""占候""相宅相墓""占卜""命书相书""阴阳五行"等属。

"艺术"类是《四库总目》创立的新门类，下分"书画"、"琴谱"、"篆刻"、"杂技"（包括乐器、音律、弈棋）四属。——我们今天常用的"艺术"一词，应即诞生于此。

"谱录"类原指姓氏族谱等，至《四库总目·子部》，则专收图谱类图书，下分三属，如《古今刀剑录》《歙州砚谱》《墨经》等属于"器物"；《茶经》《酒谱》《糖霜谱》《饮膳正要》等属于"食谱"；《洛阳牡丹记》《刘氏菊谱》《禽经》《蟹谱》等属于"草木鸟兽虫鱼"。

《四库总目·子部》中又有"类书"一类。何为"类书"？那是一种资料性工具书，就是把群书中各门类或某一门类的资料加以辑录，按某种顺序分类编排，方便使用者寻检、征引。

就拿清代康熙年间编纂的《佩文韵府》来说吧，这是清康熙年间官修的一部类书，相当于一部大型的诗文辞藻典故词典。书中共收入历代诗文辞藻典故一百四十万条，按词语的最后一字，依韵部次序排列。——文人作诗填词，要选择押韵的辞藻典故，在书中一查便得，十分方便。

综合性的类书往往篇幅巨大，动不动就几百卷甚至上千卷，如《佩文韵府》便有四百四十四卷。此外唐代《艺文类聚》为一百卷，宋代《太平御览》和《册府元龟》各一千卷，清代的《渊鉴类函》为四百五十卷。而部头最大的，又非《永乐大典》莫属。该书编纂于明永乐年间，全书收书七八千种，两万多卷！诗词歌赋、戏曲小说，无所不包，无愧"大典"二字。

《永乐大典》的编排方式，是把大部头的著作拆成小段，按各段小标题首字依韵部排列。如书中第一万三千一百三十九卷"送"字韵的"梦"字下，便抄有《梦斩泾河龙》一节；那是元代《西游记平话》的一部分，原书已失传，只有这段故事借《永乐大典》保存下来。可惜的是，《永乐大典》的绝大部分已毁于战乱，否则的话，我们不难从书中辑出《西游记平话》全文来。——类书也有专收某一类资料的，如《古今同姓名录》《职官分记》等。

不入流的小说家

诸子十家中有个"小说家"，这个"小说"跟我们今天所说的"小说"不大一样。

我们还记得，"小说"一词最早出自《庄子·外物篇》，本意是指浅薄的言词和学识。到了汉代，小说的含义又有所变化。依班固定义："小说家者流，盖出于稗官。街谈巷语，道听涂说者之所造也……"（稗官：小官，这里专指采风之官。涂：同"途"。《汉书》。）

班固是说，"小说家"出自采风之官（"稗官"）。——我们读《诗经》时便知道，采风者的主要任务是搜集民间诗歌，由乐府配乐，唱给君王贵族听。大概街巷流传的无根传言、小道消息，也在采集范围之列吧。

正因小说出身低微（"街谈巷语""道听途说"），难免被人看不起。班固在评价小说时就说过这样的话：

孔子曰："虽小道，必有可观者焉，致远恐泥，是以君子弗为也。"然亦弗灭也。闾里小知者之所及，亦使缀而不忘。如或一言可采，此亦刍荛狂夫之议也。（《汉书·艺文志》）

◎孔子曰：这段话见于《论语》，是子夏所说。泥，阻滞。◎闾里：街巷。"闾"一作"阎"。缀：连缀，记录整理。◎刍荛（chúráo）：割草打柴的人，泛指百姓。

引文中的"小道"，不一定指小说，是泛指一切为"圣人"不齿的小学识、小技能。不过孔子说过：即便是小道，也必有可取之处，只是君子不去做罢了，怕的是玩物丧志，阻碍了大目标的实现。——班固又说：君子不感兴趣，自有街巷中的好事之徒记录整理，使之流传。这些作品中，哪怕有一句半句有价值，也算是替老百姓发声啊。

班固的评价代表了儒家的看法，对"小说家"的作品，他们压根看不上。因而"汉志"最后总结说："诸子十家，其可观者九家而已。"——那无足观的一家是谁？自然是小说家。十家中缺了小说家，只剩"九流"，"九流十家"的称谓便是这么来的。

哪些作品可称"小说"

"小说家"在《四库总目·子部》中独占一类，地位略有攀升——至少是在道家、释家之上。

不过四库馆臣的小说概念依旧不那么明晰，小说类收书也显得十分庞杂，又分为三派，"其一叙述杂事，其一记录异闻，其一缀辑琐语"。这里面"记录异闻"的作品问世最早，如《山海经》《穆天子传》等，至迟都是战国时的作品。

《山海经》其实是部舆地书，书中又分为"山经""海经""大荒经"三部分。介绍各地的山川地貌以及出产，还记录了不少奇闻异事。有的学者把它视为"古今语怪之祖"，而书中记载的"夸父逐日""精卫填海""鲧禹治水""刑天舞干戚""西王母"等故事，也被视作小说的雏形。

《穆天子传》的由来，最具传奇性。西晋太康二年（281年），有个叫"不准"（Fǒubiāo，音同"否彪"）的盗墓贼在河南汲县盗挖魏襄王陵墓，在墓中发现大量竹简文书，足足装了几十车！后经学者整理，共得失传的先秦古书十多种，人们给这批古书取名，叫"汲冢书"或"竹书"。

"汲冢书"中就包括《穆天子传》及《周穆王美人盛姬死事》等篇，统称《穆天子传》。写周穆王驾八骏西巡见西王母，以及爱妃盛姬死于巡行途中，以皇后之礼安葬的盛大场面。——也有人认为此书出于晋人伪造。

此外，小说"异闻"之属还收有班固《汉武故事》《汉武帝内传》，晋王嘉《拾遗记》、干宝《搜神记》，唐袁郊《甘泽谣》，宋洪迈《夷坚志》等。

至于宋李昉领衔编写的《太平广记》，则是小说渊薮。全书五百卷，涵括汉代至宋初的文言笔记小说，几乎一网打尽。——该书内容依类编排，如神仙、道术、方士、异人、医卜、伎巧，乃至龙、虎、狐、蛇、禽鸟、草木……共分九十大类，一百五十多个小类。——其实这书本该列入"类书"；大盖为了强调其"小说"性质吧，四库馆臣硬把它塞到"子部·小说"类中。

"小说·杂事"之属包括晋葛洪的《西京杂记》，南朝宋刘义庆的《世说新语》，残唐五代王仁裕的《开元天宝遗事》，宋孙光宪的《北梦琐言》、司马光的《涑水记闻》、欧阳修的《归田录》、岳珂的《桯史》，元末明初陶宗仪的《辍耕录》等。

"小说·琐语"之属有晋张华的《博物志》、梁任昉的《述异记》以及唐段成式的《酉阳杂俎》等。——《酉阳杂俎》中记录了不少民间传说故事，其中《叶限》一篇，记录扫灰姑娘叶限得神人之助，去参加节日狂欢，匆忙中遗失一只金色的鞋子，并因此与年轻的国王结缘。学者认为这是风靡世界的"灰姑娘"故事的最早原型。

　　《四库总目》分类琐细，标准和界限不够严谨明晰。譬如一些笔记内容纷杂，归于"小说"亦可，归于"杂家"亦可，全看编纂者的着眼点如何。而四库馆臣给出的论据，并非条条有说服力。这种混乱的情况，例子很多，学者对此多有诟病。

　　更大的问题是，四库馆臣思想保守，面对白话文学近千年来取得的巨大成就，竟视而不见！清代的不说，明代的《三国演义》《水浒传》《西游记》以及大量宋元话本小说，都没有机会跻身皇家书库，这又是《四库全书》的一大缺憾。

　　顺带说到，《四库总目·子部》最后两类，是"释家"类和"道家"类。"道家"前面已有介绍。"释家"即佛家，《四库总目·子部》对它的处理方式与"道家"相同，即不录经书（佛教经书有《大藏经》，是个庞大的家族），只收录少量阐释佛法的著作，以及佛教故事、禅宗语录、佛祖高僧传记等，诸如《宏明集》《法苑珠林》《五灯会元》《宋高僧传》等，连同存目，也只有二十五部。

《孙子兵法》，"庙算"决胜

　　再说说"兵家"吧。"汉志·诸子略"中没有兵家，倒不是因为轻视兵家，相反，是格外重视它，另立"兵书略"，与"诸子略"平起平坐。"兵书略"下又分"兵权谋家""兵形势家""阴阳家""兵伎巧家"四家，共收兵书五十三种，七百九十篇。

　　至《四库总目》，"兵书略"并入"子部"，单立"兵家"。在"子部"十四类中，"兵家"紧随"儒家"之后，居于次席。四库

孙武

馆臣解释说："儒家尚矣，有文事者有武备，故次之以兵家。"

最古老的兵书有三部，即《孙子》《吴子》《司马法》。——《孙子》又称《孙子兵法》或《吴孙子兵法》。作者孙武（约前545—前470）是春秋时齐国田氏家族的后裔，祖上因有功于国，赐姓孙氏。

孙武最喜研读兵法，他到吴国谋求发展，由伍子胥引荐，见到了吴王阖闾。他与吴王畅谈兵法，并献上自著兵法十三篇。阖闾很感兴趣，还出动后宫上百名妃嫔宫女，交给孙武指挥操练。

不料孙武号令发出，宫女们笑得前仰后合。孙武三令五申，娘子军依旧队形不整。孙武于是下令将两名美女队长斩首。吴王连忙求情说：寡人没有这两位妃子陪伴，食不甘味！孙武却说：将在外，君命有所不受！硬是把两人杀了。等号令再发，全队肃然，进退回旋，如同一人！

以后吴王拜孙武为将军，"西破强楚""北威齐晋"，吴国成为春秋五霸之一，有孙武一大半功劳。——《孙子》原为十三篇，到班固撰写"汉志"时，已增为八十二篇。后来又屡失屡得，据说汉末曹操也曾对它做过整理；有的学者甚至怀疑，现存的《孙子兵法》实为《曹氏兵法》。直到20世纪70

年代，山东临淄银雀山出土了西汉时的《孙子兵法》残简，孙武的作者地位才无人质疑。只是这部《兵法》也经后人增益，已非"原装"。

今天见到的这十三篇，包括《计篇》《作战篇》《谋攻篇》《形篇》《势篇》《虚实篇》《军争篇》《九变篇》《行军篇》《地形篇》《九地篇》《火攻篇》《用间篇》，总共五千字。内容则涉及用兵之道、军队建设、战略战术等，内中蕴含着丰富的哲学、军事思想。

《计篇》位于十三篇之首，提纲挈领，提出许多重要观点。——照咱们想，一部兵书，开篇总应陈说用兵伐谋的重大意义吧？可孙武开口却说："兵者，国之大事也。死生之地，存亡之道，不可不察也。"——打仗是关乎国家、百姓生死存亡的大事，因此不可不慎察熟虑。

"察"什么？有五条："一曰道，二曰天，三曰地，四曰将，五曰法。""道"是要让百姓跟君主同心同德，这样才能同生死、共患难。"天"是指天时，如昼夜阴晴、寒暑、时令等。"地"是指地势的高低、远近、广狭、生死。"将"是说将领要有勇有谋、赏罚分明、爱护士兵。"法"即训练管理得法、号令严明。这五项条件缺一不可。

至于用兵之道，不靠人海战术，不拼物资消耗，重要的是运用计谋：

兵者，诡道也。故能而示之不能，用而示之不用。近而示之远，远而示之近。利而诱之，乱而取之，实而备

之，强而避之，怒而挠之，卑而骄之，佚而劳之，亲而离之。攻其无备，出其不意。此兵家之胜，不可先传也。（《计篇》）

◎诡道：诡诈之道。◎挠：挑逗。

用兵要道以"诡诈"为主。所以，能打要假装不能打，准备进攻却装作不想进攻。打算攻近处，却假装要攻击远处，反之亦然。还要利用敌人的贪欲去引诱他；敌人混乱则乘势攻取，敌人力量充实就防备着他，敌人强大就要避其锋芒，敌将易怒就故意挑逗他，敌将谨慎就故意麻痹骄纵他。敌人安逸，就要劳累他；敌方团结，就要离间他。要攻其不备、出其不意。这些都是兵家取胜的妙招，要随机应变，无法事先传授。

其实更重要的是开战之前的"庙算"，也就是在朝堂上考虑有无胜算、决定是否用兵。把种种条件及后果考虑得越周密，取胜面就越大；考虑不周，取胜面就缩小。至于"无算"（根本不算计），就不必说了，几乎必败无疑。也就是说，从"庙算"那一刻起，胜负已经决定了！

"不战"是兵家的最高境界

统治者欲壑难填，总想通过武力手段快速攫取土地、掳获徒众及财货。可是作为军事家，孙武却有着清醒的认识。他说：战争一起，出动战车千辆，辎重车千辆，披甲士兵十万人，要越境千里输送粮草。前方后方的用度，加上对往来使者的款待，种种军备器具的修理补充，一天就要耗费千金（《作战篇》）。在另一处，他又说：十万大军出征千里，受其影响而不能正常从事农业生产的，多达七十万家（《用间篇》）。——《墨子》中也有类似论述，墨子比孙武晚生七八十年，他的"非攻"理论显然受孙子影响不小。

正因如此，在不得不打时，就要速战速决。"兵闻拙速，未睹工久也"——用兵只听说指挥简单、但求速胜的，没见因擅长打仗而故意拉长战争进程的。大军在外，时间一长，势必锐气受挫、战斗力减弱；再加上金钱物资的巨大消耗，必定导致国力削弱，其他国家便会乘虚而入，此时即便有贤人智者，也无法收拾这个烂摊子！孙武的结论是："故不尽知用兵之害者，则不能尽知用兵之利也。"——话虽简单，道理却不容辩驳。

《谋攻篇》是讨论智谋的，同时提出衡量战争利弊的原则：

孙子曰：凡用兵之法，全国为上，破国次之；全军为上，破军次之；全旅为上，破旅次之；全卒为上，破卒次之；全伍为上，破伍次之。是故百战百胜，非善之善者也；不战而屈人之兵，善之善者也。故上兵伐谋，其次伐交，其次伐兵，其下攻城。(《谋攻篇》)

◎全：使完整。破：打破。◎军、旅、卒、伍：都是古代军队的编制，万人为一军，两千人为一旅，百人为一卒，五人为一伍。◎伐谋：以谋略战胜。

　　"全国""全军""全旅""全卒""全伍"，便是让对方的国家及军、旅、卒、伍整体屈服，不战而降。如果经历激烈战斗而城邑残破、人员死伤惨重，便显不出军事家的水平，不是最佳结局。——学者指出：这里的"全"字，包含了孔子所说的"仁"，老子所说的"道"，是《孙子兵法》的精髓！"兵不顿，而利可全，此谋攻之法也"（无须长期屯兵于外，而利益可以完整获取，这就是以智谋攻敌的真谛），可见孙子把"全"当作获胜的标志。

　　军人常把"百战百胜"当作夸耀的资本，可孙武却说，那还不是最好的结局；不战而胜，才是"善之善者"！

　　孙武还把各种交战方式按优劣排队：战神（"上兵"）靠智谋胜敌，次一等的靠外交取胜，再次一等才是兵戎相见；至于围地攻城、久攻难下，那是最笨拙的将军，只能算不及格！

　　孙武还提出具体的用兵之法："十则围之，五则攻之，倍则分之，敌则能战之，少则能逃之，不若则能避之。故小敌之坚，大敌之擒也。"——兵力十倍于敌人，就包围而全歼之；五倍于敌，则直接进攻；两倍于敌，就分而击之；兵力相当，可视情况进攻；若兵力少于敌人，就撤退；弱于敌人，就尽量避开。弱小的军队还要硬拼，便只有被强大敌人俘虏的份儿了。这些全都是宝贵的经验之谈。

　　孙武在《谋攻篇》中总结说："故曰：知己知彼者，百战不殆；不知彼而知己，一胜一负；不知彼不知己，每战必殆。"其中所谓"一胜一负"，是说胜负概率各占一半。——这些话今天已是熟在人耳的金科玉律，不仅限于打仗。

《孙子兵法》其余各篇，有的谈实力（《形篇》《势篇》），有的谈战术运用（《虚实》），有的谈战机（《军争》《九变》），也有谈地形（《地形》《九地》）的……其中最后一篇《用间（jiàn）》，专谈战略侦察，说与其兴师动众、劳民伤财，不如在谍报工作中多投金钱，做到"先知"——当然不是靠求神问卜、夜观天象那一套，是要深入敌方侦察，从敌人口中套取。

孙武指出间谍有五种（"五间"），即"因间"（利用敌方乡民做间谍）、"内间"（收买敌方官员做间谍）、"反间"（把敌方间谍转化为我方间谍）、"死间"（冒着生命危险潜入敌方做间谍工作）、"生间"（从敌方获得情报活着回来）。——我们今天在《潜伏》《暗算》等谍战影视剧中见到的现代谍报活动，也仍未摆脱孙武画下的圈圈。

时移世变，兵书留痕

1972 年在山东银雀山发现《孙子兵法》残篇的同时，还发现《孙膑兵法》十六篇，抄在竹简上。《孙膑兵法》又叫《齐孙子》，在"汉志"中紧随《孙子兵法》之后，此前失传已久。

"齐孙子"即孙膑，是孙武的后裔，生活于战国初年。他因受同窗庞涓忌害，被施以膑刑（取去膝盖骨）。后来逃到齐国，投在田忌门下。有名的"田忌赛马""围魏救赵"等故事，便都是孙膑导演的。

日后孙膑亲统齐军，在马陵大败魏军，逼庞涓自尽。《齐孙子》第一篇《擒庞涓》，便记录了这次战役。除了战例的记录，

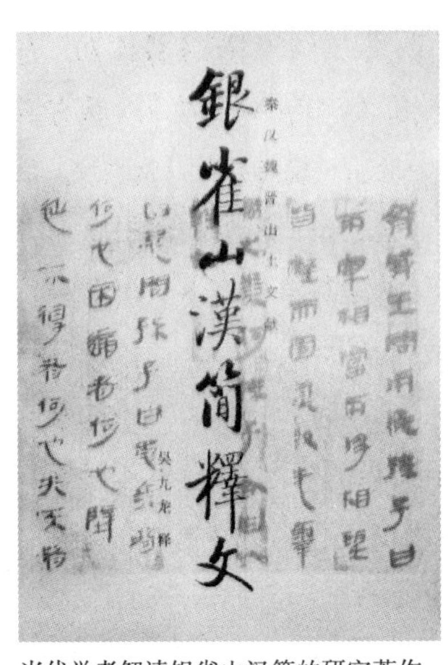

当代学者解读银雀山汉简的研究著作

书中也有对军事理论的阐述和讨论，继承并发展了《孙子兵法》。因而这部《齐孙子》跟《吴孙子》一同，成为古代兵书的双璧。

至于《四库总目·子部》"兵家"中的《吴子》，也叫《吴子兵法》或《吴起兵法》。吴起是战国时著名的军事家，他的事迹，见于《史记·孙子吴起列传》。《吴子》一书在"汉志"中已有著录，原书四十八篇，至《四库总目》仅存六篇，包括"图国""料敌""治兵""论将""应变""励士"，据考为后人伪托之作，但仍有一定价值。后世将《吴子兵法》与《孙子兵法》合称《孙吴兵法》；宋人还将《吴子兵法》列入《武经七书》中。

《司马法》是一部更古老的兵书，作者相传是姜太公。齐威王命人整理该书，把后世将军穰苴（Rángjū）的兵法也附于书中，于是有人称此书为《司马穰苴兵法》，颇有些名不副实。穰苴是春秋时齐国的军事家，事迹见于《史记·司马穰苴列传》。

古人作战，特别重礼法，《司马法》就保存了不少古代的战术原则，如"逐奔不过百步"（追击败逃者不要超过百步）、"纵绥不过三舍"（人家主动撤退，跟踪不要超过九十里）、"不穷不能而哀怜伤病"（不残杀失去战斗力的人，对伤病者应予怜悯救治）、"成列而鼓"（等敌人列好战阵再发动进攻）、"争义不争利"，等等。——还记得宋襄公与楚人作战时"不鼓不成列"的表现吧？其实他是坚守《司马法》那一套呢。只是时代变了，人们作战不再讲究"礼法"，"高尚"的宋襄公自然成为人们耻笑的对象。

不错，《司马法》又称《军礼司马法》，原书一百五十五篇，讲"礼"的部分远过于讲"兵"；因而"汉志"将它归在"六艺略"中的"礼"类，不做兵书看待。《四库总目·子部》"兵家"类著录《司马法》一卷，仅存"仁本""天子之义""定爵""严位"四节，不到五千字，显然已非原貌。